ROUTLEDGE
INTENSIVE ITALIAN COURSE

ROUTLEDGE

INTENSIVE ITALIAN COURSE

Anna Proudfoot
Tania Batelli-Kneale
Anna Di Stefano
Daniela Treveri Gennari

Routledge
Taylor & Francis Group

LONDON AND NEW YORK

First published 2004
by Routledge
11 New Fetter Lane, London EC4P 4EE

Simultaneously published in the USA and Canada
by Routledge
29 West 35th Street, New York, NY 10001

Routledge is an imprint of the Taylor & Francis Group

© 2004 Anna Proudfoot, Tania Batelli-Kneale,
Anna Di Stefano and Daniela Treveri Gennari

Typeset in DIN and Rotis by
Florence Production Ltd, Stoodleigh, Devon

Printed and bound in Great Britain by
Scotprint, Haddington

British Library Cataloguing in Publication Data
A catalogue record for this book is available from the British
Library

Library of Congress Cataloging in Publication Data
A catalog record for this book has been requested

ISBN 0–415–24080–8 (course)
     0–415–24079–4 (workbook)
     0–415–24081–6 (CD)

CONTENTS ROUTLEDGE INTENSIVE ITALIAN COURSE

Possessives: **mio, tuo, suo, nostro, vostro, loro**
Present tense of regular verbs ending in **-are**
Present tense of irregular verbs **avere, fare**

Functions
Making travel arrangements
Making accommodation arrangements
Expressing notions of availability, time, place and cost

Grammar
C'è, ci sono
Numbers, prices
Time, days of the week, dates
Expressions of frequency
Prepositions: **a, con, da, di, fra, in, per, su, tra**
Combined prepositions: **al, dal, del, nel, sul**
Present tense of regular verbs ending in **-ere, -ire**
Ci vuole, ci vogliono

Functions
Shopping for items, requesting
Describing or indicating something
Talking about availability
Talking about size, quantity, etc.
Describing someone or something by physical
    characteristics

Grammar
Indefinite adjectives: **alcuni, dei/delle, qualche**
Indefinite pronouns: **qualcosa, qualcuno**
Direct object pronouns: **lo, la, li, le** and **ne**
Weights, quantities, measures: **un litro di, un chilo di**, etc.
Invariable adjectives
Position of adjectives
Present tense irregular verbs: **andare, dare, dire, fare,
    sapere, stare, uscire, venire**

Functions
Talking about the present
Talking about daily routines

Grammar
Present perfect (*passato prossimo*): **ho mangiato,
sono andato/a**
Direct object pronouns with *passato prossimo*:
l'ho mangiata
Phrases expressing past time
Imperfect (*imperfetto*)
Combination of *passato prossimo* and imperfect

Functions
Talking about future plans
Expressing hopes, intentions
Expressing probability

Grammar
Future tense
Present tense used to express future
Future perfect tense
Verb and infinitive: **spero di, penso di, ho intenzione di**
Future and future perfect used to express probability

Functions
Asking permission
Asking about possibility
Asking about ability
Making a polite request

Grammar
Present tense: **potere, sapere**
Omission of **potere** in certain situations/contexts
Present conditional
Using the conditional to express polite request

Functions
Specifying time:
time at which, time from when, time until when
Expressing repetition and frequency

Grammar
Clauses of time 'until', 'when', 'since', 'before', 'after', 'during'
Prepositional phrases: **prima di, dopo di, fino a, da**

→ Conjunctions: **prima che, dopo che, mentre, finché**
→ Adverbs expressing time: **appena, non appena**

Functions
Expressing intention or purpose
Expressing results of action

Grammar
Conjunctions and phrases expressing purpose
Conjunctions and phrases expressing result
Subjunctive in purpose clauses

Functions
Reading the press
Expressing certainty and uncertainty
Expressing conjecture, hearsay

Grammar
Conditional used to express hearsay
Passive: focus on action
Si impersonale: **Si dice che . . .**

Functions
Relating or reporting a story or event
Relating or reporting a story or event in indirect speech
Asking indirect questions

Grammar
Direct speech
Indirect or reported speech
Sequence of tenses in reported speech
Quoting sources

Functions
Giving an order or command
Requesting
Wanting someone to do something
Allowing someone to do something
Suggesting, advising

Grammar
Verbs of requiring, requesting and advising
   with verb infinitive
   with **che** and subjunctive
Verbs **fare**, **lasciare** and infinitive
Past conditional
Conditional sentences (*periodo ipotetico*):
   with imperfect subjunctive and present conditional
   with pluperfect subjunctive and past conditional

ACKNOWLEDGEMENTS

We would like to thank our families and friends, colleagues and students for their support, especially those who gave advice in the preparation of this book and those who allowed their stories and photographs to feature in it. We'd also like to thank everyone at Routledge, especially Sophie Oliver, Suzanne Cousin and Sarah Butler, for their help and infinite patience.

PERMISSIONS AND COPYRIGHT

HOW TO USE THIS BOOK

This book is based on our own experience as practising teachers in higher education institutions and in Italian classes for adult learners. It is intended for anyone studying Italian, at any age, wherever they are learning it. It is especially suited to students taking an accelerated course in Italian from scratch at university who need to reach a high level in as short a time as possible. It can also be used by students on a regular beginners' course or by those who want to revise or consolidate their knowledge. Since it goes beyond what is normally covered by a regular beginners' course, you can continue to use it into the second year and beyond.

The situations covered in the book are all those normally covered by beginners' course books: meeting people and introducing oneself, making travel arrangements, booking accommodation, eating in a restaurant, etc. However, we also cover situations such as working and studying in Italy and renting an apartment, and we include materials focused on the Italian media, including cinema, television, the press and advertising.

The book is organised both by functions and notions and by grammar structures, with particular emphasis on the structures students find difficult. In terms of grammar structures ♀, Units 1–15 cover simple sentences, including the forms and use of the full range of indicative tenses: present, future, imperfect, perfect, pluperfect, past historic, as well as gerund, infinitive and participles. Units 16–22 cover complex sentences, and the use and forms of the subjunctive: present, imperfect, perfect and pluperfect.

Each unit includes several activities for the learner to carry out in class, including reading 📚, writing ✒, speaking 🎤, vocabulary 🗒 and listening 🎧. There are recordings to go with the course and the authors are developing a website, which can be used as an additional resource by teachers using *Intensive Italian*. All the transcripts of the audio recordings will be found on the website, along with suggestions for further study. An *Intensive Italian Workbook* will also be available, with a range of exercises covering the same structures as the main book.

Each unit contains a Key vocabulary explaining any colloquial expressions or phrases contained in the unit. At the end of the book is a more general vocabulary list which contains most of the useful words found in Units 1–14. From Unit 15 onwards, we expect learners to be able to use a good dictionary and we encourage them to look up any words they don't know. Unit 0 gives some guidance on using a dictionary. Any key colloquialisms, however, are still explained in the Key vocabulary inside the units.

The alphabetical index includes all grammar structures and functions covered and also includes key words in Italian. Grammar structures are listed in English with a few more important ones listed in Italian as well. The photos contained in the book are all recent and show aspects of Italian life not always shown in course books!

**Anna Proudfoot, Tania Batelli-Kneale, Anna Di Stefano,
Daniela Treveri Gennari**
September 2003

GLOSSARY

Active construction

An active construction is one where the subject of the sentence is the person carrying out the action, or the event taking place. A verb can have an *active* form: ***chiudono* la porta a mezzanotte** 'they shut the door at midnight' or a *passive* form (see below).

Adjective

Adjectives describe or give information about a noun. They can be descriptive (size, shape, colour, nationality, other qualities), demonstrative, indefinite, interrogative or possessive: see the relevant headings.

Adverb

Adverbs give information about a verb, saying how, where or when, for example, something is done. Adverbs of quantity such as **molto**, **poco** can also add further information about an adjective or another adverb.

Agreement

In Italian, adjectives, articles and, in some cases, past participles have to 'agree with' the noun or pronoun they accompany or refer to. This means that their form varies according to whether the noun/pronoun referred to is masculine or feminine (gender), singular or plural (number).

Article

Italian has three types of article: the definite article **il**, **lo** (etc.) 'the', the indefinite article **un**, **una** (etc.) 'a' and the partitive **dei**, **delle**, **degli** (etc.) 'some', 'any'.

Auxiliary verb

Auxiliary verbs such as **avere**, **essere** are used in combination with the past participle to form compound tenses, both active *ho* **mangiato** 'I have eaten', *siamo* **andati** 'we have gone' and passive *è* **stato** **licenziato** 'he was sacked'. See also **Modal verb**.

Clause

A clause is a section or part of a sentence which contains a subject and a verb. Complex sentences are made up of a series of clauses. The main clause (or clauses) is the part of a sentence which makes sense on its own and does not depend on any other element in the sentence. A subordinate clause always depends on another clause, and is often introduced by a conjunction such as **che**. There are various types of subordinate clause.

Comparative

When one person, object or activity is compared with another, a comparative form is used: **La pasta napoletana è *migliore* di quella siciliana** 'Neapolitan pasta is better than Sicilian pasta'.

Compound tenses

Compound tenses are tenses consisting of more than one element. In Italian, the compound tenses are formed by the auxiliary **avere** or **essere**, and the past participle: they include compound perfect, pluperfect, future perfect. See also **Simple tenses**.

Conditional

The conditional is not a tense, but a verb mood. It can be used on its own, particularly as a polite way of expressing a request: **Le *dispiacerebbe* aprire la finestra?** 'Would you mind opening the window?' It can also be used in conditional sentences, where the meaning of the main sentence is dependent on some condition being fulfilled: ***Andrei* in vacanza anch'io, se avessi tempo** 'I would go on holiday too if I had the time'.

Conjugation

The way in which verb forms change according to the person, tense or mood, for example: **(io)** *vado* 'I go', **(noi)** *andremo* 'we will go', **le ragazze** *sono* *andate* 'the girls went'. The word 'conjugation' is also used to mean the regular patterns of verbs ending in **-are**, **-ere**, **-ire** to which verbs belong.

Conjunction

A linking or joining word, usually linking two words, phrases or clauses within a sentence. Conjunctions can either be coordinating, linking two phrases or clauses of equal weight (examples include **e**, **o**) or subordinating, linking main clause and subordinate clause (such as **perché**, **benché**, **mentre**, **quando**).

Countable

A noun is countable if it can normally be used in both singular and plural, and take the indefinite article **un**, **una** (etc.): **un bicchiere** 'a glass', **una pizza** 'a pizza', whereas an uncountable noun is one which is not normally found in the plural, e.g. **zucchero** 'sugar' or an abstract noun such as **tristezza** 'sadness'.

Definite article *see* **Article**

Demonstrative

A demonstrative adjective or pronoun is one which demonstrates or indicates the person or object we are talking about: *questo* **carrello** 'this trolley', *quel* **professore** 'that teacher'.

Direct object

A direct object, whether noun or pronoun, is one which is directly affected by the action or event. A direct object can be living or inanimate. It is always used with a *transitive* verb: **I miei figli hanno mangiato *tutti i cioccolatini*** 'My sons ate all the chocolates', ***Li* ho visti in città ieri sera** 'I saw them in town yesterday evening'.

Feminine *see* **Gender**

Finite verb

A verb which has a subject and is complete in itself, as opposed to *infinitives* or *participles* which have to depend on another verb: **Ieri *siamo andati* in piscina** 'Yesterday we went to the swimming pool', **Domani i ragazzi *torneranno* a scuola** 'Tomorrow the children will go back to school'.

Gender

All nouns in Italian have a gender: they are either masculine or feminine, even if they are inanimate objects. Even where living beings are concerned, grammatical gender is not always the same as natural gender: *una* **tigre** 'a tiger' (either sex unless specified), *un* **ippopotamo** 'a hippopotamus'. Gender is important since it determines the form of the noun, the article and the adjective.

Gerund

A gerund is a verb form ending in **-ando** or **-endo**: **parlando** 'speaking', **sorridendo** 'smiling', **finendo** 'finishing'. The gerund is most often used in Italian along with the verb **stare** to express an action or event in progress: **sto *finendo*** 'I'm just finishing'.

Idiomatic

An idiomatic expression is one which cannot normally be translated literally, for example **ubriaco fradicio** literally 'soaking drunk'.

Imperative

The imperative mood is the verb mood used to express orders, commands or instructions: **state fermi** 'keep still', ***si accomodi*** 'sit down', ***andiamo*** 'let's go'.

Impersonal (verbs, verb forms)

Impersonal verbs or verb forms do not refer to any one particular person. They can generally be translated by English 'it' and use the third person form: **non *serve* protestare** 'it's no good protesting'.

Indefinite article *see* **Article**

Indefinites

An adjective or pronoun used to refer to a person or thing in a general way, rather than a *definite* person or thing. Examples are: **alcuni** 'some', **certi** 'certain', 'some', **qualche** 'some', **qualcuno** 'someone', **qualcosa** 'something'.

Indicative (verbs)

The verb mood we use most in speaking and writing is the indicative mood. Within this mood are a full range of tenses: present **mangio** 'I eat'; compound perfect **ho mangiato** 'I have eaten'; future **mangerò** 'I will eat' etc., etc. The verb mood used to express uncertainty is the subjunctive, which also has a full range of tenses. See **Subjunctive**.

Indirect object

An indirect object, whether noun or pronoun, is one which is indirectly affected by the action or event, for example **ho mandato delle cartoline** *ai miei amici* 'I sent some postcards to my friends' or **Marco telefonava** *a sua madre* **ogni sera** 'Marco used to phone his mother every evening'.

Infinitive

The infinitive of a verb is the form always given in a dictionary and is recognised by its endings **-are**, **-ere**, **-ire**: for example **chiacchierare** 'to chat', **sorridere** 'to smile' and **partire** 'to leave'. It cannot be used on its own but depends on a finite verb form, often a modal verb: **vorrei** *ringraziare* **i telespettatori** 'I would like to thank the TV audience'.

Interrogative

Interrogative words are used to ask questions or indirect questions. They include **chi** 'who', **come** 'how', **cosa** 'what', **dove** 'where', **quando** 'when', **perché** 'why', **quanto** 'how much' and interrogative adjectives such as **quale** 'which', **quanto** 'how much', 'how many'.

Intransitive (verbs)

See also **Transitive verbs**. Intransitive verbs are verbs which *cannot* be used with a direct object such as *Siamo arrivati* **alla stazione con un'ora di ritardo** 'We arrived at the station an hour late'. Many of these verbs take the auxiliary **essere**, Some verbs can be used both transitively and intransitively (*see* **Transitive verbs**).

Invariable

Invariable nouns have the same form for both singular and plural: **un** *film*, **dei** *film* 'a film, some films' or for both masculine and feminine: **un** *artista*, **un'***artista* 'an artist'. An invariable adjective is one which does not change form to agree with the noun, whether masculine or feminine, singular or plural: **un vestito** *rosa* 'a pink dress', **una giacca** *rosa* 'a pink jacket'.

Irregular (noun or verb)

A noun or verb which does not follow a standard pattern: **un uovo** 'one egg' **due uova** 'two eggs'; **andare** 'to go' **vado** 'I go', **vai** 'you go', **va** 'he/she goes', **andiamo** 'we go' **andate** 'you (pl.) go', **vanno** 'they go'.

Masculine *see* Gender

Modal verb

A verb which is used with a verb infinitive. In Italian the modal verbs are **potere** 'to be able to', **dovere** 'to have to', **volere** 'to want to': *posso* lavorare domani 'I can work tomorrow', *devo* lavorare domani 'I have to work tomorrow', *voglio* lavorare domani 'I want to work tomorrow'.

Mood

The four main ways in which verbs can express actions or events are known as **moods**. These four moods – all of which, except the imperative, have a full range of tenses – are the *indicative* (e.g. **vado** 'I go'), *subjunctive* (e.g. **che io vada** 'that I may go'), *conditional* (e.g. **andrei** 'I would go') and *imperative* (**vada!** 'go!'). See also non-finite verb forms (**Infinitive, Gerund, Participle**).

Negative

A statement is negative when it specifies an action or event which has not taken place or will not take place. Negative words or phrases turn a positive statement or question into a negative one. Examples of negative words in Italian include: **nessun** 'no', **nessuno** 'nobody', **niente** 'nothing', **non . . . mai** 'not . . . ever', 'never', **non . . . ancora** 'not yet', **non . . . più** 'no longer', 'no more'.

Non-finite verb forms *see* **Infinitive**, **Gerund**, **Participle**

Noun

A noun indicates a person, place, thing or event, for example: **un assistente** 'an assistant', **la festa** 'the party'. Nouns are inextricably linked to the articles (**il**, **un**, etc.) and to any adjectives that accompany them. All nouns have a gender and this determines the form of the adjectives and articles that go with them.

Number

Number is the distinction between *singular* and *plural*. Verb forms alter according to the number of the subject: **il ragazzo** *nuota* 'the boy swims', **i ragazzi** *nuotano* 'the boys swim'.

Object

In grammatical terms, an object is the person or thing affected by the action or event, as opposed to the subject, which is the person or thing responsible for it. See **Direct object**, **Indirect object**.

Participle (present, past)

Verbs normally have a present participle and a past participle. The participles cannot be used on their own but are found together with other verb forms. The *past* participle is used with **avere** or **essere** to form the **passato composto**. When used with **essere**, it agrees with the subject. The *present* participle, less frequently used, changes form when used as an adjective, e.g. **cantanti**.

Partitive article *see* **Article**

Passato composto

We use this term for the *compound past*, a past tense formed by auxiliary and participle: **ho mangiato** 'I ate', **sono andato** 'I went'. Some textbooks call it the *passato prossimo* 'perfect tense'.

Passato remoto see **Passato semplice**

Passato semplice

We use the term for the *simple past*, e.g. **andai** 'I went'. Some books call this tense *passato remoto*, English 'past definite', 'past historic' or 'past absolute'.

Passive (verb forms)

A passive construction is one in which the subject of the sentence is the person or thing *affected* by the action or event taking place (as opposed to an *active* construction): **tutti gli studenti sono stati promossi** 'all the students were moved up a class'.

Person

The verb subject can be a first person (**io** 'I'), second person (**tu** 'you'), third person (**lui**, **lei** 'he', 'she') and so on. Most verbs have three singular persons (English 'I', 'you', 'he/she'), and three plural (English 'we', 'you', 'they').

Personal pronouns *see also* **Pronouns**

Personal pronouns can be subject pronouns **io**, **tu**, **lui** 'I', 'you', 'he', etc.; direct object pronouns **mi**, **ti**, **lo**, **la** 'me', 'you', 'him', 'her', etc.; indirect object pronouns **mi**, **ti**, **gli**, **le** 'to me', 'to you', 'to him', 'to her', etc.; disjunctive pronouns, used as stressed direct object or after a preposition (**con**) **me**, **te**, **lui**, **lei** '(with) me', 'with you', 'with him', 'with her', etc.

Plural *see* **Number**

Possessive

Possessive adjectives and/or pronouns denote ownership: **il** *mio* **orologio** 'my watch', **la** *nostra* **macchina** 'our car'.

Preposition

Prepositions give further information about a person, action or event, for example on time or place, value or purpose: examples include **a**, **con**, **da**, **di**, **in**, **per**, **su** and the combined forms **al**, **da**, **del**, **nel**, **sul**, etc.

Pronoun

Pronouns stand in for and/or refer to a noun. There are various categories of pronoun: demonstrative (**questo**, **quello**); indefinite (**alcuni**), interrogative (**chi**), possessive (**il mio**, **i suoi**), reflexive (**mi**, **ti**, **si**); relative (**quello che**).

Question

Direct questions sometimes begin with a question word: ***Dove* vai stasera?** 'Where are you going this evening?', sometimes not **Hai tempo di parlarmi?** 'Do you have time to speak to me?' Indirect questions are introduced by words such as **chiedere** 'to ask': **Mi ha chiesto se avevo tempo di parlargli** 'He asked me if I had time to speak to him'.

Reflexive verb

A verb using a reflexive pronoun (English 'myself', 'himself') indicating that the subject and the object are one and the same: *mi* **lavo** 'I wash', *si* **è fatto male** 'he hurt himself'.

Regular

A regular noun or verb is one which follows one of the main noun or verb patterns, in other words whose forms and endings can be predicted, for example **-are**, **parlare** 'to speak', **-ere**, **sorridere** 'to smile', **-ire**, **partire** 'to leave'.

Relative

A relative pronoun introduces a relative clause which gives more information about a person or thing mentioned specifically: **Ho visto la studentessa *che* veniva sempre nel mio ufficio** 'I saw the student who was always coming to my office'.

Reported speech

Also known as indirect speech, this is a way of relating words spoken or written by someone else. Reported speech is usually introduced by verbs such as **dire** 'to say', 'to tell', **scrivere** 'to write', **annunciare** 'to announce' and the conjunction **che**.

Sentence

A sentence must have a verb and a subject. It can either be a simple sentence (one subject, one verb): **gli ospiti dormivano** 'the guests were asleep' or a complex sentence (main clause and one or more subordinate clauses): **mentre dormivano, i ladri hanno portato via tutto** 'while they were asleep, the thieves took everything'.

Simple tenses

Simple tenses are formed of one word only. See also **Compound tenses**.

Singular *see* **Number**

Stem *see* **Verb stem**

Subject

The subject is usually a noun, pronoun or proper name denoting the person or object performing the action or the event taking place: ***Mia madre* ha comprato un tailleur** 'My mother bought a suit', ***la festa* si svolge a maggio** 'the festival takes place in May'. In the case of a passive construction, the subject is the person or thing affected by the action: ***Gli studenti* sono stati criticati dagli insegnanti** 'the students were criticised by their teachers'. With Italian verbs, it is not always essential to mention a subject explicitly since it is understood from the verb form: ***abbiamo mangiato* a mezzogiorno** 'we ate at midday'.

Subjunctive

The subjunctive mood is used to express doubt or uncertainty. It is almost always used in complex sentences where one clause depends on another: **Abbiamo comprato un cagnolino in modo che i bambini *imparino* a prendere cura degli animali** 'We bought a puppy so that the children can learn how to look after animals', or where the subordinate clause depends on a main verb expressing uncertainty: **dubito che lui *possa* farcela** 'I doubt if he can manage it'. However it can be found standing on its own, when used as an imperative form: **Vada via!** 'Go away!'

Subordinate (clauses)

A subordinate clause is one which depends on another clause, usually the main clause in a sentence. It can be introduced by a conjunction such as **che** 'what', **perché** 'because' or a relative pronoun such as **che** 'who', 'which'. See also **Clause** and **Conjunction**.

Superlative

When one or more persons, objects or activities are compared with others, or a comparison is implied, a superlative form is used to express the concept of 'superior to all the rest': **la casa della mia amica Matilde era** *la più grande* **del paese** 'my friend Matilde's house was the biggest in the village'. See also **Comparative**.

Synonym

A word with the same meaning as another word.

Tense

A finite verb form which normally provides a clue as to the time setting for an action or event.

Transitive verbs

Transitive verbs are verbs used with a direct object: *ho fumato* **una sigaretta** 'I smoked a cigarette'. Some verbs can be used both transitively and intransitively, e.g. **aumentare** 'to increase', **diminuire** 'to decrease', **cambiare** 'to change': *abbiamo aumentato* **il prezzo del biglietto** 'we have increased the price of the ticket', **il prezzo del biglietto** *è aumentato* 'the price of the ticket has increased'.

Verb

A verb describes an action, event or state. It always has a subject and can also have an object. Its form varies according to mood and tense, and the person, gender and number of its subject.

Verb stem

The stem of a verb is its 'base', the part of the verb which is left when you take away **-are**, **-ere**, **-ire** from the infinitive form. In a regular verb the ending changes but the stem does not normally change. In an irregular verb, the stem may change too.

Voice

Verbs normally have two voices. See **active** and **passive**.

Unit 0
Cominciamo da zero

- Introduction
- Alphabet
- Spelling
- Capital letters
- Pronunciation
- Stress
- Written accents
- Using a dictionary
- Using a grammar reference book

Introduction

Welcome to Italian! Italian is an easy language to learn. It doesn't have cases as German does (accusative, dative, etc.), it doesn't have inconsistent pronunciation as English does (just think of 'bough', 'cough', 'tough'), it doesn't have a different alphabet as Greek or Russian does. Italian pronunciation is always consistent. The grammar may seem difficult at first but if you get it wrong, nobody will mind. So relax and enjoy it! In this unit, we introduce you to some basic features of the language.

Alphabet

The standard Italian alphabet has only 21 letters: unlike English, there is no 'j', 'k', 'w' 'x' or 'y'. These letters are considered 'foreign' and not usually included in printed alphabets. Learning the Italian alphabet – including the 'foreign' letters – will help you spell your name when visiting or telephoning Italy.

🎧 1 The alphabet

Listen to the alphabet pronounced on the recording (**Audio 0.1**) and say each letter out loud after the speaker.

A	a		N	enne
B	bi		O	o
C	ci		P	pi
D	di		Q	cu
E	e		R	erre
F	effe		S	esse
G	gi		T	ti
H	acca		U	u
I	i		V	vu
L	elle		Z	zeta
M	emme			

The 'foreign' letters – which you will need if your name is Janice, Kate, Warren, Xavier or Yvonne – are:

J	i lunga		X	ics
K	cappa		Y	ipsilon
W	doppio vu			

Spelling

To avoid misunderstanding over the phone, most letters have a name – usually an Italian town – associated with them, which you can use when spelling your name: **A (come) Ancona, D come Domodossola**, etc. This is especially important for letters such as **m/n/r**, **p/b**, **d/t**, **s/f** or **c/g** which can easily be confused when you spell them over the phone, but less important for the more unusual letters (**h, j, k, q, w, x, y, z**).

A	Ancona		**N**	Napoli
B	Bologna		**O**	Otranto
C	Como		**P**	Palermo
D	Domodossola		**Q**	cu
E	Empoli		**R**	Roma
F	Firenze		**S**	Savona
G	Genova		**T**	Torino
H	acca		**U**	Udine
I	Imola		**V**	Venezia
J	i lunga		**W**	doppio vu
K	cappa		**X**	ics
L	Livorno		**Y**	ipsilon
M	Milano		**Z**	zeta

Capital letters

In Italian letters are **maiuscola** 'upper case' or **minuscola** 'lower case', e.g. **L** (l *maiuscola*) and **l** (l *minuscola*). Capital letters (*maiuscola*) are *not* used with days of week (**lunedì**, **domenica**) or months of year (**gennaio**, **giugno**) or with the personal pronoun **io**.

2 Spelling your name

Working with your partner, spell your name and surname in Italian. If he/she asks you to repeat it, use the names of the towns to avoid confusion.

Example
Anna
A – enne – enne – a
A come Ancona, N come Napoli, N come Napoli, A come Ancona!

3   Get the names right!

Your colleague in Rome calls to give you a list of participants coming to the conference next month. Try and get their names right! Listen to the caller spelling their names (**Audio 0.2**) and write them down. Check your answer with the transcript Answer key on the website.

Pronunciation

VOWELS

There are five vowels in Italian, as in English: **a, e, i, o, u**. The sound of 'e' and 'o' can vary: 'e' can have a more closed sound as in the 'a' of 'Amy' (lips stretched tightly) or a more open sound such as the 'e' in 'bed' (mouth opened wider). Some dictionaries mark the difference by using an acute accent (**é**) for the more 'closed' sound ('Amy') and a grave accent (**è**) for the more open sound ('bed') as in **pésca** 'fishing'/**pèsca** 'peach'. Similarly, 'o' can have a more closed (tighter lips!) sound such (as the 'o' of the exclamation 'oh') or a more open sound (as in the 'o' sound in 'awful'). Again, good dictionaries may indicate this by adding an acute accent (**ó**) for the 'closed' sound or a grave accent (**ò**) for the more open one.

These accents are only used in dictionaries to show pronunciation and should not be used in other writing. *But* the distinction between the two different vowel sounds may not be made by all speakers or in all regions so learners should not worry too much about it either.

'**U**' when found before another vowel has a sound similar to 'w': **buono, guida, lingua** rather than its normal 'oo' sound.

The sound represented by '**y**' or '**i**' before a vowel at the beginning is half vowel half consonant, so '**y**' is known as a semi-vowel: **yogurt, Ionio, ieri**.

CONSONANTS

Some consonants have more than one sound associated with them. The letter '**s**' can be pronounced '**s**' as in 'sandal' or '**z**' as in 'zebra'.

The letter '**z**' also has two different sounds: a '**ts**' sound (as in 'pats') in **Scozia** 'Scotland', **Lazio** 'Lazio region', **pranzo** 'lunch', or a '**dz**' sound (as in 'pads') in **zanzara** 'mosquito', **zucchini** 'courgettes'.

Sometimes southern speakers give more emphasis to certain consonants so that '**p**' sounds like '**b**' and '**t**' sounds like '**d**'. This can be confusing for learners.

You should not worry too much about the small differences in pronunciation, since you will be understood even if your pronunciation is not perfect!

c

The letter **c** follows some simple rules:

- Before **a, o, u**, it has a hard sound as in English '**k**': **casa, Coca-Cola, curioso**.
- Before **e, i**, it has a soft sound as in English '**ch**': **cena, cinese**.
- When there is an **h** before the **e** or **i**, **c** has a hard '**k**' sound: **che, chi**.
- When there is an **i** before the **a, o** or **u**, **c** has a soft '**ch**' sound: **ciao** 'hi', **cioè** 'that is', **ciuccio** 'dummy' (UK), 'pacifier' (USA).

g

The letter **g** is treated in the same way:

- Before **a, o, u**, it has a hard sound as in English **g**: **garage** 'garage', **goloso** 'greedy', **Gucci** 'Gucci'.
- Before **e, i**, it has a soft sound as in English **j**: **gelato** 'ice cream', **Gino** 'Gino'.
- When there is an '**h**' before the **e** or **i**, the **g** has a hard **g** sound: **Inghilterra**, **spaghetti**.
- When there is an '**i**' before the **a, o** or **u**, the **g** has a soft **j** sound: **giacca** 'jacket', **Giotto** 'Giotto', **Giudecca** 'Giudecca canal'.

sc

Combinations of '**s**' and '**c**' follow the same guidelines as above:

- **Sca, sco, scu** have a 'hard' sound: **scacchi** 'chess', **scoiattolo** 'squirrel', **scuola** 'school'.
- **Sce, sci** have soft sounds: **scemo** 'stupid', **sciare** 'to ski'.
- **Sch** has a hard '**sk**' sound: **schema** 'scheme', **schiaffo** 'slap'.

gli

Quite a few Italian words have a **gli** combination, as in, for example, **Caffè degli Specchi**. You do not pronounce the **g**. The nearest sound is '**lyi**' as in 'liaison'. Examples include **aglio, biglietto, famiglia, figli, maglia**.

gn

Lots of Italian words have a **gn** sound at the beginning of a word (**gnomo, gnocchi**) or in the middle (**agnello, bagno, Bologna, montagna, signora**). The best way to pronounce this sound is to think of it as a '**nyi**' sound.

DOUBLE CONSONANTS

It's important to distinguish between single and double consonants, since this small difference can change the meaning of the word. An example of this is **rosa** 'pink'/**rossa** 'red'. So make sure you pronounce the double consonants in words such as **bello**, **burro**, **contatto**, **Massimo** by pausing when you get to them to emphasise them. Northern Italians joke that southerners *always* pronounce double consonants even where they are single.

Stress

The distinctive musical sound of Italian stems from the fact that the emphasis is almost always placed on the second last syllable of each word:

bianco, fiore, giardino, lasagne, professore, studente

There are of course exceptions including many common words and some rarer words, for example the names of southern towns of Greek origin:

camera, telefono, Brindisi, Taranto

Certain words always have the stress on the last syllable including words with truncated endings which have a 'grave' accent on them: **città**, **quantità** deriving from an older form (**cittade**, **quantitade**).

Written accents

There are two styles of accent used in Italian: the acute **é** (used on 'e' only) and the grave accent, used on several vowels: **à, ì, è, ò, ù**. Although many writers disagree, the acute accent should always be used on the endings of conjunctions such as **perché**, **benché**, **affinché**. Where accents are used, the emphasis should always be placed on the accented syllable when speaking.

Using a dictionary

All students learning a language need a dictionary – generally the more you pay, the bigger and better the dictionary. So unless you want the dictionary to fit in your pocket, then spend a bit more! Check that your dictionary is up-to-date by looking to see if it has current slang or usage in it. Check that you find it easy to read and to refer to.

Once you've got your dictionary, learn to use it. Always have it with you when you are reading or writing Italian. Learn to understand the abbreviations which will tell you whether the word is a **sostantivo** 'noun' (**s.**), **aggettivo** 'adjective' (**agg.**), **avverbio** 'adverb' (**avv.**), **verbo** 'verb' (**vb**) or other part of speech. It will tell you whether the noun is masculine (**m.**) or feminine (**f.**). It will tell you whether the verb is transitive (takes an object) – **v.tr.** – or intransitive (does not take an object) – **v.intr.**. The dictionary will also help you with pronunciation, showing which syllable the stress is placed on if it is not on the second last syllable.

In listing nouns in our vocabulary list, we have labelled them 'm.' or 'f.' and 'pl.' if they are plural. Example of dictionary entries:

Autobus (s.m.)	masculine noun
Automobile (s.f.)	feminine noun
Autista (s.)	noun (either masculine or feminine)
Aspettare (v.tr.)	transitive verb
Andare (v.intr.)	intransitive verb

There are also several electronic dictionaries available now, either on CD or online, and of course you can download them to your mobile phone or electronic organiser.

Using a grammar reference book

This intensive Italian course is for general use in class or at home. There may be times when you want to check something or look more closely at a particular grammar point. You will find it helpful to have a good Italian reference grammar with clear explanations in English. Online bookshops and specialist language bookshops will tell you what is currently available (type in 'Italian grammar' as a search word). Better still, look at the newest Italian grammars in the bookshop in person, always checking the index to see if it looks complete and easy-to-use.

Another useful resource is an Italian verb book. There are several on the market. Check them out and buy one you find easy to use. If you are studying at college or university, the library or language centre should have a good selection of reference books.

Unit 1
Ciao, mi chiamo . . .

FUNCTIONS
- Greeting someone: **buongiorno**, **buona sera**, **ciao**, etc.
- Meeting people, introducing oneself and others
- Formal (**Lei**) or informal (**tu**) 'you'
- Indicating nationality
- Asking for something, ordering food and drink

GRAMMAR
- Present tense of **essere** and **chiamarsi**
- Nouns (singular)
- Indefinite articles **un**, **uno**, **una**, **un'**
- Subject pronouns **io**, **tu**, **lui**, **lei**, **Lei**, **noi**, **voi**, **loro**
- Adjectives of nationality **inglese**, **italiano** (singular form only)

VOCABULARY
- Greetings
- Nationality
- Food, drink
- Numbers 1–100
- Euros

1 Look who's talking

Listen to these people introducing themselves (**Audio 1.1**) and number them as you hear them. The first one is done for you.

( ) Ciao sono Enza!

( ) Piacere, sono Paola!

( ) Piacere, io sono Emilio Passerini

( ) Ah, Giovanni, che piacere . . .
sono la mamma di Luisa!

( ) Buongiorno, mi chiamo Luigi Ferretti, e Lei?

(1) Buonasera, sono Giovanni Ruggeri.

( ) Ciao, mi chiamo Elena, e tu?

( ) Io sono Caterina, piacere!

 2 Match the conversations

After listening to the conversations (**Audio 1.1**) again, sort them into four pairs so that the brief conversations make sense. The first pair is done for you.

(1) Buonasera, sono Giovanni Ruggeri.
(8) Ah, Giovanni, che piacere . . . sono la mamma di Luisa!

 3 Introduce yourself

Now you try. Introduce yourself as in the examples above, using the prompts below.

1   Ciao, sono Giulia. (Paola)   ▶▶ Piacere, sono Paola.
2   Buongiorno, mi chiamo Enrico Rossi. (Mario Ferri)   _____
3   Buonasera, sono Simona. (Giovanni)   _____
4   Ciao, mi chiamo Carola, e tu? (Cinzia)   _____
5   Buongiorno, sono Federico Rovereti, e Lei? (Carlo Bosi)   _____

4 Where are they from?

Look at the map and match each nationality to the right place by placing the number on the country you think it belongs to. The first one is done for you.

1	italiano	5	tedesco	9	irlandese
2	americano	6	scozzese	10	portoghese
3	francese	7	messicano	11	canadese
4	inglese	8	spagnolo		

GRAMMAR NOTES I

Lei or tu?

Italian has two ways of saying 'you': the formal or **Lei** form and the informal or **tu** form. Use the **tu** form when speaking to people you know well or children, but use **Lei** with older people or people you have just met. The verb used with **Lei** has the same form as **lui** 'he' and **lei** 'she'.

Chiamarsi, essere

Enza, Luigi and friends introduce themselves in two different ways: using **chiamarsi** (to be called) and **essere** (to be):

Come ti chiami (tu)?   **Mi chiamo Elena. Ciao, sono Paola!**
                                 Io sono Caterina, piacere!

We don't have to use the pronouns **io**, **tu**, **Lei**, etc. because the verb forms tell us who is being referred to, so we have put them in brackets in the verb list below.
Sometimes when using the polite form, we *do* use the pronoun **Lei** to make the question sound less abrupt:

Come si chiama (Lei)?   **Mi chiamo Luigi. Piacere, io sono Emilio Passerini.**

Chiamarsi 'to call oneself' is a reflexive verb (see Unit 5), a verb which refers to oneself: literally **mi chiamo** means 'I call myself', **si chiama** means 'he calls himself' or 'she calls herself' and so on. (For the forms of **-are** verbs see Unit 2.)

Chiamarsi

(io) mi chiamo	I am called	**(noi) ci chiamiamo**	we are called
(tu) ti chiami	you are called	**(voi) vi chiamate**	you are called (pl.)
(lui/lei) si chiama	he/she is called	**(loro) si chiamano**	they are called
(Lei) si chiama	you are called (polite form)		

Essere 'to be' is an *irregular* verb; it doesn't follow the pattern of other verbs.

Essere

(io) sono	I am	**(noi) siamo**	we are
(tu) sei	you are	**(voi) siete**	you are (pl.)
(lui/lei) è	he/she is	**(loro) sono**	they are
(Lei) è	you are (polite form)		

Ciao, piacere, buongiorno, buona sera

Younger speakers in an informal context use **ciao** amongst themselves, to say hello or goodbye. In a more formal situation, however, you would normally use **piacere** when introduced. When meeting or saying goodbye to both old and new friends, you can use **buongiorno** or **buona sera**. **Buona notte** is only used when going home at the end of the evening or going to bed.

Adjectives (**aggettivi**)

There are two main types of adjectives in Italian.

One group of adjectives ends in **-o/-a** depending on whether the person/object described is masculine or feminine. These include **italiano**, **tedesco**, **americano**, **russo**, **spagnolo**, **svizzero**:

Luciano Pavarotti è italiano.	**Barbra Streisand è americana.**
Il giornale *Herald Tribune* è americano.	**La Alfa Romeo è italiana.**

The other group of adjectives ends in **-e**. It includes **inglese**, **francese**, **svedese**, **scozzese**, **irlandese**, **giapponese**, **canadese**. The ending remains the same whether the person or object is masculine or feminine.

Tony Blair è inglese.	**Queen Elizabeth è inglese.**
Il televisore è giapponese.	**La Toyota è giapponese.**

Adjectives in Italian normally come *after* the noun:

un cornetto dolce	a sweet croissant
una birra ghiacciata	an ice-cold beer

Some very common adjectives normally go *before* the noun. These include:

bello 'beautiful'	**brutto** 'ugly'	**breve** 'short'	**buono** 'good'
giovane 'young'	**grande** 'big'	**grosso** 'fat'	**largo** 'wide', 'broad',
lungo 'long'	**piccolo** 'small'	**vecchio** 'old'	

These adjectives can also come *after* the noun to emphasise that particular quality. Sometimes the change of position gives them a different meaning.

un grande uomo	a great man
un uomo grande	a big man

The plural forms of adjectives are covered in Unit 2.

Numbers 1–100

1 to 20

0	zero	6	sei	12	dodici	18	diciotto
1	uno	7	sette	13	tredici	19	diciannove
2	due	8	otto	14	quattordici	20	venti
3	tre	9	nove	15	quindici		
4	quattro	10	dieci	16	sedici		
5	cinque	11	undici	17	diciassette		

21 to 30

21	ventuno	26	ventisei
22	ventidue	27	ventisette
23	ventitré	28	ventotto
24	ventiquattro	29	ventinove
25	venticinque	30	trenta

31 to 100

31	trentuno	60	sessanta
32	trentadue	70	settanta
33	trentatré, etc.	80	ottanta
38	trentotto	90	novanta
40	quaranta	100	cento
50	cinquanta		

The **i** is dropped from **venti** when combined with numbers starting with a vowel e.g. **uno**, **otto** so it becomes **ventuno**, **ventotto**.

Tre does not have an accent on the last letter but compound numbers which include **tre** do, e.g. **ventitré**, **trentatré**.

The **a** is dropped from **trenta** when combined with numbers starting with a vowel, e.g. in **trentuno**, **trentotto**; the same applies to all the other numbers ending in **-a**.

Euros

The unit of currency in Italy – as in most other EU countries – is the **euro** (€). Many older people still count in Italian lire. The euro is approximately the equivalent of 2000 old Italian lire, so **cinque euro** 'five euros' are worth 10,000 lire, and so on. The euro is divided into **centesimi** 'cents' and prices are shown in both:

€1,47 = 1 euro 47 centesimi
€2,00 = 2 euro

5 Write and say the numbers

Write the corresponding number under each word and say them out loud. The first two rows are done for you.

undici 11	ventuno (21)	trentuno (31)
dodici 12	ventidue (22)	quaranta (40)
tredici 13	ventitré (23)	cinquanta (50)
quattordici 14	ventiquattro ( )	sessanta ( )
quindici 15	venticinque ( )	settanta ( )
sedici 16	ventisei ( )	ottanta ( )
diciassette 17	ventisette ( )	novanta ( )
diciotto 18	ventotto ( )	cento ( )
diciannove 19	ventinove ( )	
venti 20	trenta ( )	

 ## 6 Prices

How much do these items cost? Say the price in Italian.

Un panino con mozzarella e pomodoro	€2,56	Un cappuccino e un cornetto	€1,95
Una bibita fresca	€2,00	Una pizza	€3,00
Un giornale	€1,10	Un gelato	€2,00

 ## 7 What nationality are they?

Fill in the gaps with the right nationalities from the list in Exercise 4, as in the example.

Example
Luciano Pavarotti è **italiano**.

1 Barbra Streisand è _americana_ .
2 Lisbon è una città _____ .
3 Brigitte Bardot è _svedese_ .
4 Claudia Schiffer è _____ .
5 James Joyce è _irlandese_ .
6 Toronto è una città _canadese_ .
7 Placido Domingo è _spagnoli_ .
8 Acapulco è una città _____ .
9 Tony Blair è _inglese_ .
10 Sean Connery è _scozzese_ .

8 The cinema game!

Now let's try to guess the nationalities of the stars mentioned below. Carry out a role play with your partner and exchange the information you have, following the model shown below. Each of you has certain information you know already (in part 1) and some information you want to find out from your partner (in part 2). (Student B's part is found at the end of the unit.)

Example
Student A: Sophia Loren è francese?
Student B: No, è italiana. Neil Jordan è inglese?
Student A: No, è irlandese.

Student A
Part 1: Information you have

Neil Jordan	Alfred Hitchcock	Fritz Lang
irlandese	inglese	tedesco
Robert De Niro	Sophie Marceau	Francesca Neri
americano	francese	italiana

Part 2: Information you need

Sophia Loren	Italiana	Juliette Binoche	
George Clooney		Hannah Schygulla	
Luis Buñuel		Robert Lepage	

 9 Pleased to meet you!

Make up some dialogues, using the prompts below, and act them out with your partner.

Example
Roberto (italiano) ▶▶ John (inglese)

A: Ciao, sono Roberto. Sono italiano.
B: Piacere, io mi chiamo John. Sono inglese.

1   Maurizia Domini (italiana) ▶▶ Jean Pierre (francese)
2   Beth Springfield (americana) ▶▶ Gunter Kaun (tedesco)
3   Manolo (spagnolo) ▶▶ Patrizia (italiana)
4   Marc McManus (irlandese) ▶▶ Katsushi Imai (giapponese)
5   Irma (spagnola) ▶▶ Chris (americano)

10 Ciao, mi chiamo Giovanni . . .

Example
Mi chiamo Giovanni, sono italiano di Napoli.

Write your own personal introduction, based on the example above, saying your name, nationality and where you are from.

11 Al bar

Read the passage about cafés in Italy (**Text 1.1**) then answer in English the questions that follow.

Text 1.1 **Al bar**

In Italia ci sono molti bar. Le persone vanno al bar la mattina per fare **colazione**. La colazione tipica degli italiani è un cappuccino e un cornetto. Ma gli italiani vanno al bar anche durante il resto della giornata. Dopo pranzo prendono un buon caffè o un digestivo, il pomeriggio una cioccolata calda o un tè e prima di cena prendono un aperitivo. Al bar molto spesso gli italiani stanno in piedi. Pagano prima alla **cassa** dove ricevono lo **scontrino**. Con lo scontrino vanno al **bancone**, dove mangiano e bevono. I turisti si mettono seduti ai **tavolini**, fuori **all'aperto** se il tempo è bello, ed ordinano direttamente al **cameriere**. Questo servizio è più costoso, ma anche più comodo!

1   What do Italians drink after lunch?
2   What do they have before dinner?
3   What do you receive at the till?
4   What do you do with this?
5   At the café, where do tourists usually drink and eat?
6   What are the advantages and disadvantages of sitting at a table?

12 Matching game

Match the pictures with the right words by drawing a line linking them. The first one is done for you.

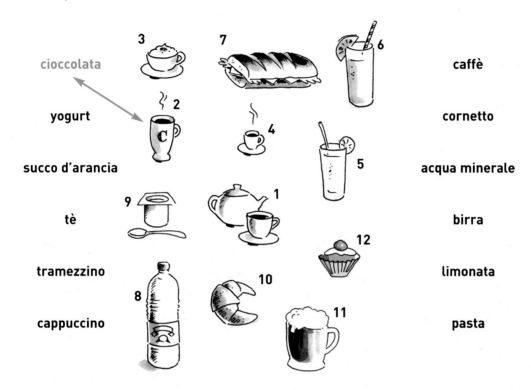

 ## 13 What are they ordering?

Listen to the five dialogues (**Audio 1.2–1.6**) and write down what people order.

Dialogo 1.2: _Un cappuchino, una pasta è un cornetto._

Dialogo 1.3: _Un caffe et un tramezzino_

Dialogo 1.4: _una lemonata e una yogurt._

Dialogo 1.5: _Un caffè è un aqua munivale._

Dialogo 1.6: _una yogurt è un cornetto._

14 Put the orders in order!

A group of tourists has arrived at Giovanni's Bar. Listen to the orders (**Audio 1.7**) and put them in order, numbering them 1–7. The first one is done for you.

Tre limonate

 3

Due cappuccini

 1

Cinque caffè

 6

Sei cornetti

 2

Otto paste

4

Nove tramezzini

 5

Dieci birre

 7

🎤 15 *Da uno a dieci*

Let's count from one to ten.

Uno _____ _____ quattro _____ _____ sette _____ _____ _____

Now let's try counting in tens, from twenty to one hundred.

Venti _____ _____ _____ _____ _____ _____ _____ cento.

🎧 16 How much does it cost?

You are in Italy with a very tight budget. Listen to the prices (**Audio 1.8**) and write them down before ordering. The first one is done for you!

un cappuccino?	Tre euro.	una pasta?	un euro è trenta .
un caffè?	un euro è 60c	un tramezzino?	tre euro
una birra?	tre euro	uno yogurt?	un euro.
un cornetto?	du euro		

🎧 17 Fill in the gaps

Now listen to this new dialogue (**Audio 1.9**) and fill in the gaps. 'W' is the waiter, while A and B are the customers.

W: Buongiorno. Desidera?
A: Vorrei un cappuccino e un _____ .
W: E Lei, signore, cosa prende?
B: Una birra _____ e un tramezzino _____ .
W: Altro?
A: No, grazie. Quant'è?
W: Allora . . . una birra, un tramezzino . . . un cappuccino e un cornetto . . .
_____ euro.
A: _____ a Lei.
W: Grazie, buongiorno.

GRAMMAR NOTES II

Nouns and indefinite articles

Did you notice how the indefinite article **un, una** 'a' changes? It depends on whether the noun (person or object) is masculine or feminine, singular or plural and also on the letter it starts with. Here's the pattern below.

* Words ending in **-o** are (usually) masculine; words ending in **-a** are (usually) feminine. Words ending in **-e** are trickier: some are masculine, some are feminine.
* Masculine words use the indefinite article **un** 'a' but **uno** before nouns beginning with **gn, pn, ps, s** + a consonant, **x, z** and the semi-vowel **y** (j, ie).
* Feminine words use **una** but **un'** before words beginning with a vowel.
* More information on nouns is found in Unit 3.

Masculine   *Feminine*

un cappuccino	*una* birra
un caffè	*una* brioche
un albergo	*un'*aranciata
uno spuntino	*un'*automobile
uno yogurt	*una* spremuta

And this is what normally happens in the plural.

Masculine nouns ending in -o

| un cappuccin*o* | due cappuccin*i* |
| uno spuntin*o* | due spuntin*i* |

Feminine nouns ending in -a

una birr*a*	due birr*e*
un'aranciat*a*	due aranciat*e*
una spremut*a*	due spremut*e*

Masculine or feminine nouns ending in -e

| un'automobil*e* | due automobil*i* |
| un giornal*e* | due giornal*i* |

Some nouns – especially those of foreign origin and those with the accent on the final syllable – *have the same form in the plural as in the singular*.

| un caffè | due caffè |
| una brioche | due brioche |

una città   **due città**
un'università   **due università**

 ## 18 Balloon race: *un, una, uno*

You can certainly recognise the Italian words listed below. Let's see whether you can put them in the right balloon. The first one is done for you.

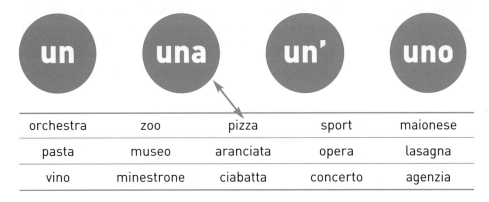

orchestra	zoo	pizza	sport	maionese
pasta	museo	aranciata	opera	lasagna
vino	minestrone	ciabatta	concerto	agenzia

19 Order two of everything

You are terribly hungry! Order two of everything.

Example
Una cioccolata? No, due cioccolate.

un cappuccino?
un caffè?
una birra?
un cornetto?
un tè?
una limonata?
una pasta?
un tramezzino?

un'acqua?
uno yogurt?
un'aranciata?
una lasagna?
un vino?
un minestrone?
una ciabatta?

20 Find the opposite!

For each word in the list, find the opposite.

caldo	bollente
ghiacciato	freddo
dolce	tiepido
fresco	salato

 ## 21 Add the adjectives

Complete the dialogues with the appropriate adjectives from those given in Activity 20.
Make sure the adjectives agree with the nouns.

A: Signore, desidera?
B: Vorrei un caffè.
A: _____ (1) o _____ (2)?
B: Caldo.
A: E per la signora?
C: Una birra _____ (3).

A: Per Lei?
B: Vorrei un tramezzino _____ (4).
A: Subito!

A: Desidera?
B: Un cornetto _____ (5) ed un'acqua minerale _____ (6).

A: Desidera, signora?
B: Per me un tè _____ (7) ed una pasta.
A: Altro?
B: Sì, grazie, una limonata _____ (8).

22 Spot the mistakes!

Giovanni is very absent-minded! When he writes down his customers' orders, he often
makes mistakes! Spot the mistakes in this order and correct them.

un cappuccino salato	una birra bollente
un tramezzino dolce	un caffè freddo
un cornetto ghiacciato	

23 Fill in the missing adjectives

Complete the table, showing which adjective (use the list in Exercise 20) can be used for which item. The items of food or drink can have more than one suitable adjective; list both of them, one in each column. Make sure the adjectives agree.

Example
Cappuccino caldo bollente

Cioccolata	€1,40		
Caffè	€0,87		
Cappuccino	€1,27		
Tè	€1,25		
Cornetto	€0,60		
Birra	€1,40		
Succo d'arancia	€1,25		
Limonata	€1,25		
Tramezzino	€2,50		
Pasta	€0,90		
Yogurt	€0,85		
Acqua minerale	€1,20		

24 Role play

Now work in pairs ordering things from the list above, using the prices shown. Make up a dialogue based on the one below (B = barista; C = client).

B: Buongiorno. Desidera?
C: Un caffè.
B: Un caffè? Sono 1 euro e 87 centesimi.
C: Ecco a Lei.

KEY VOCABULARY

Acqua minerale (f.)

Mineral water can be **liscia** 'still' – also known as **naturale** – or **gassata** 'sparkling'.

Aranciata (f.)

Orangeade, normally in a bottle. Orange juice is (**un**) **succo d'arancia** while freshly squeezed orange juice is called (**una**) **spremuta d'arancia**.

Barista (m.)

The person serving behind the counter in the bar (café), traditionally male (**il barista**). Now sometimes women are allowed to make coffee as well.

Caffè (m.), **Cappuccino** (m.)

If you ask for **un caffè** you will get an espresso coffee. If you want something more diluted, ask for **un cappuccino**. Most Italians however only drink **cappuccino** up to around 11.00 in the morning. After meals, most people drink **un caffè**. If you want a little bit of milk in your espresso, ask for **un macchiato**.

Cioccolata (f.), **Cioccolato** (m.)

A cup of hot chocolate is **una cioccolata** while the masculine form **un cioccolato** is normally used for chocolate to eat.

Pasta (f.)

Una pasta or **una pastina** means an individual cake, as compared to **una torta** or **un dolce** which is a large cake shared by everyone. Fresh homemade cakes are sold at **la pasticceria** or **il bar-pasticceria**. Each region has its own specialities, for example Naples has **babà** and **sfogliatelle**. And of course all bars have **cornetti** in the morning, whether **vuoto** 'empty', **con la marmellata** 'with jam' or **con la crema** 'with crème patisserie'.

Scontrino (m.)

The sign **Si prega di fare lo scontrino alla cassa** means you are expected to pay first at the till and then give the receipt (**lo scontrino**) to the barman and ask for what you want.

 8 Cinema game

Student B

Part 1: The information you have

Sophia Loren italiana	Robert Lepage canadese	Hannah Schygulla tedesca
Luis Buñuel spagnolo	Juliette Binoche francese	George Clooney americano

Part 2: The information you need

Neil Jordan		Francesca Neri	
Fritz Lang		Sophie Marceau	
Alfred Hitchcock		Robert De Niro	

Unit 2
Amici e
famiglia

FUNCTIONS	• Describing or indicating someone or something
	• Talking about jobs and professions
GRAMMAR	• Nouns (singular and plural)
	• Definite article **il**, **lo**, **la**, **l'**, **i**, **gli**, **le**
	• Adjectives (singular and plural)
	• Demonstratives: **questo**, **quello**
	• Possessives: **mio**, **tuo**, **suo**, **nostro**, **vostro**, **loro**
	• Present tense of regular verbs ending in **-are**
	• Present tense of irregular verbs: **avere**, **fare**
VOCABULARY	• Family
	• Professions
	• Descriptions

1 *Descrizione fisica*

Pair up the following pictures with the nouns listed below. The first one is done for you.

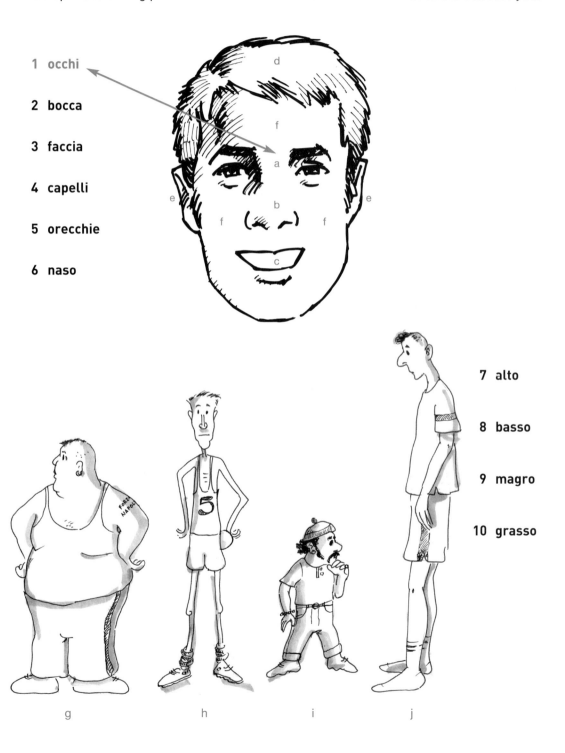

1 occhi

2 bocca

3 faccia

4 capelli

5 orecchie

6 naso

7 alto

8 basso

9 magro

10 grasso

2 *La persona ideale?*

Listen to **Audio 2.1** and circle the right answer.

1   La donna ideale di Franco ha gli occhi
    a   azzurri.
    b   castani.

2   È
    a   impulsiva.
    b   riflessiva.

3   L'uomo ideale di Laura ha i capelli
    a   biondi.
    b   neri.

4   È
    a   alto e magro.
    b   basso e magro.

5   È
    a   introverso e generoso.
    b   estroverso e affettuoso.

6   La sua professione è
    a   l'autista.
    b   l'artista.

 3 Opposites

Match the opposites in these two lists of adjectives. The first one is done for you.

1	aperto	a	disinvolto
2	estroverso	b	triste
3	loquace	c	introverso
4	allegro	d	taciturno
5	intelligente	e	antipatico
6	pigro	f	chiuso
7	timido	g	calmo
8	vivace	h	dinamico
9	simpatico	i	stupido
10	egoista	j	generoso

4 *Le coppie*

Match the following people to form couples. But be careful, one of them stays single.

a

> Sono un ragazzo
> un po' timido,
> chiuso e
> abbastanza pigro,
> ma molto
> intelligente. Vorrei
> incontrare una
> ragazza carina e
> simpatica.

1

> **SONO una ragazza
> simpatica, estroversa
> e allegra. Sono bionda,
> ho gli occhi azzurri e
> le lentiggini. Sono
> abbastanza bassa.
> Vorrei incontrare un
> ragazzo vivace,
> dinamico, e aperto.**

b

> *Sono un ragazzo
> simpatico ed estroverso.
> Cerco una ragazza simpatica
> ed aperta, con i capelli
> biondi e molto alta.*

2

> Sono una ragazza carina.
> Non parlo molto, sono
> abbastanza riflessiva e
> vorrei incontrare un
> ragazzo come me, intel-
> ligente e tranquillo.

c

> **S**ONO UN RAGAZZO
> ESTROVERSO, DIVER-
> TENTE E AFFETTUOSO.
> **C**ERCO UNA RAGAZZA
> ALLEGRA E VIVACE.

 5 Describe your partner and yourself

Listen to the dialogue (**Audio 2.1**) again, then work in pairs. Describe the physical appearance of the person sitting next to you, choosing from some or all of the following descriptions. (The verb avere is described in Grammar Notes II and the verb essere in Unit 1.)

- Ha gli occhi castani/neri/azzurri/blu/verdi/grigi.
- Ha i capelli neri/castani/biondi/grigi/rossi/brizzolati.
- È alto(a)/di media statura/basso(a).
- Ha la carnagione chiara/scura/olivastra/pallida.

Now describe your own appearance in the same way, but altering the verbs.

- Ho gli occhi _____
- Ho i capelli _____
- Sono alto(a) _____
- Ho la carnagione chiara _____

Now in pairs describe your own character to your partner using some of the adjectives listed in the vocabulary activity (Activity 3).

Example
A: Sono estroverso/a . . . E tu?
B: Io sono introversa . . .

✎ 6 My ideal man/woman

Now describe your ideal man/woman in Italian, writing down his/her characteristics below.

Il mio uomo ideale/la mia donna ideale è

_____

Il mio uomo ideale/la mia donna ideale ha

_____

📋 7 I parenti

Shown below are 12 words for family members (and one near-relative) but some letters are missing. Can you fill them in?

1	F_ _ T_ _ _ _	7	_ _ U _ _ _ _ _ _
2	G_ _ _ R _	8	_ A _ R _ _
3	_ _ G _ _ O	9	_ U _ C _ _ O
4	N _ P _ _ _ _	10	_ _ M _ A
5	N _ _ _ _	11	S _ _ _ _ _ A
6	_ I _	12	C _ G _ _ _ _

8 *Chi lavora qui . . .?*

Say who works in the following places by ringing the correct answer in each case.

Chi lavora . . .

1   in un tribunale?
    a   il barista
    b   l'avvocato
    c   il ragioniere

2   in una scuola?
    a   il dottore
    b   l'insegnante
    c   l'infermiere

3   in un ospedale?
    a   il dottore
    b   il muratore
    c   l'analista

4   in un ufficio?
    a   il parrucchiere
    b   il dentista
    c   la segretaria

5   in un negozio?
    a   lo studente
    b   l'impiegato
    c   il commesso

6   in un ristorante?
    a   il cameriere
    b   il farmacista
    c   il ragioniere

7   in un bar?
    a   l'architetto
    b   il barista
    c   l'arredatore

8   in una barca?
    a   il parrucchiere
    b   il pescatore
    c   il medico

 ## 9 Describe the occupations

In pairs describe some of the jobs seen in Activity 8, using the adjectives in the box.

noioso   interessante   faticoso   divertente   stancante   vario
monotono   ripetitivo   soddisfacente   impegnativo   pesante

Example
impiegato
Il lavoro dell'impiegato è monotono e noioso.

Now say which profession or occupation you would like to follow and why. Use a dictionary if necessary.

Il mio lavoro ideale è . . . perché . . .

 10 *Che lavoro fanno?*

First write a list of your relatives and their jobs. Then, in pairs, tell each other what professions the members of your family practise. Use the verbs essere 'to be' and lavorare 'to work'. Say where they work as well (see Activity 8 and also Grammar Notes II). The first example is done for you, showing both possible ways of saying it.

Membro della famiglia	*Professione*
Sorella	Avvocato

Example
Mia sorella fa l'avvocato. Lavora in uno studio legale.
Mia sorella è avvocato. Lavora in uno studio legale.

11 Sandro, Andrea and families

Now listen to **Audio 2.2** and complete the following sentences.

1 Giacomo
     a   insegna economia.
     b   insegna matematica.
     c   studia economia.

2 Beatrice ha
     a   due fratelli.
     b   un fratello e una sorella.
     c   due fratelli e una sorella.

3 La madre di Sandro è
     a   psichiatra.
     b   pediatra.
     c   psicologa.

4 Sandro è
     a   fidanzato.
     b   sposato.
     c   single.

5 Sandro è
     a   introverso.
     b   loquace.
     c   estroverso.

6 Andrea
     a   ha due sorelle.
     b   è figlio unico.
     c   ha due fratelli.

7 Andrea è
     a   serio.
     b   spiritoso.
     c   pigro.

Nouns

Nouns denote a person, object, concept, situation or abstract idea. All Italian nouns have either a masculine or a feminine gender. Nouns referring to human beings or animals sometimes – but not always! – have the same grammatical gender as their natural gender. Nouns referring to inanimate objects may be masculine or feminine; since the gender is not always obvious or logical, you have to either learn and remember it or check the dictionary. Italian nouns have three common patterns:

Masculine nouns ending in -o

ragazzo	boy	**ragazzi**	boys
sbaglio	mistake	**sbagli**	mistakes

Feminine nouns ending in -a

ragazza	girl	**ragazze**	girls
tavola	table	**tavole**	tables

Masculine or feminine nouns ending in -e

(m.)

padre	father	**padri**	fathers
studente	student	**studenti**	students
bicchiere	glass	**bicchieri**	glasses

(f.)

madre	mother	**madri**	mothers
stazione	station	**stazioni**	stations
chiave	key	**chiavi**	keys

There is a large group of nouns mainly referring to sports or professions, where both male and female forms end in **-a**. Gender is only distinguished by the article (**il/la** and **un/una**, etc.) and the plural form (**-i** for male, **-e** for female).

l'autista	driver	**il/la pediatra**	paediatrician
il/la ciclista	cyclist	**il/la pianista**	pianist
il/la commercialista	accountant (for small company)	**il/la regista**	film director
		il/la violinista	violinist

Nouns with invariable plurals

Nouns which keep the same form in the plural as the singular include nouns of foreign origin, for example **il manager**, **il bar**, **il computer**, **la brioche**, nouns such as **il cinema**, **la radio**, **la bici** which are shortened forms and nouns with accented final syllable such as **la città**, **la quantità**.

Nouns with irregular plurals

For nouns ending in **-co**, **-go** (**amico** – **amici**, **impiego** – **impieghi**), **-ca**, **-ga** (**amica** – **amiche**, **piaga** – **piaghe**), and **-cia**, **-gia** (**arancia** – **arance**, **valigia** – **valigie**) the rules are not always so clear-cut and it is best to check each ending in a dictionary or a good reference grammar. The same applies to nouns ending in **-io** (**messaggio** – **messaggi**, **studio** – **studi**, **zio** – **zii**).

Definite article **il**, **lo**, **la**, etc.

In Unit 1 we saw the indefinite articles **un**, **una**, **uno**, **un'**. The definite article (**il**, **lo**, **la**, **l'**) also has to have the same *gender* and *number* as the noun it accompanies. Its forms vary according to its gender (whether it is masculine or feminine), its number (singular or plural) and also the *initial letter* of the word immediately following it:

Masculine nouns

In the singular, masculine nouns have the following definite articles:

*   **il** before a word beginning with a consonant, *except*:
*   **lo** before a word starting with **gn**, **pn**, **ps**, **s** + consonant, **x**, **z** and the semi-vowel **y**;
*   **l'** before a word starting with a vowel.

il **famoso attore**	the famous actor
lo **strano edificio**	the strange building
*l'***edificio**	the building

In the plural, masculine nouns have the following definite articles:

*   **i** before a word beginning with a consonant *except* those shown below;
*   **gli** before a word beginning with a vowel, or **gn**, **pn**, **ps**, **s** + consonant, **x**, **z**.

i **ragazzi stranieri**	the foreign children
gli **sbagli**	the mistakes
gli **alberi**	the trees

Feminine nouns

In the singular, feminine nouns have the following definite articles:

- **la** before a word beginning with any consonant;
- **l'** before a word beginning with any vowel.

la **birra**	the beer
la **spremuta**	the fresh fruit juice
*l'***aranciata**	the orangeade

In the plural, feminine nouns have the following definite article (*never* abbreviated):

- **le**

le automobili	the cars
le studentesse	the students

Adjectives

An adjective modifies the meaning of a noun by adding a specification or description to it.

Descriptive adjectives describe the physical or other qualities of a person or thing. Like the nouns, their ending depends on *gender* and *number*. There are two main patterns:

Adjectives ending in -o/-a

	Singular	Plural
m.	**piccolo**	**piccoli**
f.	**piccola**	**piccole**

Adjectives ending in -e (whether masculine or feminine)

	Singular		Plural
m./f.	**grande**		**grandi**

The gender (masculine or feminine) and number (singular or plural) of the adjective is always the same as the noun to which it refers:

	Singular	Plural	Singular	Plural
m.	**albergo piccolo**	**alberghi piccoli**	**albergo grande**	**alberghi grandi**
	small hotel	small hotels	big hotel	big hotels

bicchiere piccolo small glass	**bicchieri piccoli** small glasses	**bicchiere grande** big glass	**bicchieri grand***i* big glasses
f. **casa piccola** small house	**case piccole** small houses	**casa grande** big house	**case grand***i* big houses
automobile piccola small car	**automobili piccole** small cars	**automobile grande** big car	**automobili grand***i* big cars

Possessives **mio, tuo, suo, nostro, vostro, loro**

The adjectives indicating possession or belonging (**mio, tuo, suo**) also change their ending according to the number (singular or plural) or gender (masculine or feminine) of the noun they describe. With few exceptions the possessive is always accompanied by the definite article: **il mio, la mia**, etc. The forms of **mio** 'my', **tuo** 'your', **suo** 'his/her', **nostro** 'our', **vostro** 'your', **loro** 'their' are shown in the table. **Suo** 'your' (polite form), follows the same pattern as **suo** meaning 'his/her' but should have a capital 's'.

M. singular	*F. singular*	*M. plural*	*F. plural*
il mio amico my friend	**la mia amica** my friend (f.)	**i miei sandali** my sandals	**le mie scarpe** my shoes
il tuo cane your dog	**la tua macchina** your car	**i tuoi jeans** your jeans	**le tue fotografie** your photos
il suo libro his/her book	**la sua sedia** his/her chair	**i suoi studi** his/her studies	**le sue vacanze** his/her holidays
il Suo biglietto your ticket	**la Sua visita** your visit	**I Suoi colleghi** your colleagues	**le Sue vacanze** your holidays
il nostro amico our friend	**la nostra casa** our house	**i nostri figli** our children	**le nostre cugine** our cousins (f.)
il vostro pianoforte your piano	**la vostra casa** your house	**i vostri cugini** your cousins	**le vostre camere** your rooms
il loro prete their priest	**la loro camera** their room	**i loro viaggi** their travels	**le loro vacanze** their holidays

With relatives in the singular form, the article is not needed: **mio padre**, **mia cugina**, etc. But with relatives in the plural form, the article is used: **i miei cugini**, **le mie sorelle**, as it is with relatives qualified by an adjective or suffix **la mia sorella più piccola**, **la mia sorellina**. **Loro** is an exception since it is invariable for masculine and feminine, singular and plural, and it always takes the definite article: **la loro madre**.

Demonstratives **questo**, **quello**

Finally, the demonstrative adjectives **questo** 'this' and **quello** 'that' also change ending to agree with the noun they describe, depending on whether it is singular or plural, masculine or feminine. **Quello** follows the pattern of the definite article **il**, **la**, etc.

M. singular	F. singular	M. plural	F. plural
questo periodo this period	**questa volta** this time	**questi giorni** these days	**queste ore** these hours
quel periodo that period	**quella volta** that time	**quei giorni** those days	**quelle sedie** those chairs
quell'albergo that hotel	**quell'automobile** that car	**quegli errori** those errors	**quelle ore** those hours
quello specchio that mirror	**quella sciarpa** that scarf	**quegli specchi** those mirrors	**quelle scarpe** those shoes

12 Professions masculine and feminine

Put the correct definite article before each of the following professions. They are all supplied in the masculine form. Can you supply the feminine form and the correct definite article as well? The first one is done for you.

	Maschile	*Femminile*
1	L'attore	L'attrice
2	_____ autista	_____
3	_____ bagnino	_____
4	_____ bibliotecario	_____
5	_____ biologo	_____
6	_____ camionista	_____
7	_____ commercialista	_____
8	_____ cuoco	_____
9	_____ istruttore di nuoto	_____

10	_____ manager	_____
11	_____ pediatra	_____
12	_____ professore	_____
13	_____ psicologo	_____
14	_____ regista	_____
15	_____ veterinario	_____

🔍 13 Agreement of adjectives

Read the four descriptions and complete the adjectives by adding the right endings.

Oscar
> alt__, capell__ biond__ e ricc__, occhi castan__
> simpatic__, loquac__, vivac__

Alessia
> alt__, capelli ner__ e lisc__, occhi ner__
> timid__, generos__, simpatic__

Fabiola
> bass__, capelli ross__, ondulat__, occhi verd__
> intelligent__, calm__, disinvolt__, allegr__

Lorenzo
> bass__, capelli castan__, occhi grig__
> trist__, taciturn__, introvers__, pigr__

🔍 14 Singular to plural

Give the plural form for each of the singular nouns below.

Singolare	Plurale	Singolare	Plurale
la professione	le professioni	il manager	
l'azienda		la ditta	
lo stipendio		l'impiego	
la segretaria		il telefono	
il computer		la stampante	
il messaggio		l'ufficio	

🔎 15 Possessives

Fill in the gaps in the passage below, choosing from the correct form of the possessives mio, suo, nostro, loro and deciding whether to use the definite article (il, la, etc.) with them or not.

Naomi e Sonya sono due _____ (1) compagne d'università. Studiamo nella stessa facoltà. Sonya è anche _____ (2) compagna di stanza. _____ (3) appartamento è piccolo, ma è molto comodo perché è vicino all'università. Naomi invece abita con _____ (4) sorella in periferia. I fine settimana io torno a Brescia, dove abitano _____ (5) famiglia e _____ (6) fidanzato. Loro invece restano a Milano, dove abitano _____ (7) ragazzi. Sonya è americana, ma abita a Milano da tre anni. Parla italiano molto bene perché _____ (8) padre è italiano.

GRAMMAR NOTES II

Verbs in **-are**

Italian verbs all have a pattern of different endings to refer to different people, for example **studio** '*I* study', **studiano** '*they* study' The endings are important because they indicate who is carrying out the action. The pronouns **io** 'I', **tu** 'you', etc. are only used for contrast or emphasis. The **Lei** or polite 'you' form has the same endings as the third person **lui**, **lei** form. The pattern of endings varies according to the type of verb. There are three important types (groups) of verb. Here we show how **-are** verbs are formed:

parlare

(io) parlo	I speak		**(noi) parliamo**	we speak
(tu) parli	you speak		**(voi) parlate**	you speak (pl.)
(lui/lei) parla	he/she speaks		**(loro) parlano**	they speak
(Lei) parla	you speak (polite form)			

Other verbs in this group include: **abitare** 'to live', **imparare** 'to learn', **incontrare** 'to meet', **insegnare** 'to teach', **lavorare** 'to work', **studiare** 'to study'.

Note that the **i** in **studiare** does *not* double in the **tu** form, since there is no emphasis or stress on it:

(io) studio	I study
(tu) studi	you study

Irregular verbs

Some Italian verbs do not follow a regular pattern and these are called *irregular verbs*. They include very common ones such as **essere** 'to be' (seen in Unit 1), **fare** 'to do', **avere** 'to have':

fare to make, do

(io) faccio	I do		**(noi) facciamo**	we do
(tu) fai	you do		**(voi) fate**	you do (pl.)
(lui/lei) fa	he/she does		**(loro) fanno**	they do
(Lei) fa	you do (polite form)			

Both **essere** and **fare** are often used with professions or trades. **Essere** does not need the definite article **il, la** with the name of the profession, while **fare** does.

Che lavoro fai?
What work do you do?

Faccio l'insegnante.
I'm a teacher.

Sono insegnante.
I'm a teacher.

Lastly, **avere** 'to have' (seen above in 'Irregular verbs') is also irregular:

(io) ho	I have		**(noi) abbiamo**	we have
(tu) hai	you have		**(voi) avete**	you have (pl.)
(lui/lei) ha	he/she has		**(loro) hanno**	they have
(Lei) ha	you have (polite form)			

16 Verbs in -are

Complete the sentences with one of the following verbs in **-are**. Don't forget to use the correct form.

> ~~abitare~~ ~~incontrare~~ ~~insegnare~~ lavorare
>
> mangiare ~~parlare~~ ~~studiare~~ trovare

1 La professoressa Federici ~~studia~~ *insegna* inglese in una scuola media.
2 Io *abito* in una piccola città in provincia di Perugia.
3 Carlotta e Marcello _____ in una ditta in periferia.
4 Voi *incontrate* i vostri amici al bar?
5 Federico ed io *parlano* bene il giapponese.
6 Gianluca, cosa *studi* all'università?
7 Lei _____ sempre in mensa.
8 Non (tu) _____ il giornale? È in cucina.

17 True or false?

Now listen to **Audio 2.3** and say whether the following statements are true, false or uncertain by circling V (vero) or F (falso) or N (non si sa).

1 Carla non trova le chiavi di casa.	**V/F/N**
2 Carla aspetta Gabriele.	**V/F/N**
3 Le chiavi sono in cucina.	**V/F/N**
4 Gli occhiali sono in macchina.	**V/F/N**
5 Secondo la mamma, Carla è innamorata.	**V/F/N**

18 *Questo* or *quello*?

Listen to **Audio 2.3** again and fill in the gaps with the demonstrative adjectives questo or quello.

>   Gemma: Mamma? Dove sono le chiavi della macchina? Il mio ragazzo arriva tra
>   poco e sono già in ritardo!

Mamma: Le chiavi della tua macchina? Sono su _____ (1) scaffale lì, in
cucina.

Gemma: _____ (2)? Sei sicura? . . . Ah sì, hai ragione. E i miei occhiali?
Non trovo gli occhiali!!!

Mamma: Sono su _____ (3) mobile lì.

Gemma: È vero! Mamma, e il mio telefonino? Dov'è? Non è in borsa!

Mamma: È su _____ (4) sedia!! Ma sei davvero sbadata, forse sei
proprio innamorata _____ (5) volta!!

KEY VOCABULARY

Professions and job titles

Many job titles have no distinct feminine form, with, for example, **medico** 'doctor', **avvocato** 'lawyer', used both for male and female. Often the masculine article (**un** or **il**) is used even to refer to women:

La mia amica è medico.
My friend (female) is a doctor.

Some job titles – including foreign words – are the same for male and female but change the article accordingly. These include **l'insegnante** 'teacher' (**un insegnante, un'insegnante**), **il/la manager** 'manager' and the group of nouns ending in **-a** shown earlier.

Il manager si chiama Mario.
The manager is called Mario.

La manager si chiama Giovanna.
The manager is called Giovanna.

Some job titles change the **-o** ending to an **-a** ending:

il bagnino	**la bagnina**	lifeguard, lido attendant
il cuoco	**la cuoca**	cook

Other job titles change the **-e** ending to an **-a** ending. Examples include:

il ragioniere   la ragioniera the accountant

Some titles, especially the professions, however, have a quite distinct form for the feminine. Here are just a few examples:

-e, -essa

il dottore	**la dottoressa**	doctor
il presidente	**la presidentessa**	president
il professore	**la professoressa**	teacher
lo studente	**la studentessa**	student
il vigile	**la vigilessa**	traffic warden

-tore, -trice

l'attore	**l'attrice**	actor/actress
l'autore	**l'autrice**	author
il direttore	**la direttrice**	director
l'istruttore	**l'istruttrice**	instructor
il pittore	**la pittrice**	painter
lo scrittore	**la scrittrice**	writer

In some cases the feminine form is not actually used because it may sound unnatural or condescending. Even a woman traffic warden is often just called (**il**) **vigile** rather than (**la**) **vigilessa**.

Unit 3
In viaggio

FUNCTIONS		
	•	Making travel arrangements
	•	Making accommodation arrangements
	•	Expressing notions of availability, time, place and cost

GRAMMAR		
	•	**C'è, ci sono**
	•	Numbers from 101, prices
	•	Time, days of the week, dates
	•	Expressions of frequency
	•	Prepositions: **a**, **con**, **da**, **di**, **fra**, **in**, **per**, **su**, **tra**
	•	Combined prepositions: **al**, **dal**, **del**, **nel**, **sul**
	•	Present tense of regular verbs ending in: **-ere**, **-ire**
	•	**Ci vuole, ci vogliono**

VOCABULARY		
	•	Travel
	•	Accommodation

1 Means of transport

How many means of transport can you spot in this photo? List them in Italian.

 2 *I numeri da 101 . . .*

Write the corresponding number under each word. The first one is done for you!!

centouno   duecento   trecentoquarantadue   cinquecentosessantatré
101   _____   _____   _____

mille   duemila   un milione   due milioni
_____   _____   _____   _____

tremilioniquattrocentosettantacinque

_____

 3 *Che ore sono?*

Can you tell the time in Italian? Write or say what time it is according to the clocks below.

Example
Scusi, che ore sono?/Che ora è?
Sono le cinque e un quarto./Sono le cinque e quindici.

1   Scusi, che ore sono?/Che ora è?

2   Scusi, che ore sono?/Che ora è?

3   Scusi, che ore sono?/Che ora è?

4   Scusi, che ore sono?/Che ora è?

5   Scusi, che ore sono?/Che ora è?

 ## 4 Alla stazione

Listen to the recording (**Audio 3.1**) and circle the correct answer.

1   Il treno per Milano parte
    a   tra un'ora.
    b   ogni ora.
    c   tra cinque minuti.

2   Il prossimo treno per Milano parte
    a   alle 17.40.
    b   alle 19.40.
    c   alle 17.10.

3   Il ragazzo compra
     a   un biglietto di sola andata.
     b   un biglietto di andata e ritorno.
     c   due biglietti di sola andata.

4   Il treno parte
     a   dal binario 7.
     b   dal binario 6.
     c   dal binario 9.

5   Il treno
     a   è in ritardo.
     b   è in orario.
     c   è in anticipo.

 ## 5 *A che ora parte l'aereo?*

Work in pairs. You are in a travel agency. Student A will play the part of the customer asking what time the plane leaves and arrives, while student B plays the travel agent. You can exchange roles halfway through. Follow the model dialogue shown below. The flight times are shown below.

Model dialogue

Verona–Londra

Volo No	Partenza	Arrivo
AZ 13	13.00	14.30

Customer: Scusi, a che ora parte l'aereo da Verona per Londra?
Travel agent: Parte alle 13.00.
Customer: A che ora arriva?
Travel agent: Arriva alle 14.30.

1   Venezia–Parigi

Volo No	Partenza	Arrivo
AZ 513	7.30	8.55

2   Milano–Roma

Volo No	Partenza	Arrivo
AZ 123	13.50	14.55

3   Verona–Londra

Volo No	Partenza	Arrivo
AZ 830	9.30	12.25

4   Torino–Dublino

Volo No	Partenza	Arrivo
AZ 456	7.10	10.20

 6 *Viaggiare in treno*

Choose the right word from those in the box to complete the following sentences.

> **il deposito bagagli   una biglietteria automatica   il supplemento**
>
> **la coincidenza   in anticipo   contante   la sala d'attesa**

1   Non c'è un treno diretto ma c'è _____ .

2   Il treno delle 8.15 da Vicenza per Verona è già sul binario alle 8.01, il treno è

     _____ .

3   Per il treno Eurocity, c'è _____ e la prenotazione obbligatoria.

4   Alla biglietteria, chiedi se puoi pagare con la carta di credito perché non hai

     _____ .

5   Alla biglietteria c'è molta gente, chiedi se c'è _____ .

6   Il tuo treno ha un ritardo di tre ore, per lasciare le valigie chiedi dov'è

     _____ .

7   Il tuo treno ha un ritardo di mezz'ora, cerchi _____ .

7 *Chiedere informazioni*

Match the questions in the left-hand column with the right answers in the right-hand column.

1	A che ora è il prossimo treno per Ancona?	a	Sì, la coincidenza parte alle 12.00.
2	Per andare a Parma devo cambiare treno?	b	Dal binario 15.
3	Da che binario parte la coincidenza per Torino?	c	Alle 9.12.
4	Dov'è la biglietteria automatica?	d	È vicino al bar.
5	È in orario il treno per Perugia?	e	Sì, è già al binario 2.

8 *Completare i dialoghi*

Complete the three dialogues using the words in the box to fill in the gaps.

> **circa   coincidenza   posti   fumatori   ritorno   supplemento**
>
> **carte   binario   biglietteria   ritardo   sciopero**

a   Buongiorno, vorrei prenotare due _____ (1) in prima classe sul treno delle 18.43 per Napoli.
_____ (2) o non fumatori?
Non fumatori. Quant'è?
Andata e _____ (3)?
Sì.
Con il _____ (4) sono 60 euro.
Accettate _____ (5) di credito?
Sì.

b   Scusi, da che _____ (6) parte l'Eurocity per Venezia?
Dal binario 10.
C'è una sala d'attesa?
Sì, è lì, vicino alla _____ (7).

c   Scusi, è vero che la _____ (8) delle 10.32 per Bologna è in ritardo?
Sì, purtroppo c'è uno _____ (9), e tutti i treni provenienti da Firenze viaggiano in _____ (10). Il treno delle 10.32 ha un ritardo di _____ (11) due ore.

9 *Il biglietto del treno*

Look at the two train tickets below and fill in the details of the two journeys taken, in English. All the information you need is on the tickets. The first one is done for you.

Train from: Napoli Mergellina

Train to: Roma

No. of passengers
Adults/Children: 2

Departure date + time:
25/8/03, 11.20 am

Price of ticket: €37·58

One way or return: One way

Type of train: Eurostar

Smoking or no smoking:
No smoking

Train from: _____

Train to: _____

No. of passengers
Adults/Children: _____

Departure date + time:
_____

Price of ticket: € _____

One way or return: _____

Type of train: _____

Smoking or no smoking:
_____

10 *Numeri di telefono*

What number do you dial if you:

a   are picking up a friend from the airport and need to check her flight is on time.
b   want to reach the operator.
c   have just returned home and realise that you left a suitcase on the carousel.

Informazioni Aeroporto	4592134
Centralino	4592194
Pronto soccorso	4560912
Assistenza bagagli	4608340
Informazioni automatiche arrivi	4871901
Informazioni automatiche partenze	4871902

GRAMMAR NOTES I

Availability: **c'è, ci sono**

To express availability 'there is', 'there are' in Italian, use **c'è**, **ci sono** according to whether you are talking about single or plural person(s) or thing(s):

C'è il professore?
Is the professor (lecturer) in?

No, oggi (il professore) non c'è.
No, he's not here today.

Ci sono delle fragole al mercato?
Are there any strawberries in the market?

No, non è ancora la stagione.
No, it's not the season yet.

Prepositions

Prepositions such as **a**, **con**, **da**, **di**, **fra**, **in**, **per**, **su**, **tra** provide additional information on place, time, manner, etc., and can be used in various ways:

with a noun:

Vado *a* Roma.
Dormo *nella* camera piccola.

or with a verb, always in the infinitive form:

Spero *di* parlare con Carlo domani. I hope to speak to Carlo tomorrow.
Vieni *a* vedere questo.   Come and see this.

Five common prepositions combine with the *definite article* to give the combined forms shown below:

	Singular				*Plural*		
	il	*lo*	*l'*	*la*	*i*	*gli*	*le*
a	al	allo	all'	alla	ai	agli	alle
da	dal	dallo	dall'	dalla	dai	dagli	dalle
di	del	dello	dell'	della	dei	degli	delle
in	nel	nello	nell'	nella	nei	negli	nelle
su	sul	sullo	sull'	sulla	sui	sugli	sulle

The meanings of each preposition – both simple and combined forms – and the different ways of using them are shown below.

A to, at, in

A (**ad** before a vowel), expresses direction towards some person, place or time 'to', 'at', but has many other uses and meanings:

indirect object	**ho scritto *a* mia sorella**	I wrote to my sister
to (place)	**andiamo *a* Londra** **vado *a* casa**	we're going to London I'm going home
in/at (place)	**vivo *a* Milano** **lavoro *all'*università**	I live in Milano I work at the university
time	***alle* cinque** ***a* mezzogiorno**	at five o'clock at midday
means	**andiamo *a* piedi!** **fatto *a* mano**	let's walk there hand-made
manner	**trofie *al* pesto** **melanzane *alla* parmigiana**	'trofie' pasta with pesto aubergines Parmesan
quality, type	**televisione *a* colori**	colour TV

Con *with*

together	**con** chi stai parlando?	who are you talking with/to?
means	**si accende con il telecomando**	It's switched on using the remote control

Da *from, by, to the house of*

Da expresses direction *from* some point in space or in time, and in fact it is often used with **venire**:

from a place	**veniamo *da* Roma** **vengono *dall'*Inghilterra**	we come from Rome they come from England

Da followed by **andare** can also indicate movement *to* somewhere, for example to a person's home or workplace:

to a place	**andiamo *dal* medico**	we're going to the doctor's (surgery)
at a place	**stasera dormo *da* Marco**	tonight I'm staying at Marco's
agent	**è odiato *da* tutti**	he's hated by everyone
since	**lavoro qui *da* tre anni**	I've been working here for three years
function	**occhiali *da* sole**	sunglasses
manner	**una vita *da* cani**	a dog's life

Di *of, from, than*

Di (**d'** before a vowel) is the most frequently used of all prepositions. It has many different functions, some of which are shown below:

belonging	**la casa *di* mio padre**	my father's home
origin	**Franco è *di* Napoli**	Franco is from Naples
specification	**frutta *di* stagione** **vino *della* casa**	fresh fruit house wine
comparison	**sei più grassa *di* me**	you're fatter than me
material	**maglia *di* lana**	woollen sweater
author/artist	**il Davide *di* Michelangelo**	'David' by Michelangelo
topic	**una lezione *di* lingua**	a lecture on language

time	*di* giorno, *di* notte	by day, by night
season	*d'*inverno, *d'*estate	in winter, in summer
place/ movement	*di* qui, *di* là *di* sopra, *di* sotto	over here, over there upstairs, downstairs

In in, at

In indicates both position in space/time, and movement *into* somewhere:

in place	abito *in* Italia	I live in Italy
to place	vado *in* Italia	I'm going to Italy
	arrivo *in* ufficio alle nove	I get to the office at nine
in time	mi sono sposata *nel* '75	I got married in 1975
means	di solito vado *in* treno	I normally go by train
	pagheremo *in* euro	we'll pay in euros

Per for, through, according to

for	questo è un regalo *per* te	this is a present for you
through/ along	siamo passati *per* Napoli parliamo *per* telefono!	we passed through Naples let's talk on the phone
destination	parto *per* gli Stati Uniti	I'm leaving for the USA
opinion, limitation	*per* me è sbagliato	as far as I'm concerned, it is wrong
distribution	divisi *per* età	divided by age group
	2 *per* 2 fa 4	2 multiplied by 2 equals 4

Su on, upon, above, about

on	metti i bicchieri *sul* tavolo	put the glasses on the table
topic	un articolo *su* Pasolini	an article on Pasolini
approximation	costa *sui* trenta euro	it costs about 30 euros

Tra, fra between, among

between/ among	*fra* me e lui	between me and him
	tra gli spettatori	among the spectators
distance	*tra* sei mesi	in six months' time

More details on prepositions expressing location are found in Unit 7.

Numbers from 101

Hundreds . . .

101	centouno
102	centodue
140	centoquaranta
142	centoquarantadue
200	duecento

Thousands . . .

1000	mille
1001	mille (e) uno
1500	millecinquecento
1550	millecinquecentocinquanta
1555	millecinquecentocinquantacinque
2000	duemila
10.000	diecimila

Millions . . .

1.000.000	un milione
2.000.000	due milioni
1.500.255	un milionecinquecentomiladuecentocinquantacinque

Billions . . .

1.000.000.000	un miliardo

For numbers 0–100, see Unit 1.

The **i** is dropped from **venti** when combined with numbers starting with a vowel, e.g. **uno**, **otto**, so it becomes **ventuno**, **ventotto**. The **a** is dropped from **trenta** when combined with numbers starting with a vowel, e.g. in **trentuno**, **trentotto**; the same applies to all the other numbers ending in **-a**. **Cento** sometimes loses its final **o** as in **centottanta** (**cento ottanta**), **centotto** (**cento otto**). **Tre** does not have an accent on the last letter but compound numbers which include **tre** do, e.g. **ventitré**, **trentatré**. The plural of **mille** is **mila**.

In English you say **one** hundred, **one** thousand: in Italian you say just **cento** and **mille**, e.g. **cento abitanti**, **mille abitanti**.

Note, however, **un** milione **di** abitanti (the **di** is omitted when other numbers follow).

Several-digit numbers are generally written as one word, e.g. **centosessantacinque** (165).

Numbers above 1000 can have full stops to separate them, where English uses a comma, for example: €5.400 (5,400 euros).

Ordinal numbers and fractions

The ordinal numbers in Italian (English 'first, second', etc.) usually end in **-esimo**, e.g. **sedicesimo, ventesimo, centesimo**. But the first ten are as follows: **primo, secondo, terzo, quarto, quinto, sesto, settimo, ottavo, nono, decimo**. These are often abbreviated to **10°, 20°**, etc.

These ordinal forms are also used to express fractions: **un quarto** 'a quarter', **due terzi** 'two-thirds', **una decima parte** 'a tenth'. Numbers with decimal points use a comma, for example 2,5 (**due virgola cinque**).

Dates

Note that dates are not expressed using ordinal numbers (as they are in English) but using simple (cardinal) numbers and the definite article **il** or **l'** before a vowel:

il 5 giugno, il 31 dicembre, l'8 marzo, l'11 settembre

An exception to this is **1° (primo)**:

il 1° maggio

Time

To ask what time it is, you can use either the singular form **ora** 'hour' or plural form **ore** 'hours':

Che ora è?
Che ore sono?

When talking about time, remember that while **le ore** 'hours' are plural, 'one o'clock', 'midnight' or 'midday' are singular:

Sono le undici.
It's eleven o'clock.

È mezzanotte./È mezzogiorno.
It's midnight./It's midday.

È l'una.
It's one o'clock.

To say what time you are doing something, use the definite article and preposition **a**, **all'** or **alle**:

Ci vediamo a mezzogiorno/a mezzanotte.
See you at 12 noon/midnight.

Pranziamo all'una?
Shall we have lunch at one o'clock?

Ceniamo alle otto?
Shall we have dinner at eight o'clock?

Days of the week

lunedì	Monday
martedì	Tuesday
mercoledì	Wednesday
giovedì	Thursday
venerdì	Friday
sabato	Saturday
domenica	Sunday

The days of the week do not have a capital letter. No word for 'in' or 'on' is needed:

Ci vediamo lunedì.
See you on Monday.

The definite article **il**, **la** is only used when talking about something done regularly (see also 'Frequency' below):

Il martedì giochiamo a bridge.
On Tuesdays we play bridge.

La domenica andiamo da mia zia.
On Sundays we go to my aunt's house.

The days of the week are all masculine (**il lunedì**) except for Sunday, which is feminine (**la domenica**).

To talk about a particular day of the week ('last', 'this' or 'next') use:

martedì scorso	last Tuesday	**domenica scorsa**	last Sunday
questo martedì	this Tuesday	**questa domenica**	this Sunday
martedì prossimo	next Tuesday	**domenica prossima**	next Sunday

Frequency

To talk about frequency or regular events, use:

una volta all'ora/al giorno/alla settimana/al mese/all'anno
once an hour/a day/a week/a month/a year

ogni lunedì/giorno/settimana/mese/anno
every Monday/day/week/month/year

ogni volta	every time
ogni tanto	every so often
tutti i lunedì	every Monday
tutte le settimane	every week
tutti i mesi	every month
tutti gli anni	every year
spesso	often
raramente	rarely, seldom
di rado	seldom
di solito	usually
normalmente	normally
generalmente	generally
in genere	generally

 ## 11 *Le preposizioni I*

Complete the following sentences with the prepositions a, con, di, da, in, per, su, tra/fra. Some may be used more than once.

1   Noi studiamo _____ Perugia, e voi?
2   Enna è _____ Sicilia o _____ Sardegna?
3   Il treno parte _____ Venezia e arriva _____ Roma.
4   Scusi, è questo il treno _____ Bologna?
5   C'è una corriera per l'aeroporto _____ venti minuti.
6   Liliana, ma sei sempre _____ ritardo!
7   Con che compagnia voli di solito? Di solito _____ Alitalia.

12 *Le preposizioni II*

Choose the correct preposition out of each pair.

1   Dove posso comprare il biglietto (dell'/del')autobus?
2   Entra (nella/in) questa edicola.
3   Lasciamo la valigia (al/dal) deposito bagagli.
4   Vai tu (in/dal) tabaccaio?
5   Chiedo per/all'ufficio informazioni quando parte il prossimo treno.
6   Preferite andare al/a cinema o al/a teatro?

13 *In albergo*

Pair up the following words with the pictures shown on page 59.

1   ascensore   _____
2   bagno   _____
3   cassaforte   _____
4   doccia   _____
5   parcheggio   _____
6   piscina   _____
7   spiaggia privata   _____
8   camera singola   _____
9   camera doppia   _____
10 camera matrimoniale   _____

14 *Quale albergo?*

Read the following hotel adverts (**Text 3.1**) and pair the hotel descriptions with the names. Which one is the 'Hotel a cinque stelle' (five star hotel)? Which is the 'Hotel a due stelle' and which is the less expensive 'Pensione' (guest house)? Look up any words you don't know.

> 1   ★★★★★
>   Hotel Continental
>
> 2   ★★
>   Hotel La Sirena
>
> 3   Pensione Smeraldo

Text 3.1

a
300 metri dal mare
gestione familiare
camere confortevoli con TV e telefono
aria condizionata
mezza pensione o pensione completa
cucina tipica locale

b
camere con servizi privati, doccia e telefono
ascensore
balcone con vista sul mare
giardino
possibilità mezza pensione
aria condizionata

c
fronte mare, spiaggia privata,
camere e ristorante con aria condizionata
cassaforte
sala bar, sala da pranzo
giardino, parcheggio privato
piscine, campi da tennis
vasca idromassaggio

15 *Le vacanze di Mario, Stefania e Alessandro*

Listen to **Audio 3.2** where Mario, Stefania and Alessandro talk about where they are
going on holiday this year. They have just read the adverts for Pensione Smeraldo,
Hotel Continental and Hotel La Sirena (see Activity 14). Where do you think each of
them will decide to go?

Mario   _____

Stefania   _____

Alessandro   _____

 16 *All'ufficio informazioni*

Listen to the first part of the dialogue in the information office (**Audio 3.3**) and say
whether the following statements are true or false by circling V (vero) or F (falso).

1 The man is looking for an expensive hotel.   **V/F**
2 The bus to Via Carducci takes only five minutes.   **V/F**
3 You can buy tickets on the bus.   **V/F**

 17 *Alla Pensione Margherita*

Now listen to the second part of the dialogue which takes place at the hotel (**Audio 3.4**)
and say whether the following statements are true, false or uncertain by circling
V (vero), F (falso) or N (non si sa).

4 The man is looking for a single room.   **V/F/N**
5 He is planning to leave on Friday morning   **V/F/N**
6 Dinner is between seven and nine.   **V/F/N**
7 He takes the room with full board.   **V/F/N**
8 The man wants to visit the fair.   **V/F/N**
9 The tram takes an hour.   **V/F/N**
10 The room is on the third floor.   **V/F/N**

18 *Hotel Bellavista*

Read the following hotel advert (**Text 3.2**) and answer the questions below.

1   Is there any difference in price for a room with a sea view? How much?
2   Will you have to pay for an umbrella and a chair?
3   Is there an extra charge if you go to the hotel on your own?
4   You decide to take your six-year-old old nephew with you. Will you get the 25%
    discount?

Text 3.2 Hotel Bellavista

★★★

Hotel Bellavista

Prezzi giornalieri **a persona** per pensione completa minimo tre giorni

Periodi di soggiorno	1/5 – 30/6 29/8 – 30/9	1/7 – 31/7	1/8 – 28/8
Camera con doccia	€40 €43*	€45 €48*	€60 €65* v.m.

Supplemento camera singola €10
Riduzione per bambini fino a cinque anni (con letto aggiunto) 25%

v.m. – vista mare

Spiaggia privata compresa nel prezzo (ombrellone, sdraio)

 19 *Hotel La Sirena*

Now listen to the dialogue in the Pensione Margherita again (**Audio 3.4**) and use it as
a model for this role play. There are more key phrases at the end of the unit. Student
A plays the part of the client asking for a room, while Student B plays the part of the
hotel receptionist. The information for Student B (receptionist) is at the end of the unit.

Student A

You are in Italy with your boyfriend/girlfriend and have decided to spend a few days at the seaside. Try Hotel La Sirena. Ask for a double room following the instructions below. You are looking for:

- a double room with shower for five nights
- a room with TV
- preferably a room with sea view
- half board
- You can only spend €50 per night for the two of you!

You might have to give up one of your preferences, e.g. half board.

---

 20 *L'Agenda di Simone*

Now listen to **Audio 3.5**. Simone is a sales rep and does a lot of travelling. This is a page from his diary. Listen to the recording and write in the missing information, i.e. where he is going to be in the morning (mattina) and in the afternoon (pomeriggio) and what means of transport he will use to get there.

Giorno della settimana		Dove	Mezzo di trasporto
Lunedì	Mattina		
	Pomeriggio		
Martedì	Mattina		
	Pomeriggio		
Mercoledì	Mattina		
	Pomeriggio		
Giovedì	Mattina		
	Pomeriggio		
Venerdì	Mattina		
	Pomeriggio		

GRAMMAR NOTES II

Verbs ending in **-ere**

Prendere 'to take' is part of a large group of verbs with infinitive form in **-ere** which follow the same pattern. Other verbs in this group include **chiedere, leggere, spendere, vedere, vendere**.

(io) prendo	I take	**(noi) prendiamo**	we take
(tu) prendi	you take	**(voi) prendete**	you take (pl.)
(lui) prende	he takes	**(loro) prendono**	they take
(lei) prende	she takes		
(Lei) prende	you take (polite form)		

Verbs ending in **-ire**

Partire 'to leave' is part of a large group of verbs with infinitive form in **-ire** which follow the same pattern. Other verbs in this group include **aprire, dormire, seguire, vestire**.

(io) parto	I leave	**(noi) partiamo**	we leave
(tu) parti	you leave	**(voi) partite**	you leave (pl.)
(lui) parte	he leaves	**(loro) partono**	they leave
(lei) parte	she leaves		
(Lei) parte	you leave (polite form)		

Finire 'to finish' is part of another group of verbs ending in **-ire** which follow a slightly different pattern. Other verbs in this group include **capire, preferire, pulire**.

(io) finisco	I finish	**(noi) finiamo**	we finish
(tu) finisci	you finish	**(voi) finite**	you finish (pl.)
(lui) finisce	he finishes	**(loro) finiscono**	they finish
(lei) finisce	she finishes		
(Lei) finisce	you finish (polite form)		

Many common verbs are irregular and don't follow these patterns exactly. Some like **cogliere, scegliere, togliere** only have minor spelling changes, while others such as **dovere, potere, volere** and **porre, disporre** are more irregular. Use your verb book or grammar reference to learn the forms of such verbs.

Ci vuole, ci vogliono

You can express the time taken for a journey by using **ci vuole** (or the plural form **ci vogliono** if the time taken is expressed in the plural, e.g. minutes, hours):

Quanto *ci vuole* in treno?
How long does it take by train?

Da Oxford a Banbury *ci vogliono* quaranta minuti in macchina.
From Oxford to Banbury it's 40 minutes by car.

In treno *ci vuole* solo mezz'ora.
It only takes half an hour by train.

 ## 21 *Ci vuole o ci vogliono?*

Complete the following sentences with either ci vuole or ci vogliono.

Example
Da Londra a Milano in aereo ci vogliono due ore in aereo.

1   Per andare da Londra a Venezia _____ solo due ore in aereo.
2   Quanto tempo _____ per finire questo lavoro?
3   _____ ancora qualche mese per finire quel corso.
4   _____ tre o quattro anni per laurearsi in lingue?
5   Da Venezia a Treviso _____ solo mezz'ora.

22 *Quale verbo?*

Complete the following sentences with the appropriate verb from those in the box. Make sure you choose the correct form of the present tense. See the example below.

aprire   vendere   capire   dormire   finire   leggere   preferire

Example
Domani apre quel nuovo negozio in centro.

1   _____ anche voi questa rivista di moda?
2   Marianna e Francesco_____ la loro casa al mare.
3   Non (noi) _____ perché Luca rimane sempre a casa il sabato sera.

4   Michele, _____ i bignè alla crema o al cioccolato?
5   La domenica mattina (io) _____ fino alle 11.
6   Quando (io) _____ il mio corso di laurea, vorrei fare un viaggio intorno al mondo.

 ## 23 *I giorni della settimana*

Complete the following sentences with the days of the week in Italian, adding the definite article where appropriate.

1   Vado a lezione di yoga _____ (on Mondays and Wednesdays).
2   (On Friday) _____ arrivano i loro parenti.
3   (On Sundays)_____ compriamo le pastine in pasticceria.
4   (On Thursday) _____ il mio amico parte per la Spagna.
5   (On Mondays) _____ non ci sono voli per Palermo.
6   (On Saturday) _____ sera Marco va in discoteca.

24 Campania Club

Text 3.3 **Campania Club (villaggio turistico)**

Some more -ere and -ire verbs are given in bold in the text below, as well as some irregular verbs such as **avere**, **disporre**, **potere**, **scegliere** (verbs which don't follow the usual pattern) which you'll meet again later. Make a list of all the verbs you find (in the infinitive form) and their meanings in English. Use the dictionary to help you if necessary.

Nato nel 1997, il Campania Club **ha** una struttura moderna ed armoniosa, composta da mini-villette in un vasto giardino a due passi dal mare. Dove **finisce** il verde, incomincia il mare. **Potete raggiungere** la spiaggia tramite il sottopassaggio e la pineta. Per non **perdere** neanche un momento di blu, **potete** trovare anche la doccia in pineta.

Il complesso **ha** 350 camere e 80 villette in tipica architettura campana. Ogni camera **dispone** di servizi privati, due letti e un divano utilizzabile come terzo letto. Quando **vedete** la bellezza del mare, **capite** subito perché gli ospiti **scelgono** di tornare anno dopo anno. Il Campania Club vi **offre** una vacanza rilassante o sportiva – **scegliete** voi!

25 *I nuovi verbi*

Now use the correct form of some of the new verbs found in **Text 3.3 Campania Club**, choosing the appropriate form of the present tense to complete the sentences below. Follow the example.

Example
La scuola dispone di aule grandi e luminose.

1 L'anno scolastico _____ il 30 giugno.
2 Quando volete fare il bagno, come _____ la spiaggia?
3 Mio fratello _____ uno stereo molto bello.
4 Quando i miei amici parlano velocemente, non _____ niente.
5 I bambini _____ il gelato al cioccolato.
6 Se mi alzo tardi, _____ l'autobus.
7 Ti _____ un caffè?
8 Voi _____ i film italiani?

KEY VOCABULARY

In viaggio

solo andata (f.)	one way (e.g. ticket)
andata e ritorno	return
ES	Eurostar train
IC (Intercity)	Intercity train
IR (Interregionale)	cross-country train

On certain trains (e.g. Eurostar) passengers have to pay a supplement. On Eurostar advance reservations (**la prenotazione**) are compulsory; no standing is allowed. First class train travel is relatively cheap in Italy.

L'alloggio

For longer stays in small hotels, e.g. at the seaside or in the mountains, most Italians prefer to have meals included, at least **mezza pensione** with breakfast in the morning and dinner in the evening:

mezza pensione (f.)	half board
pensione (f.)	a bed and breakfast, guest house
pensione completa	full board

Vorrei una camera singola/doppia/a due letti/matrimoniale
I would like a single/double/with twin beds/double room

. . . con bagno/con doccia/con televisione
. . . with bath/shower/TV

. . . con aria condizionata/con riscaldamento
. . . with air conditioning/with central heating

. . . per due notti/per una settimana
. . . for two nights/for a week

. . . con vista sul mare
. . . with a view over the sea

Vorrei la camera con colazione/mezza pensione/pensione completa.
I would like the room with breakfast/half board/full board.

Vorrei solo la camera.
I would like just the room.

19 *Hotel La Sirena*

Student B (Receptionist)

You work in a hotel and a couple asks you for a room. You have only two rooms left:

- one double room with shower and TV (€45 half board per person/€50 room and breakfast only)
- one double room with shower, TV, and sea view (€50 half board per person/€60 for room and breakfast only)

Unit 4
Facciamo un po' di shopping!

FUNCTIONS	<ul><li>Shopping for items, asking for something</li><li>Describing or indicating something</li><li>Talking about availability</li><li>Talking about size, quantity, etc.</li><li>Describing someone or something by physical characteristics</li></ul>
GRAMMAR	<ul><li>Indefinite adjectives: **alcuni, dei/delle, qualche**</li><li>Indefinite pronouns: **qualcuno, qualcosa**</li><li>Direct object pronouns: **lo, la, li, le** and **ne**</li><li>Weights, quantities, measures: **un litro di, un chilo di,** etc.</li><li>Invariable adjectives</li><li>Position of adjectives</li><li>Present tense irregular verbs: **andare, dare, dire, fare, sapere, stare, uscire, venire**</li></ul>
VOCABULARY	<ul><li>Clothes</li><li>Food</li><li>Weights and measures</li></ul>

1 Matching clothes

Match the items to the pictures.

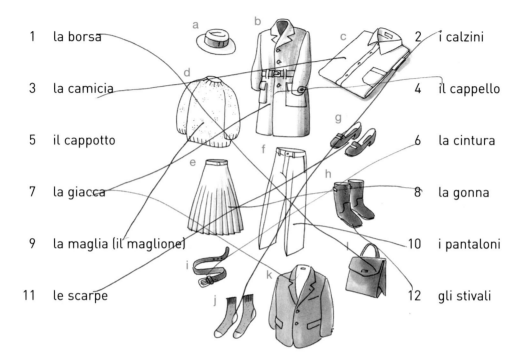

1   la borsa

2   i calzini

3   la camicia

4   il cappello

5   il cappotto

6   la cintura

7   la giacca

8   la gonna

9   la maglia (il maglione)

10   i pantaloni

11   le scarpe

12   gli stivali

2 *I vestiti*

Sara and Giorgia go shopping. Listen to their conversation with the shop assistant (**Audio 4.1**) and try to find out more about their shopping trip. For each question, try and select the right answer from those shown.

1   What colour are the trousers?
    a   pink
    b   green
    c   red

2   What are they made of?
    a   wool
    b   linen
    c   cotton

3   What size does the girl buy?
    a   size 40
    b   size 42
    c   size 41

4   What are the first pair like?
    a   They are tight.
    b   They are large.
    c   They are long.

5   According to her friend, the trousers
    a   suit her.
    b   do not suit her.
    c   are too long.

 3 *Come ci vestiamo?*

Now listen to the interviewer speaking to three girls about how they dress (**Audio 4.2**) and fill in the following table.

	Look preferito	*Capi preferiti*	*Dove/quando compra*
Prima ragazza			
Seconda ragazza			
Terza ragazza			

 4 *La moda*

Listen to **Audio 4.2** again and then fill in the blanks with the words in the box. But be careful, there are three words you do not need!

(I = Interviewer, R1 = Prima ragazza, R2 = Seconda ragazza, R3 = Terza ragazza)

> capi   cappotto   firmati   giacca   giornali   inchiesta
>
> lana   lino   moda   negozi   pantaloni   pelle
>
> riviste   scarpe   svendita

I: Ciao, sto facendo un'_____ per la radio locale, posso farvi una
      domanda? Voi seguite la _____ ?

R1: Io sì, a me la moda interessa moltissimo, leggo tutte le _____
      specializzate, *Vogue* (etc.) e poi scelgo i _____ che vanno di più. Spendo
      la maggior parte dei miei soldi nelle boutique di moda. Quest'anno per esempio
      ho intenzione di comprare un _____ nuovo firmato, un tailleur di
      _____ e alcune camicie.

I: E tu?

R2: Io invece preferisco creare un look personalizzato. Non scelgo mai capi
      _____. Vesto spesso sportivo, compro tanti _____ e maglioni
      nei _____ più convenienti, gli abiti eleganti non fanno per me.

I: E tu?

R3: Anch'io leggo le riviste di moda ma poi preferisco comprare soprattutto capi
      classici in _____, nei saldi estivi ed invernali. La mia passione sono le
      _____, gli stivali e gli accessori, borse e cinture di_____.

 5 *Verbi in -ere, -ire*

The passage above has lots of new -ere, -ire verbs in it, and some you have seen before.
Can you spot them? List them and write the English meaning next to each word.

 6 *Caro Mario*

Claire writes an e-mail to her Italian friend Mario but some words end up in the wrong
place! Put the words in bold where they belong to make the message make sense.

Freddo Mario,
Da quanto tempo non ho tue **stanze**! Come stai? Ti **vedo** per comunicarti una notizia
contentissima!! Ad ottobre **scrivo** in Italia per un anno con **il cappotto** di studio. E . . .
vengo proprio a Genova!!! Non **vengo** l'ora di rivedere **un alloggio** e tutti i nostri amici.
Sono **superfantastica**! So che a Genova non è facile trovare **te** e voglio chiederti un
appartamento: cerco un **favore** da ottobre a giugno, se è possibile con quattro **notizie**.
Vorrei anche chiederti com'è il tempo a Genova in inverno. Fa **caro**? Cosa devo
portare? Se porto **una borsa**, dei maglioni, e un paio di scarpe pesanti, va bene? Ho
tante novità da raccontarti.
Scrivi presto
Baci
Claire

7 Match the adverts!

The adverts for three shops are shown below. Decide which of the saleswomen's words shown below belong to which shop.

a

> Grandi magazzini
> # MARINI
> Saldi invernali dal 7/1
> Sconti a partire dal 30%

b

> ## DA ELISA
> BOUTIQUE D'ALTA MODA
> NUOVA COLLEZIONE
> PRIMAVERA/ESTATE

c

> # La Jeanseria
> **Abbigliamento sportivo**
> **Sconto 10% per studenti**

Match these sentences to the adverts above:

1 Purtroppo non ho nessuna maglia da farLe vedere. Ora sono arrivati tutti i modelli estivi. Ecco, questo vestito bellissimo, appena arrivato, fa parte della nuova collezione estiva.
2 Lei è studente? Se ha la carta dello studente Le posso fare lo sconto del 10%.
3 Sì certo, lo sa che questo mese ci sono i saldi? Questo modello porta lo sconto del 40%.

8 *Comprare vestiti*

Now play the part of the customer (A) while your partner plays the part of the shop assistant (B) and act out the dialogues together. Base your dialogue on the dialogue you heard earlier (**Audio 4.1**) and on the model dialogue shown below. See also the Key Vocabulary at the end of the unit for some more useful phrases.

A: Buongiorno scusi, quanto costano questi pantaloni neri?
B: Quelli di seta? €80. Li vuole vedere?
A: Sì, porto la 42.
B: Un attimo, vado a prendere la Sua taglia. Ecco la 42. Li vuole misurare?
A: Sì, grazie.

(After trying them on)

B: Come stanno?
A: Mi stanno un po' stretti. Ha una taglia più grande? Magari la 44?
B: In questo modello, no. Abbiamo la 44 in un altro modello, questo qui.
A: Va bene, li provo.

(After trying the second pair on)

A: Sì, questi mi stanno bene. Li prendo.
B: Allora sono €80.

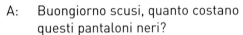 ### GRAMMAR NOTES I

There are different ways of expressing 'some' in Italian.

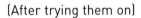 ### Del, dei, etc.

The forms of **del**, **dei** 'some', 'any' vary to match the noun they accompany, i.e. masculine or feminine, singular or plural. Look at these examples:

Singular nouns

m. ***del* vino**
m. ***dello* zucchero** (noun starting with **z**, **s** + consonant, **gn**, **ps**, **pn**, **x**)

m. *dell'*Amaretto di Saronno (noun starting with vowel)
f. *della* marmellata
f. *dell'*aranciata (noun starting with vowel)

Plural nouns

m. *dei* pasticcini
m. *degli* zucchini (noun starting with **z**, **s** + consonant, **gn**, **ps**, **pn**, **x**)
m. *degli* alberghi (noun starting with vowel)
f. *delle* tagliatelle

Alcuni, alcune

Alcuni, alcune are another way of expressing 'some' which can only be used with plural nouns. **Alcun** is never used in the singular except with a negative meaning. **Alcuni** suggests the idea of 'a few' and can be used as an adjective (describing a noun) or as a pronoun (on its own) meaning 'a few things', 'a few people':

alcuni studenti
alcune cose

Qualche

Qualche also means 'a few', 'some' and is always used in the singular form but with plural meaning. It can only be used with nouns *that can be counted separately and individually,* not with 'uncountable' nouns like 'sugar' or 'coffee':

C'è *qualche programma* **interessante stasera?**
Are there any interesting programmes on TV tonight?

C'è *qualche amico* **di Marco a casa.**
There are a few friends of Marco's at home.

We can use **un po' di** (short for **un poco di**) 'a little' both for singular uncountable nouns such as 'wine', 'coffee', 'bread':

un po' di vino, *un po' di* caffè

and for plural countable nouns such as 'biscuits', 'tagliatelle':

un po' di biscotti, *un po' di* tagliatelle

Adjectives (continued)

Adjectives were introduced in Unit 2. Here we introduce invariable adjectives and talk about the position of adjectives.

Invariable adjectives

Invariable adjectives have the same ending for both masculine and feminine, singular and plural. Many adjectives of colour are invariable, for example **blu** 'dark blue', 'navy', **rosa** 'pink', **viola** 'violet', **lilla** 'lilac', **beige** 'beige':

una giacca *blu*	a dark blue jacket
un vestito *blu*	a dark blue dress
i jeans *blu*	dark blue jeans
le scarpe *blu*	navy blue shoes

Colours indicated by two words are also invariable: **verde bottiglia** 'bottle green', **giallo canarino** 'canary yellow', **bianco latte** 'milk white':

una camicia *verde bottiglia*	a bottle green shirt
i sandali *giallo canarino*	canary yellow sandals

Position

The most common position for adjectives is after the noun:

un vestito *lungo*	a long dress
le maniche *corte*	short sleeves

Adjectives of shape, colour, nationality almost *always* come *after* the noun:

una tavola *rotonda*	a round table
una maglia *bianca*	a white sweater
una macchina *francese*	a French car

Adjectives qualified by an adverb always come after the noun:

un vestito *veramente bello*	a really lovely dress

Some common adjectives, however, such as **bello, buono, grande, piccolo**, can come either before or after the noun they describe. When they come before, there is more emphasis on the adjective:

Monica è una ragazza *bella*.
Monica is a *beautiful* girl. (not merely nice)

Monica è una *bella* ragazza.
Monica is a *really beautiful* girl.

Preferisco una macchina *nuova*.
I prefer a *new* car. (rather than a second-hand one)

Mi metto un *nuovo* vestito.
I'm putting on a *new* dress. (another, a different one)

Certain adjectives can have a different meaning according to their position, sometimes expressing their *literal* meaning when used after, but a *figurative* meaning when used before:

un film *bello*   a nice film
un *bel* problema   a *pretty difficult* problem

un uomo *grande*   a *big* man (e.g. Pavarotti)
un *grande* uomo   a *great* man (e.g. Cristoforo Colombo)

Direct object pronouns

Pronouns are used in place of a noun (person or thing) to avoid repeating the name or noun, in the same way you would use 'it' or 'them' in English. The direct object pronouns **lo**, **la**, **li**, **le** can be used with any verb that takes an object, such as **volere**, **chiedere**, **prendere** and lots more:

Vuoi il caffè, Gianna?   **No, non *lo* voglio, grazie.**
Don't you want coffee, Gianna?   No. I don't want it, thanks.

The form of these pronouns varies according to whether the person or object they are replacing is masculine or feminine, singular or plural:

Vuoi la marmellata?   **Sì, *la* voglio.**
Do you want jam?   Yes, I want it.

Volete i fagiolini?   **No, non *li* vogliamo.**
Do you want green beans?   No, we don't want them.

Volete le patatine?   **Sì, *le* vogliamo.**
Do you want crisps?   Yes, we want them.

Vedi Franco al convegno?   **Sì, *lo* vedo stasera.**
Are you seeing Franco at the conference?   Yes, I'm seeing him tonight.

Other direct object pronouns include **mi**, **ti**, **ci**, **vi** 'me', 'you', 'us', 'you (plural)' so the complete set looks like this:

Singular		Plural	
mi	me	**ci**	us
ti	you (familiar)	**vi**	you
lo	it, him	**li**	them
la	it, her	**le**	them
La	you (polite)		

The direct object pronouns normally go *before* the verb but there are exceptions to this rule. They come after:

the infinitive	**Voglio veder*lo*.**
	I want to see it.
the gerund	**Sto leggendo lo.**
	I'm reading it.
the **tu**, **noi**, **voi** imperative forms	**Mangia*lo*!, Mangiate*lo*!, Mangiamo*lo*!**
	Eat it!

The pronoun particle **ne**

Sometimes the correct pronoun to use is **ne** 'of it', 'of them'.

Look at these examples:

Vuole delle melanzane, signora?
Would you like some aubergines, signora?

Sì, *ne* vorrei un chilo.
Yes, I would like a kilo (of them).

Vuoi un biscotto, Chiara?
Do you want a biscuit?

Sì, *ne* voglio due.
Yes, I want two (of them).

Weights and measures

Like most of Europe, Italy uses the metric system of kilos, litres and metres:

cinquecento grammi di fagiolini	**500 gr**	
mezzo chilo di fagiolini	**½ kg**	
un chilo di melanzane	**1 kg**	

Ham, salame and cheese are often bought by the **etto** or 100 gr:

un etto di mortadella	**100 gr**
due etti di prosciutto crudo	**200 gr**

Liquids are measured in quarter litres, half litres or litres; for example, house wine is often sold in carafes of **un quarto**, **un mezzo**, **un litro**:

un quarto di rosso	**250 ml**	
un mezzo di bianco	**500 ml**	
un litro di vino rosso	**1000 ml**	

Speed limits are of course in kilometres:

Irregular verbs

Many Italian verbs – especially the more common ones! – have an irregular present tense:

Andare **to go**

(io) vado	I go		**(noi) andiamo**	we go
(tu) vai	you go		**(voi) andate**	you go (pl.)
(lui/lei) va	he/she goes		**(loro) vanno**	they go
(Lei) va	you go (polite form)			

dare **to give**

(io) do	I give	**(noi) diamo**	we give
(tu) dai	you give	**(voi) date**	you give (pl.)
(lu/lei) dà	he/she gives	**(loro) danno**	they give
(Lei) dà	you give (polite form)		

dire **to say**

(io) dico	I speak	**(noi) diciamo**	we speak
(tu) dici	you speak	**(voi) dite**	you speak (pl.)
(lui/lei) dice	he/she speaks	**(loro) dicono**	they speak
(Lei) dice	you speak (polite form)		

fare **to do**

(io) faccio	I do	**(noi) facciamo**	we do
(tu) fai	you do	**(voi) fate**	you do (pl.)
(lui/lei) fa	he/she does	**(loro) fanno**	they do
(Lei) fa	you do (polite form)		

sapere **to know**

(io) so	I know	**(noi) sappiamo**	we know
(tu) sai	you know	**(voi) sapete**	you know (pl.)
(lui/lei) sa	he/she knows	**(loro) sanno**	they know
(Lei) sa	you know (polite form)		

stare **to be, stay**

(io) sto	I am	**(noi) stiamo**	we are
(tu) stai	you are	**(voi) state**	you are (pl.)
(lui/lei) sta	he/she is	**(loro) stanno**	they are
(Lei) sta	you are (polite form)		

uscire **to go out**

(io) esco	I go out	**(noi) usciamo**	we go out
(tu) esci	you go out	**(voi) uscite**	you go out (pl.)
(lui/lei) esce	he/she goes out	**(loro) escono**	they go out
(Lei) esce	you go out (polite form)		

venire **to come**

(io) vengo	I come	**(noi) veniamo**	we come
(tu) vieni	you come	**(voi) venite**	you come (pl.)
(lui/lei) viene	he/she comes	**(loro) vengono**	they come
(Lei) viene	you come (polite form)		

9 Lo, la, li, le or ne?

Complete the sentences with the pronoun that makes sense.

1 Questa camicia è un po' grande, _la_ vorrei cambiare.
2 Francesca ha un armadio pieno di jeans. _____ compra un paio ogni stagione!
3 Le gonne? _le_ metto di rado.
4 Ho bisogno di un paio di stivali, _li_ trovo molto più comodi delle scarpe.
5 Vuole provare la 44? Ora vedo se _la_ trovo in magazzino.
6 Se cerchi un impermeabile prova ad andare da Moda Oggi. _Lo_ hanno uno in vetrina davvero bello.
7 La spesa? Non _la_ faccio più. Oramai compro tutto su Internet.
8 Mi piace questo twinset, ma _lo_ vorrei in un altro colore.

10 Andare, stare, uscire, venire

Fill in the missing forms of the following irregular verbs.

	io	tu	lui	noi	voi	loro
andare		vai				
stare	sto					
uscire				usciamo		
venire			viene			

11 Dire, fare, sapere

Fill in the blanks with the correct present tense form of **dire**, **fare** or **sapere**.

Example
Signor Giusti, chi (fare) _fa_ la spesa di solito, Lei o Sua moglie?
Signor Giusti, chi fa la spesa di solito, Lei o Sua moglie?

1 Ma cosa (dire-tu) _dici_ ?
2 Chiedi a Fabio, (sapere) _sa_ sempre tutto lui!
3 Perché non (fare-noi) _facciamo_ un bello scherzo a Luca?
4 Se non mi (dire-voi) _dite_ la verità, non posso più fidarmi di voi.
5 Non (sapere-noi) _sappiamo_ proprio cosa fare!

6   E va bene, ti (fare-io) _____ questo favore!

7   Non (sapere-io) _____ quale vestito scegliere per la festa.

8   D'accordo, non (dire-io) _____ niente a Sofia.

9   Se arrivano in ritardo anche questa volta, (fare-loro) _____ proprio una brutta figura!

12 Size

Choose the right word to complete the sentences:

1   Il cappotto si deve accorciare perché è
lungo.
corto.

2   La gonna si deve allungare perché è
stretta.
corta.

3   I pantaloni si devono aggiustare perché sono
brutti.
larghi.

4   Il cappotto si deve allargare perché è
stretto.
grande.

5   Provo una taglia in più, questa è
piccola.
grande.

13 Shopping online I

Read the article **Shopping Online (Text 4.1)** and say whether the following statements are true, false or uncertain by circling V (vero), F (falso) or N (non si sa). Correct the ones that are false.

1   Pochi italiani fanno lo shopping online.   **V/F/N**

2   Secondo molti italiani, pagare online è sicuro.   **V/F/N**

3   Sono tante le aziende che vendono i loro prodotti online.   **V/F/N**

4   Non ci sono problemi di consegna o trasporto.   **V/F/N**

Text 4.1 **Lo shopping online è ancora per pochi**

Il commercio elettronico non è ancora molto diffuso in Italia. Il grande pubblico non acquista online. Le ragioni sono diverse. Molti pensano che la sicurezza dei pagamenti non è affidabile. La seconda è la tecnologia, che non sempre è capace di mostrare bene i prodotti. La terza è che ci sono a volte problemi di consegna e di trasporto.

Le opportunità ci sono. Il numero di famiglie, professionisti e microimprese che hanno accesso a Internet è di circa 3,8 milioni. Ma le aziende che vendono i loro prodotti online per ora sono poche.

Adapted from *Il Corriere della Sera*, 12 November 2001

 ## 14 Shopping online II

Match each word in the left-hand column with its synonym in the right-hand column. The first one is done for you.

1 Shopping online   a   sicuro
2 aziende   b   commercio elettronico
3 affidabile   c   organizzazioni

 ## 15 *Al supermercato*

Jeremy has just started to work in an Italian supermarket but his Italian is still not very good. Can you help him put the items listed on p. 84 in the right departments? Use the headings shown below. Use the dictionary to help you, if there are some words you don't recognise.

Frutta e verdura	Salumi/Formaggi	Pescheria	Macelleria
melanzane	mortadella	cozze	vitello

agnello	asparagi	cozze	fichi
gamberetti	lattuga	melanzane	mortadella
mozzarella	parmigiano	patate	peperoni
pere	piselli	pomodori	prosciutto
ricotta	salame	salmone	tonno
trota	vitello	zucchine	

🎧 16 *Alla salumeria*

Signora Franchi has invited six people to a buffet supper and goes to do some shopping at Mario's salumeria. Listen to her conversation with Mario (**Audio 4.3**) and fill in the blanks.

Alla salumeria

(SF = Signora Franchi; M = Mario)

SF: Buongiorno Mario!
M: Buongiorno signora Franchi, cosa desidera _____ (1)?
SF: Devo fare una cena a buffet per alcuni amici, siamo in sei.
M: Di cosa ha bisogno?
SF: Vorrei _____ (2) prosciutto crudo.
M: Lo vuole assaggiare?
SF: Sì, grazie, . . . è molto buono. _____ (3) prendo quattro etti. E poi
      _____ (4) mozzarelle di bufala.
M: Quante ne vuole?
SF: Se sono grandi ne prendo quattro. Ho bisogno anche di _____ (5) olive.
      Ci sono quelle pugliesi?
M: Sì, sono buonissime. Quante ne vuole?
SF: Tre etti.
M: Altro?
SF: Sì, _____ (6) latte parzialmente scremato.

🎧 17 *Dal fruttivendolo*

Now Signora Franchi is at the fruit and vegetable shop, buying fruit for the fruit salad.
Listen to her conversation (**Audio 4.4**) and fill in the blanks.

Dal fruttivendolo

(SF = Signora Franchi; F = fruttivendolo)

F: Buongiorno signora Franchi!
SF: Buongiorno, devo fare una macedonia per alcuni ospiti stasera. Vorrei
      _____ (1) pesche, due chili.
F: Ecco le pesche. Sono bellissime. Vuole anche _____ (2) uva? Ho dell'uva
      bianca dolcissima! La vuole provare?
SF: Sì, è molto buona. Un chilo di quest'uva e anche delle prugne, _____ (3)
      chilo. Poi _____ (4) mela bianca e un paio di cestini di fragole.
F: Altro?
SF: No, va bene così, grazie. Quant'è?

18 *Fare la spesa*

Now in pairs visit the shops which are advertising below and get some shopping, using the list of foodstuffs from Vocabulary Activity 15. Make up some dialogues based on those shown above and on the model dialogue below. Student A plays the customer, Student B the shopkeeper. Exchange roles half-way through. The first one is done for you.

Pescheria Azzurra

A: Buongiorno, vorrei del pesce per favore. Ha dei gamberetti freschi?
B: Freschissimi, Signora! Quanti?
A: Mezzo chilo. E anche due filetti di trota.
B: Desidera altro?
A: No, basta così, grazie.

1
> **Pescheria Azzurra**
>
> • pesce fresco, frutti di mare
> • pescato con propri mezzi

2
> **Mini market**
>
> • generi alimentari
> • panificio
> • frutta e verdura
> • consegna a domicilio

3
> **Salumeria**
>
> • Salamini di maiale e cinghiale
> • Formaggi freschi e stagionati
> • Prosciutto di Parma, Coppa

🔍 19 *Qualche, un po' di* or *del*?

Choose the appropriate word for 'some' to complete the sentences below.

1 Buongiorno, vorrei   qualche   arance.
                        delle

2 Un litro di latte e   un po' di   pane.
                         qualche

3 Stamattina vado al mercato perché devo prendere   un po' di   verdura.
                                                      delle

4 La sera mangiamo solo   qualche   pasta in bianco.
                           della

5 Abbiamo tutti gli ingredienti, compriamo solo   un po' di   insalata.
                                                   qualche

6 Prenoto per andare 'Da Gianni'. Hanno   qualche   pesce buonissimo.
                                           del

KEY VOCABULARY

Clothes shopping

- **Buongiorno, vorrei vedere qualche maglia di lana.**
- **Ha una taglia più grande?**
- **Ha una taglia più piccola?**
- **Ha un altro modello?**
- **Ci sono altri colori?**
- **Posso misurare questo vestito?**
- **Posso provare questi jeans?**
- **Mi potrebbe fare un po' di sconto?**

firmato with a designer label
Designer labels are important to many Italians. The word **griffato** is also used to refer to designer goods.

stare
In the context of clothes shopping, **stare** means 'to fit', e.g.

Ti stanno bene.	They fit you well.
Mi stanno stretti.	They're tight on me.

Food shopping

consegne a domicilio (f.pl.)	home deliveries
fresco	fresh (mozzarella, ricotta type cheese)
stagionato	aged (hard cheese such as parmigiano, pecorino)
frutta (f.)	fruit
frutti di mare (m.pl.)	shellfish

Types of shops

alimentari (m. pl.)	grocer's
fruttivendolo (m.)	fruit and vegetable seller
latteria (f.)	dairy
mercato (m.)	market
mini market (m.)	mini supermarket
panificio (m.)	baker's
pescheria (f.)	fishmonger's
pescivendolo (m.)	fishmonger
salumeria (f.)	delicatessen
spaccio (m.)	village shop, campsite shop

Unit 5
Donne e lavoro

FUNCTIONS	• Talking about the present
	• Talking about daily routines
GRAMMAR	• Present tense reflexive verbs
	• Present tense of irregular verb **stare** + gerund
	• Frequency
	• Interrogatives
	• Negatives
	• Expressions of time (present)
VOCABULARY	• Routine actions
	• The world of work

1 *La giornata della Signora Barbieri I*

Listen to the first part of the interview (**Audio 5.1**) and write down what Signora Barbieri does at the times shown below, e.g. arriva in ufficio, incontra Cristina, pranza, prende il treno, si alza.

1   Alle 6.30 _____ .
2   Alle 7.30 _____ .
3   Alle otto _____ .
4   Verso le nove _____ .
5   A mezzogiorno _____ .
6   Alle 13.30 _____ .

 2 *La giornata della Signora Barbieri II*

Listen to the interview (**Audio 5.1**) again and answer the questions about Signora Barbieri's day.

* Dove lavora?
* Cosa fa?
* Come va al lavoro?
* Quando legge la posta?
* Chi è Cristina?

 3 *La giornata della Signora Barbieri III*

Listen to the first part of the interview (**Audio 5.1**) again and complete the sentences.

(I = Interviewer; SB = Signora Barbieri)

I: Signora, Lei che lavoro fa?
SB: Sono manager di una ditta di moda, _____ delle vendite all'estero.
I: Mi descrive la Sua giornata?
SB: La mattina _____ piuttosto presto, verso le 6.30, poi _____ colazione, _____ la doccia e   . Esco di casa verso le 7.30, _____ in stazione e prendo il treno delle otto. Purtroppo faccio la pendolare. Arrivo in ufficio poco prima delle nove.
I: _____ lavora?
SB: A Bologna.
I: Com'è una tipica giornata in ufficio?

SB: Appena arrivo apro la posta, leggo l'e-mail, e poi _____ delle questioni
      più urgenti. Verso le 12 Cristina, la mia _____, mi informa degli ultimi sviluppi
      delle vendite e della produzione. Alle 13.30 vado a pranzo, _____
      mangio un panino in un bar con qualche collega.
I: E il pomeriggio?
SB: Dipende, se ci sono problemi verso le tre incontro gli stilisti, o contatto i
      compratori. Poi do un'occhiata alle ultime riviste di moda. Se _____ c'è _____
      di urgente da sbrigare esco dall'ufficio verso le sei, _____ arrivo _____ a casa
      prima delle sette.

🎧 4 *La giornata della Signora Barbieri IV*

Now listen to the second part of the interview (**Audio 5.2**) and answer the questions in
English.

1   Why does Signora Barbieri often go abroad?
2   What languages does she speak?
3   What does her husband do?
4   How do they spend the weekends?
5   Do they have any children?
6   Why does she work?

🎧 5 *La giornata della Signora Barbieri V*

Now listen to the second part of the interview (**Audio 5.2**) again and complete the
sentences below.

I: Viaggia _____?
SB: Almeno _____ al mese. Vado _____ all'estero per incontrare i
      compratori, e vado a tutte le più importanti sfilate di moda.
I: _____ lingue parla?
SB: Purtroppo parlo solo l'inglese, ma sto _____ anche il tedesco.
I: È sposata?
SB: Sì, mio marito è avvocato.
I: _____ riuscite a conciliare due professioni così stressanti?
SB: Le nostre carriere sono molto importanti per noi. Durante la settimana ci
      vediamo poco, ma i fine settimana li passiamo insieme, spesso per _____
      andiamo in montagna a sciare, o in estate al mare, dove abbiamo una villetta.
I: Quali sono i _____ e quali gli svantaggi della Sua carriera?
SB: Uno svantaggio è il poco tempo che posso dedicare a me stessa durante la
      settimana, un vantaggio è senza dubbio l'_____ economica!

I: Avete figli?

SB: No, _____, aspettiamo qualche anno perché siamo consapevoli che
       gestire una carriera e una famiglia non è facile, e lavorare per me non è solo
       una necessità economica, ma anche _____.

6 Verbi riflessivi

In the interview with Signora Barbieri, there are several reflexive verbs (see Unit 1,
Chiamarsi). Can you complete this list of reflexive verbs? The first and last letters are
supplied.

1   al _____ si
2   di _____ si
3   fe_____ si
4   ra _____ si
5   se _____ si
6   sv _____ si
7   v _____ si

GRAMMAR NOTES

Negatives

Negative words in Italian include: **non . . . mai** 'never'; **non . . . ancora** 'not yet', **non . . .
nessuno** 'nobody', **non . . . niente** 'nothing', **non . . . più** 'no more'. Italian negatives
usually come in pairs (a double negative) with **non** before the verb and another negative word coming after:

Non vado *mai* in chiesa.	I never go to church.
Non siamo *ancora* pronti.	We're not ready yet.
Non vedo *nessuno* oggi.	I'm not seeing anyone today.
Non fa *niente*.	It doesn't matter.
Non ci parliamo *più*.	We don't speak to each other any more.

Interrogatives

Question words include **che** 'what, which', **a che ora** 'at what time', **che cosa** 'what', **chi**
'who', **come** 'how', **cosa** 'what', **dove** 'where', **perché** 'why', **quale** 'which', **quando**
'when', **quanto** 'how much':

Dove abita, signora?
Where do you live, signora?

Che is normally used with a noun, for example in the phrases **a che ora**, **che cosa**:

A che ora **comincia il lavoro?**
What time do you start work?

Expressions of frequency

Expressions of frequency are also illustrated in Units 3 and 7. To talk about how often you do something, use one of the following phrases:

di rado	seldom
poco	seldom, not a lot
qualche volta	sometimes
raramente	seldom
sempre	always
spesso	often

Gerund

The gerund is the Italian equivalent of the English '-ing' form. For **-are** verbs it is formed by taking the verb stem (**parl-**) and adding the gerund ending (**-ando**). Similarly, for **-ere** and **ire** verbs, you add **-endo** to the verb stem:

parl*are* to speak	**parl***ando* speaking
legg*ere* to read	**legg***endo* reading
part*ire* to leave	**part***endo* leaving

A few verbs such as those with a shortened infinitive have irregular gerund forms which derive from their original infinitive forms (**bevere, dicere, facere, traducere**):

bere to drink	**bevendo** drinking
dire to say	**dicendo** saying
fare to do	**facendo** doing
tradurre to translate	**traducendo** translating

Stare and the gerund

When you need to express something more immediate – something you are doing at this very moment – use the verb **stare** along with the gerund **lavorando, leggendo, partendo**, for example:

Cosa *stai facendo***?**	What are you doing (right now)?
Sto leggendo **il libro di Anna**.	I'm reading Anna's book.

The verb **stare** means 'to be'. It does not replace **essere** but is used only in the following contexts:

- in expressions such as **Come sta?** 'How are you?'
- with the gerund: **sto lavorando**, **sto leggendo** 'I am working', 'I am reading', etc.
- to express geographical location, particularly in the south of Italy, as in **Dove sta la stazione?** 'Where is the station?' In the north, the verb **essere** is preferred, as in **Dov'è la stazione?**

The present tense of **stare** is shown below:

(io) sto	I am	**(noi) stiamo**	we are
(tu) stai	you are	**(voi) state**	you are (pl.)
(lui/lei) sta	he/she is	**(loro) stanno**	they are
(Lei) sta	you are (polite form)		

Reflexive verbs

Reflexive verbs are verbs expressing actions one does *to* or *for* oneself; they refer back to the subject or person carrying out the action. Many everyday actions use reflexive verbs.

alzarsi **to get up**

(io) mi alzo	I get up	**(noi) ci alziamo**	we get up
(tu) ti alzi	you get up	**(voi) vi alzate**	you get up (pl.)
(lui/lei) si alza	he/she gets up	**(loro) si alzano**	they get up
(Lei) si alza	you get up (polite form)		

Many of the verbs expressing this type of action are **-are** verbs, but of course there are **-ere** or **-ire** verbs as well, both regular and irregular:

sedersi **to sit down**

(io) mi siedo	I sit down	**(noi) ci sediamo**	we sit down
(tu) ti siedi	you sit down	**(voi) vi sedete**	you sit down (pl.)
(lui/lei) si siede	he/she sits down	**(loro) si siedono**	they sit down
(Lei) si siede	you sit down (polite form)		

vestirsi **to dress**

(io) mi vesto	I get dressed	**(noi) ci vestiamo**	we get dressed
(tu) ti vesti	you get dressed	**(voi) vi vestite**	you get dressed (pl.)
(lui/lei) si veste	he/she gets dressed	**(loro) si vestono**	they get dressed
(Lei) si veste	you get dressed (polite from)		

Italian often uses the reflexive pronoun (**mi**, **ti**, etc.) where English would use the possessive ('my', 'your', etc.), particularly when talking about articles of clothing or parts of the body.

Mi lavo **i capelli tutti i giorni.**
I wash my hair every day.

It can also express 'involvement' when talking about something one does *for* oneself:

Mi faccio **un bel caffè.**
I'll make myself a nice coffee.

In the dictionary, reflexive verbs are listed under their **infinitive** form (**-are**, **-ere**, or **-ire**) with the final **e** dropped and the reflexive pronoun (**si**) attached to the end, for example **alzare** + **si** = **alzarsi** 'to get oneself up'.

The reflexive pronoun is also tacked onto the end when using the **tu**, **noi**, **voi** imperatives and the gerund form:

Alzati! Alzatevi! Alziamoci!
Get up!

Sono caduta *alzandomi* **dalla sedia.**
I fell getting up from the chair.

When using a reflexive verb in the infinitive, remember that the final reflexive pronoun (**mi**, **ti**, etc.) will change according to the person it refers to:

Devo *vestirmi* **per andare alla festa.**
I must get dressed to go to the party.

Mariolina, devi *vestirti*, **è tardi.**
Mariolina, you have to get dressed, it's late.

♀ 7 The gerund

Turn the phrases given below into complete sentences, changing the verbs provided into the gerund form.

Example
io – dormire
Sto dormendo.

1   noi – fare una fotografia   *Stiamo facendo*
2   loro – bere una bibita ghiacciata   *stanno bevendo*

3   io – tradurre quel brano per la classe di italiano *Sto traducendo*
4   lei – fare una gita *Sta facendo*
5   voi – andare in montagna *state andando*
6   Lei – dire la verità *Sta dicendo*
7   tu – leggere la guida *Stai leggendo*
8   noi – venire *Stiamo venendo*

8 Sometimes, always, never

Answer the questions below using one of the following expressions: non . . . mai, non . . . più, spesso, qualche volta, non . . . niente, non . . . nessuno.

Example
Federica, ti alzi presto la mattina?
No, non mi alzo mai presto.

1   Quando vai in palestra? *Non vado spesso*
2   Cosa fai il venerdì sera? *non faccio niente*
3   Vai spesso in piscina? *Sì non vado più.*
4   Con chi esci stasera? *vado con nessuno*
5   Quante lingue parli? *non parlo niente lingue.*
6   Hai fratelli?
7   Lavori ancora a Trieste?
8   Esci spesso con Marianna?

9 Reflexive pronouns

Fill in the blanks with the appropriate reflexive pronouns.

Example
Ma non _____ annoiate, ragazzi?
Ma non vi annoiate, ragazzi?

1   Barbara *si* ____ fa la doccia ogni mattina.
2   Elena, *ti* ____ occupi tu di questa faccenda?
3   I tuoi amici *si* ____ preoccupano per niente.
4   Giorgio *si* ____ innamora ogni mese di una ragazza diversa.
5   Perché sei sempre tesa? Cerca di rilassar*ti* ____ un po'.
6   Irene non *si* ____ asciuga mai i capelli con l'asciugacapelli.
7   Perché non *ti* ____ metti quel vestito che ti piace tanto?
8   (Noi) non *ci* ____ sentiamo troppo bene, ora andiamo a riposar_____.
9   (Loro) non *si* ____ abbronzano molto quando vanno al mare.

🔎 10 Tommaso's day

Look at the pictures and describe in Italian what Tommaso is doing.

1  2

3  4  5

6  7

8  9

📚✍ 11 Paola's e-mail

Read Paola's e-mail to Alessandra (**Text 5.1**) and write down the infinitive of the seven reflexive verbs contained in it. The first one is done for you.

1   trovarsi

Text 5.1 Paola writes to Alessandra

Paola has just started her course at the University of Venice and e-mails her friend Alessandra (alessandra68@virgilio.it).

Cara Alessandra,

Come sai sono qui a Venezia da qualche settimana. Qui mi trovo molto bene, abito con altre tre ragazze, due italiane e una americana in un appartamento non troppo lontano dall'università. È piuttosto caro, ma molto tranquillo. Le mie giornate sono molto piene, comincio le lezioni la mattina alle 8.15 e quindi devo alzarmi prestissimo. Durante la giornata frequento le lezioni in classi superaffollate e spesso riesco a malapena a trovare un posto libero.

A pranzo a volte vado alle Zattere a mangiare un panino. Il pomeriggio se sono libera, preferisco tornare a studiare a casa perché anche la biblioteca è molto frequentata e spesso molto rumorosa e davvero non riesco a concentrarmi sui libri! A casa abbiamo un piccolo terrazzo che dà su un cortile interno, e qui prima mi riposo un po' e quindi comincio a leggere i libri per gli esami che devo fare a fine anno. Mi preoccupo soprattutto per l'esame di tedesco, dicono che è molto difficile e che la maggior parte degli studenti non lo passa se non dopo un paio di tentativi!

La sera mi rilasso frequentando un corso di yoga in una palestra tre volte la settimana. Sono ansiosa di sentire cosa hai tu da raccontare, come passi le tue giornate e se ti trovi bene all'Università di Siena.

Scrivi presto

Un abbraccio

Ciao

Paola

12 Alessandra's reply

Write Alessandra's reply to Paola's message. Paola's e-mail address is paolatesta @libero.it. Include the following points.

1   Describe a typical day, using any or all of the verbs in the box:

> **alzarsi   andare in piazza a prendere un caffè   andare al cinema**
> **andare   a teatro   andare a dormire   fare colazione**
> **fare una pausa per il pranzo   frequentare le lezioni   lavarsi**
> **preparare la cena   prepararsi per uscire   riposarsi**
> **studiare in biblioteca   svegliarsi   tornare a casa**

2   Tell Alessandra about your new English friends: Sue, who studies Italian in England, and Simon (24), who is in Italy to teach English.

3   Invite her to stay with you next weekend.

13 *La giornata di Francesca, Lucrezia e Marina*

Working with your classmate(s), imagine a typical day for Lucrezia, age seven, Francesca, a university student, and Marina, a doctor in a big hospital. Discuss and write down your ideas of what they might do, looking up any words you don't know in your dictionary. Then you or your partner read out your ideas to the rest of the class.

Example
Lucrezia si alza alle sette. Si veste e fa colazione.

14 Role play

Working in groups of three, you and your two classmates choose a role each from the three outlined below and describe your typical day.

Example
Io mi alzo alle 6.00. Preparo la colazione.

Roles:

A   La donna che lavora a tempo pieno
B   La donna che lavora a tempo parziale
C   La casalinga

15 *Signor Barbieri*

Listen to **Audio 5.1** and **5.2** again, then write a page of Signor Barbieri's diary in which he talks about his daily life and says what he thinks about his and his wife's careers.

,15 GENNAIO 20___

Caro diario,

✍ 16 *15 anni dopo*

Signora Barbieri is now 50. Rewrite her interview and imagine her new life. You must include the following.

- Lavora ancora?
- Che lavoro fa?
- Dove lavora?
- Lavora a tempo pieno?
- A che ora si alza?
- A che ora pranza?
- Cosa fa il pomeriggio?
- Fa la pendolare o si è trasferita?
- Ha figli?
- Quanti anni hanno?
- E il marito?

KEY VOCABULARY

alzarsi	to get up	**lavarsi**	to wash oneself
annoiarsi	to get bored	**occuparsi**	to deal with
cenare	to have dinner	**pettinarsi**	to comb one's hair
divertirsi	to enjoy oneself	**pranzare**	to have lunch
divorziare	to get divorced	**radersi**	to shave oneself
fare colazione	to have breakfast	**riposarsi**	to have a rest
fare il/la pendolare	to commute	**rilassarsi**	to relax
farsi la doccia	to have a shower	**sedersi**	to sit down
farsi il bagno	to have a bath	**sentirsi**	to feel
fermarsi	to stop (doing something)	**sposarsi**	to get married
		stancarsi	to get tired
fidanzarsi	to get engaged	**svegliarsi**	to wake up
innamorarsi	to fall in love	**vestirsi**	to get dressed

Unit 6
Tutti a tavola!

FUNCTIONS
- Expressing a desire, preference, need
- Stating what you want
- Stating a preference
- Expressing likes and dislikes

GRAMMAR
- Indefinites: **niente di buono**, **qualcosa da mangiare**
- Present tense of **piacere**
- Present tense of **preferire**
- Present tense of **bisogna**, **aver bisogno di**
- Modal verbs: **dovere**, **potere**, **volere**
- Indirect object pronouns with **mancare**, **occorrere**, **servire**

VOCABULARY
- Menus, food, dishes
- Hobbies and leisure interests

mi occupo con ...
mi pettino i capelli
mi stanco di ...

mi diverto.
mi faccio collazione.

1 *Trattoria degli Orti*

Read the Trattoria degli Orti menu to find out what the dishes listed below are called in Italian.

La Trattoria Degli Orti

Menu

Antipasti

Antipasto misto
Prosciutto e melone
Antipasto di mare
Caprese

Primi Piatti

Zuppa di verdure
Spaghetti alle vongole
Fettuccine allo scoglio
Risotto ai funghi
Risotto di zucca

Secondi Piatti

Pesce

Trota alla griglia
Sogliola
Pesce spada alla griglia
Tonno alla marinara

La Trattoria Degli Orti

Menu

Secondi Piatti

Carne

Bistecca ai ferri
Pollo alla diavola
Fegato alla veneziana
Agnello

Contorni

Patatine fritte
Melanzane alla griglia
Insalata mista
Fagiolini
Patate al forno

Dessert

Macedonia
Frutta di stagione
Tiramisù
Torta della casa

1 ham	7 aubergines	12 mixed salad
2 clams	8 trout	13 vegetable soup
3 sole	9 swordfish	14 seafood starter
4 tuna	10 French beans	15 side dish
5 mushrooms	11 fresh fruit	16 main courses
6 steak		

2 Ordering a meal

Listen to this restaurant scene (**Audio 6.1**) between a couple (Franco and Anna) and a waiter. Pretend you are the waiter and write down in Italian what the couple have ordered, using the same headings as on the waiter's notepad.

La Trattoria Degli Orti

Bibite
Antipasti
Primi Piatti
Secondi Piatti
Contorni
Pizze
Dessert
Altro

 ## 3 *Il conto*

La Trattoria Degli Orti

Data   15-01-04

Quantità	Natura e qualità	Importo
3	coperti	6.00
1lt	vino	6.00
1lt	acqua minerale	1.50
1	pizza	6.00
2	primi piatti	14.00
1	secondo piatto	9.00
2	contorni	4.00
2	caffè	2.00
1	liquore	4.00
	Totale	52.50

Can you spot the four errors in Franco and Anna's bill? Write them down in note form in Italian. The first one is done for you.

Mistakes

Primo errore: Tre coperti (no due coperti)

Secondo errore: _____

Terzo errore: _____

Quarto errore: _____

4 Odd one out

Circle the odd one out in each line.

1   forchetta, coltello, cucchiaio, tovaglia
2   bicchiere, tovagliolo, bottiglia, caraffa
3   trattoria, pizzeria, pensione, locanda
4   vegetariana, quattro stagioni, capricciosa, al sangue
5   ben cotta, alla griglia, fritta, al vapore

 5 *Al ristorante*

Read the following adverts and fill in the blanks with the words supplied.

1   cene, parcheggio, piatti, terrazza

> La Pergola
> Ristorante rustico
> Splendida _____ panoramica sul lago
> Specialità _____ tradizionali locali
> Ampia sala per banchetti e _____ di lavoro
> Ampio _____ privato
> Chiuso il giovedì

2   biologici, cucina, giardino, olivi

> Agriturismo
> Villa Fiore
> Immerso in un grande _____ con piscina
> e circondato da _____
> Offre una _____ tipica, elaborata in modo
> raffinato con prodotti _____

3   specialità, veranda, vini locali

> Borgo antico
> _____ pesce
> Ampia _____
> Scelta dei migliori _____ _____ e nazionali
> Chiuso il mercoledì

4   all'aperto, forno, settimanale, tarda

> Ristorante Pizzeria
> Da Carlo
> _____ a legna
> Aperto fino a _____ ora
> Sala _____
> Il martedì chiusura _____

6 *La cucina*

Working with a friend or classmate, ask each other the following questions. See the example.

Example

- Ti piacciono di più i pasti a base di carne o di pesce?
- Preferisco i piatti a base di pesce, per esempio il risotto di mare o gli spaghetti con le vongole.

1   Preferisci la cucina italiana o la cucina inglese?
2   Preferisci il fast-food o la cucina tradizionale? Perché?
3   Sei vegetariano/a?
4   Quali piatti della cucina italiana conosci?
5   Cosa conta di più in un ristorante per te, il servizio, la qualità del cibo, il locale, o il prezzo?

7 Al ristorante

You are in a restaurant. In pairs, Student A will play the customer, Student B will read the waiter's part which is done for you (C = Cameriere). At the end you can exchange roles.

A: *Greet the waiter and ask him/her if there is a table for two.*
C: Buongiorno, un tavolo per due? Se ne libera uno tra 10 minuti. Vogliono aspettare?
A: *Say yes, and ask for something to drink in the meantime.*
C: Certamente. Cosa desiderano?
A: *Say two glasses of white wine, sparkling.*
C: Signori, se vogliono seguirmi, il tavolo pronto è quello laggiù . . .
      Ecco il menù . . .

(Later)

A: *Call the waiter and say that you would like to order.*
C: Cosa prendono da bere?
A: *Order a beer, a litre of mineral water and half a litre of red house wine.*
C: E come antipasto?
A: *Say that you do not want the starter, you want two spaghetti with clams. Then, for you a steak and for your friend some chicken.*
C: La bistecca al sangue o ben cotta?
A: *Say rare.*
C: E come contorno?
A: *Order some grilled aubergines and some salad.*
C: Desiderano altro?
A: *Say no, thanks.*

(Later)

C: Ecco gli spaghetti. Buon appetito.
A: *Thank him and ask for some bread.*
C: Ecco il pane. Va tutto bene?
A: *Say yes.*

(Later)

C: Ecco i secondi.
A: *Say that the steak is well cooked not rare.*
C: Mi dispiace, gliene porto subito un'altra . . .
   . . . Ecco la bistecca con i contorni.
A: *Ask for some salt and another fork, the one you have is dirty.*
C: Mi dispiace, ecco un'altra forchetta.

(Later)

A: *You call the waiter.*
C: Cosa desidera?
A: *Ask him for two coffees and the bill.*
C: Ecco i due caffè, il conto e due grappe, omaggio della casa.
A: *You call the waiter and say that there is a mistake, the bill says a litre of wine, not half a litre.*
C: Sono davvero spiacente, controllo il conto immediatamente.

8 Synonyms

For each of the words in the left-hand column, taken from **Text 6.1**, find a synonym in the right-hand column. The first one is done for you.

1	bevande	a	cucina
2	cuoco	b	chef
3	fornelli	c	bibite
4	fragranza	d	ingredienti
5	piatti	e	portate
6	prodotti	f	profumo

9 Find the mistakes

This text is a summary of the interview with Gianfranco Vissani (**Text 6.1**). But there are some mistakes. Can you spot them?

Gianfranco Vissani, conosciuto ormai da moltissimi anni in tutto il territorio nazionale, afferma in un'intervista che il segreto dei suoi piatti è quello di usare prodotti di ottima qualità. Ma i piatti di Vissani non sono solo famosi per la freschezza e la qualità dei loro ingredienti, bensì anche per la cottura lenta che ne valorizza il sapore. Gli ingredienti preferiti dal cuoco sono il pesce, le verdure e gli aromi, che gli consentono di essere molto creativo.

Text 6.1 **Intervista: Gianfranco Vissani**

"Per una buona riuscita sono fondamentali gli ingredienti"

"Il segreto della mia cucina? Fate la spesa con passione"

"Il segreto della mia cucina? Sta tutto negli ingredienti". Così Gianfranco Vissani spiega il motivo del suo successo ai fornelli. Lo chef di Civitella del Lago, il cuoco che da un paio di anni occupa un posto d'onore nelle guide della cucina internazionale, spiega che il momento decisivo per i suoi piatti non è, come si può pensare, quello della cottura.

"Nella mia cucina – spiega Vissani – basata sulle cotture rapide e sulla fragranza dei sapori primari, la qualità della materia prima è fondamentale. Da un prodotto mediocre o cattivo, non può nascere un buon piatto. È importante quindi – conclude lo chef – saper scegliere i prodotti giusti, e i produttori devono migliorare costantemente i loro prodotti".

Parlando di ingredienti, Vissani aggiunge che preferisce i pesci, i crostacei e le verdure: "Sono prodotti versatili, leggeri, che permettono di liberare fantasia e creatività. Le verdure in particolare sono, secondo me, molto importanti nella cucina di oggi, insieme alle erbe aromatiche, che si possono usare non solo nella preparazione dei cibi, ma anche nell'aromatizzazione delle bevande".

Adapted from *La Repubblica*, 9 March 1999

GRAMMAR NOTES

Qualcosa (da mangiare), niente (di buono)

Note these ways of using **qualcosa** 'something' and **niente** 'nothing':

C'è qualcosa *da mangiare?*
Is there something to eat?

Non c'è niente *da fare*.
There's nothing to do (nothing to be done).

Vorrei qualcosa *di buono*.
I would like something good.

Non vedo niente *di bello*.
I can't see anything nice.

Piacere

The most common way to say 'I like' in Italian is **piacere** 'to please' usually in the third person singular (**piace**) or the third person plural (**piacciono**), along with the indirect object pronouns **mi**, **ti**, **gli**, etc., to refer to the person who likes or dislikes:

A mio figlio **piace viaggiare in treno.**
My son likes going by train.

Mi **piace molto l'Italia.**
I like Italy a lot.

Ti **piacciono le paste di mandorla?**
Do you like almond cakes?

Gli **piace leggere.**
He likes reading.

Piacere actually means 'something is pleasing to me'. This *something* can be:

- a verb   **mi piace viaggiare** (I like *travelling*)
- singular noun **mi piace il pane italiano** (I like *Italian bread*)
- a plural noun **mi piacciono queste canzoni** (I like *these songs*)

Preferire, piacere di più, di meno

You can express a preference by adding **di più**, **di meno** to the verb **piacere**:

Mi piacciono i cani, ma mi piacciono *di più* i gatti.
I like dogs, but I like cats better.

Lui mi piace molto, ma sua moglie mi piace *di meno*.
I like him a lot, but I like his wife less.

Or you can use **preferire**:

Tu cosa preferisci – il tè o il caffè?
Which do you like better – tea or coffee?

Indirect object pronouns: **mi**, **ti**, **gli**, **le**, **Le**, **ci**, **vi**, **gli**

When you want to express the idea of 'to me', 'to/for you' use the indirect object pronouns. Their forms are shown below.

Singular		Plural	
mi	to me	**ci**	to us
ti	to you	**vi**	to you
gli	to him	**gli**	to them*
le	to her		
Le	to you (polite form)		

* An alternative to **gli** 'to them', used mainly in written Italian, is **loro**. Unlike the other pronouns, **loro** comes after the verb:

Abbiamo inviato *loro* un invito.
We sent them an invitation.

These pronouns normally come immediately before the verb, for example:

***Mi* piace la pizza.**
I like pizza.

***Ti* piacciono le paste di mandorla?**
Do you like almond cakes?

These indirect object pronouns are used with any verb where English uses the preposition 'to', for example **dare** 'to give', **inviare**, **mandare**, **spedire** 'to send' and with other verbs where the preposition 'to' is understood in the sense, such as **telefonare**:

***Mi* mandi una cartolina da Parigi?**
Will you send me a postcard from Paris?

***Gli* telefono domani.**
I'll call him tomorrow.

They are also used to express the idea of doing something *for someone* or even *for oneself*:

***Ti* preparo un caffè.**
I'll make you a coffee.

Finally they are used with verbs such as **mancare** 'to be missing/lacking', **occorrere** 'to be needed', **piacere** 'to please', **servire** 'to be useful', 'to be needed':

***Mi* serve una mano.**
I need a hand.

Quante uova *ci* occorrono?
How many eggs do we need?

***Mi* mancano solo due capitoli.**
I've got two chapters to go.

Bisogna, aver bisogno di

Both **bisogna** followed by a verb infinitive, and **aver bisogno di** followed by a verb or a noun, express 'need'. **Bisogna** is used impersonally ('it is necessary') and does not apply to any one particular person, whereas **aver bisogno di** 'to have need of' is personalised:

***Bisogna* partire presto domani.**
One has to (we have to) leave early tomorrow.

***Ho bisogno di* cambiare le gomme.**
I need to change the tyres.

***Ho bisogno di* una mano.**
I need a hand.

Modal verbs: **dovere, potere, volere**

The verbs **dovere** 'to have to', **potere** 'to be able to' and **volere** 'to want to' are very common in Italian and are known as *modal verbs*. These verbs are commonly found with a verb infinitive, for example:

***Devo* andare.**	I have to go.
***Posso* andare.**	I can go.
***Voglio* andare.**	I want to go.

Their present tense is irregular and the pattern is shown below:

Dovere

(io) devo	I must	**(noi) dobbiamo**	we must
(tu) devi	you must	**(voi) dovete**	you must (pl.)
(lui/lei) deve	he/she must	**(loro) devono**	they must
(Lei) deve	you must (polite form)		

Potere

(io) posso	I can	**(noi) possiamo**	we can
(tu) puoi	you can	**(voi) potete**	you can (pl.)
(lui/lei) può	he/she can	**(loro) possono**	they can
(Lei) può	you can (polite form)		

Volere

(io) voglio	I want	**(noi) vogliamo**	we want
(tu) vuoi	you want	**(voi) volete**	you want (pl.)
(lui/lei) vuole	he/she wants	**(loro) vogliono**	they want
(Lei) vuole	you want (polite form)		

10 Indirect object pronouns

Fill in the gaps with the regular form of indirect object pronoun (**mi**, **ti**, **gli**, **Le**, **ci**, **vi**, **gli**) in place of the emphatic form of indirect object pronoun (**a me**, **a te**, etc.) given. See example below.

Example

Siete studenti? (A voi)_____ posso fare uno sconto del 20%.
Siete studenti? Vi posso fare uno sconto del 20%.

1   (A Lei) _Le_ porto subito da bere.
2   (A noi) _ci_ porta un posacenere, per favore?
3   (A Lei) _Le_ ricordo che qui non si può fumare.
4   (A lui) _gli_ dico sempre che la frittura la sera è pesante!!
5   Stasera viene Elena a cena e (a lei) _le_ cucino spaghetti all'aragosta.
6   Vieni, (a te) _ti_ offro un caffè!
7   Ogni anno a Natale (a loro) _li_ regalo una cesta piena di specialità natalizie.
8   Perché non (a lui) _gli_ fate questo favore?

11 *Dovere, potere, volere*

Fill in the gaps with the correct present tense form of dovere, potere, volere.

Scusi, _____ (1) controllare il conto, c'è un errore.

Cameriere, (noi) _____ (2) avere il conto per piacere?

Per un tavolo per cinque (Lei) _____ (3) aspettare ancora un quarto d'ora.

(Tu) _____ (4) qualcosa da mangiare? In frigo c'è l'anguria!

Ma hai sempre fame!! _____ (5) mangiare di meno se _____ (6) perdere peso!

Io vado a mangiare fuori domani sera, _____ (7) venire anche voi?

Se (noi) _____ (8) andare "Da Franco", (noi) _____ (9) prenotare. Lo sai che è sempre pieno la domenica sera!

Cameriere, _____ (10) cambiare la tovaglia? Questa è sporca.

Non _____ (11) bere birra, preferisco la Coca Cola.

🎧 12 *I passatempi*

Listen to these interviews with students about their hobbies (**Audio 6.2**) and write down in English who does what.

Hobbies	Student
Goes horse riding	
Collects records	
Feels he hasn't got enough free time	
Likes dancing	
Likes swimming	
Likes meeting new people	
Would like to graduate next year	
Goes to the theatre	

🎧 13 True or false?

After listening to the interviews again (**Audio 6.2**), indicate whether the following statements are true, false or uncertain by circling V (vero), F (falso) or N (non si sa). Correct them if they are false.

1   The students are in their third year at university.   **V/F/N**
2   One of them goes to a swimming pool three times a week.   **V/F/N**
3   One of them says she has a boyfriend.   **V/F/N**
4   One of them says she goes to jazz concerts.   **V/F/N**
5   The interviewer asks if they collect stamps.   **V/F/N**
6   One of the students says he loves animals.   **V/F/N**

🎧 14 A survey

Now listen to the interviews again (**Audio 6.2**) as many times as you like. Then try to fill in the gaps.

(I = interviewer, S = students)

I: Ciao, avete qualche minuto? Vi _____ (1) se vi faccio qualche domanda? Sto facendo uno studio sul tempo libero dei giovani e sui loro hobby.

SS: No, chiedi pure.

I: Voi siete studenti?

SS: Sì, studiamo economia aziendale all'università.

I: A che anno siete?

S1:   Siamo al quarto, ci _____ (2) ancora pochi esami, poi dobbiamo scrivere la _____ (3).

I: Tu hai tempo libero?

S1:   Sì, ma non troppo, non voglio finire fuori corso, devo laurearmi l'anno prossimo.

I: E cosa fai quando non devi studiare?

S1:   Io _____ (4) andare a _____ (5). I cavalli mi piacciono molto. C'è un _____ (6) a qualche chilometro da _____ (7) mia e ci vado almeno una volta alla settimana. La sera quando sono libera esco con il mio ragazzo, di solito andiamo in _____ (8). Ci piace tantissimo ballare.

I: E tu invece, cosa ti piace fare?

S2:   Io sono iscritto ad una _____ (9) e ci vado tre sere alla settimana, prima di cena. Per me è anche un _____ (10) di conoscere gente nuova.

I: E tu?

S3:   Io adoro andare a teatro. Ogni anno compro un abbonamento al teatro Cavour e non mi perdo nemmeno uno spettacolo. Mi piace anche il nuoto, e vado in _____ (11) tutte le sere, per un'oretta.

I: E passatempi più tradizionali? Nessuno di voi raccoglie _____ (12) o monete antiche?

S1:   No, ma a me piace tantissimo la musica _____ (13) e raccolgo vecchi dischi e CD. Ma _____ (14) avere tanto tempo, e io al momento non ne ho.

15 Leisure time and hobbies

Fill in the table below with your answers in Italian and then, in groups of three or four, talk about your leisure time and hobbies, using the list supplied in Activities 12 and 13.

Hai abbastanza tempo libero?	Ore dedicate al tempo libero	Passatempo preferito	Sport praticati	Tipi di musica preferiti
	In estate _____			
	In inverno _____			

 ## 16 Fill in the missing verb

Fill in the gaps with the right form of mancare, piacere, servire or occorrere.

Example

Mi _____ 100 pagine per finire questo libro.
Mi mancano 100 pagine per finire questo libro.

1 Carla, noi andiamo a fare la spesa. Ti _____ qualcosa?
2 Mi _____ andare al mare, ma preferisco la montagna.
3 Cosa _____ fare per diventare pilota d'aereo?
4 Gli _____ tutti gli sport invernali, ma in particolar modo lo sci da fondo.
5 Perché quando mi _____ gli occhiali non li trovo mai?
6 Marco ha tutto, ma cosa gli _____ per essere felice?
7 A Carlotta proprio non _____ passare tutte le domeniche con i parenti.
8 Ora la mia amica è in Italia; mi _____ molto.

17 Questions and answers

Pair up the following questions and answers.

1 Ti piacciono i film di Moretti?

    a Sì, ma purtroppo non ho abbastanza tempo per andarle a vedere.

2 Ti piacciono le mostre d'arte moderna?

    b Scherzi? Non le piace per niente! È una pigrona!

3 A Federica piace andare a fare lunghe camminate in montagna?

    c Non so, non la conosco abbastanza per poter rispondere.

4   Ti piace la musica italiana?   d   Mah, non abbiamo preferenze.

5   Vi piace di più il cinema o il teatro?   f   Li adoro!

KEY VOCABULARY

A tavola

A meal in Italy can be as simple as a plate of pasta or as elaborate as a four course meal consisting of antipasto, pasta, main course with side salad or vegetables, then dessert. Just in case you want to eat all these courses, here are some key phrases.

antipasto (m.)   antipasto, hors d'oeuvre, starter
primo piatto (m.)   pasta dish
secondo piatto (m.)   main course
contorno (m.)   side dish, e.g. salad or vegetable
dolce (m.)   sweet
vino della casa (m.) house wine

Some useful phrases

Un tavolo per tre, per favore.
A table for three, please.

Da bere cosa prende?
What would you like to drink?

Come antipasto cosa Le porto?
What can I bring you as antipasto?

Mi porta un altro coltello per favore?
Can you bring me another knife, please?

Mi porta il conto per favore?
Can you bring me the bill, please?

Unit 7
Trovare la strada giusta

FUNCTIONS	
	• Specifying place
	• Specifying manner
	• Explaining where to find something, how to get there, etc.
	• Giving an order

GRAMMAR	
	• Prepositions expressing place: **a (al)**, **con**, **da (dal)**, **in (nel)**, **su (sul)**
	• Adverbs and prepositions of place: **vicino a**, **lontano da**, **davanti a**, **di fronte a**
	• **Ci** meaning 'there, to there'; used with verbs
	• Imperative (order) forms
	• Adverbs

VOCABULARY	
	• Expressions of place, situation, location
	• Directions

1 *Dove?*

Do you know the meaning of the following Italian words? Match them with their English equivalent. The first one is done for you.

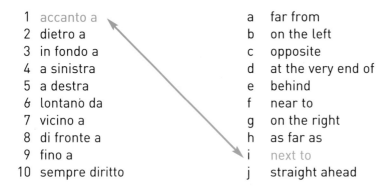

1   accanto a
2   dietro a
3   in fondo a
4   a sinistra
5   a destra
6   lontano da
7   vicino a
8   di fronte a
9   fino a
10 sempre diritto

a   far from
b   on the left
c   opposite
d   at the very end of
e   behind
f   near to
g   on the right
h   as far as
i   next to
j   straight ahead

2 *Vero o falso?*

Listen to Martina and Claudia trying to find their way to the university (**Audio 7.1**) and indicate whether the following statements are true, false or uncertain by circling V (vero), F (falso) or N (non si sa).

1   Martina e Claudia non hanno una piantina.   **V/F/N**
2   Martina chiede a un passante dov'è l'università.   **V/F/N**
3   Martina e Claudia prendono l'autobus.   **V/F/N**
4   L'università è accanto all'edicola.   **V/F/N**
5   Martina e Claudia vogliono iscriversi alla facoltà di lingue.   **V/F/N**
6   In segreteria Martina e Claudia prendono subito i moduli.   **V/F/N**
7   Dopo l'una il bar Da Paolo è sempre pieno.   **V/F/N**

3 *Martina e Claudia cercano l'università I*

Listen to **Audio 7.1** again and complete the following sentences with the correct word from the box.

> **a piedi   destra   di fronte   diritto   fondo   terra**

1   Vedi la chiesa lì in _____ alla piazza?
2   Girate a _____.

3   Possiamo andare _____.
4   L'università è _____ all'edicola.
5   La segreteria dell'università è a piano _____.
6   Per andare al bar, vai sempre _____.

 4 *Martina e Claudia cercano l'università II*

Now listen to **Audio 7.1** again and mark on the map the university building.

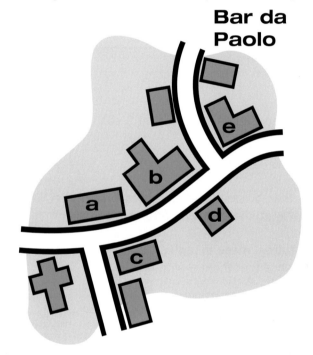

 5 *Chiedere indicazioni*

Work in pairs. One of you plays the part of a student in Italy on holiday (Student A) looking for the Tourist Office (Ufficio Turismo). Ask a passer-by for directions. The other student (Student B) will play the passer-by. Exchange roles at the end. You should use the formal Lei form.

A: *Say you are looking for the Tourist Office. Can he tell you where it is?*
B: È in Viale Vespucci.
A: *Ask him if you can go by foot.*
B: Sì, ma è piuttosto lontano da qui, ci vuole una mezz'ora.

A: *Ask him if you can get a bus.*
B: Sì, c'è il numero 12.
A: *Ask him where the stop is.*
B: La fermata è in Via Manin, non è lontano.
     Quando arriva al semaforo giri a destra e la
     fermata è davanti alla stazione.
A: *Thank him and ask him how long the bus takes.*
B: Una decina di minuti, non di più.

GRAMMAR NOTES I

Prepositions expressing location

Simple prepositions

Some of the simple prepositions seen in Unit 3 can
be used to talk about location:

A to, at

A is used with a city, town or small island, regardless
of whether you are staying there or going (to) there:

Restiamo *a* Firenze tutto il mese di luglio.
We're staying in Florence the whole month of July.

Mio figlio va *a* Cuba in agosto.
My son is going to Cuba in August.

Da from, at the house/shop of

Da can mean 'from' a location:

Veniamo *da* Sondrio.
We're coming from Sondrio.

Da is also used to talk about being at or going to the house, shop or restaurant of
someone and can be used just with the person's name:

Andiamo a mangiare la pizza *da* Pasquale?
Shall we go and eat pizza at Pasquale's?

In in, on

In on its own (no article) is used for the commonest locations:

Sono *in* ufficio.
I'm in the office.

Quest'anno facciamo le vacanze *in* montagna.
We're holidaying in the mountains this year.

La villa è *in* collina.
The villa is on the hillside.

The combined forms are used to express the concept of 'inside' a location:

nel **ristorante**	in the restaurant
nello **sgabuzzino**	in the cupboard (under the stairs)
nei **giardini botanici**	in the botanic gardens

È meglio conservare il sugo *nel* frigo.
It's best to keep the sauce in the fridge.

Su on

*sull'***isola**	on the island
sui **gradini**	on the steps

Lascia sempre il telefonino *sulla* scrivania.
He always leaves his mobile on the desk.

Tra/Fra between

La mia casa si trova *tra* la piazza e Viale Veneto.
My house is between the piazza and Viale Veneto.

Adverbs used as prepositions

Some adverbs of location when used as prepositions require **a**:

accanto (a)	beside, next to	**vicino (a)**	near
davanti (a)	in front of	**dietro (a)**	behind
in cima (a)	at the top of	**in fondo (a)**	at the bottom of
di fronte (a)	opposite	**in mezzo (a)**	in the middle of

Mia madre abita *di fronte*.
My mother lives opposite.

La signora abita di fronte *a* me.
The lady lives opposite me.

La casa è vicino *al* mare.
The house is near the sea.

Certain prepositions need **di** only before pronouns such as **me, te, lui, lei**:

contro il muro against the wall	**contro di te** against you
dentro casa inside the house	**dentro di me** inside myself
dietro la chiesa behind the church	**dietro di lui** behind him
sopra gli alberi above the trees	**sopra di noi** above us
sotto il letto under the bed	**sotto di lui** underneath him
verso casa towards home	**verso di loro** towards them

Ci

Ci is used to mean 'there' or 'to there' but also to express the idea of 'to it' or 'at it':

Abiti a Roma? Si, *ci* abito da cinque anni.
Do you live in Rome? Yes, I've lived there for five years.

Vai in Italia quest'estate? Si, *ci* vado il 5 luglio.
Are you going to Italy this summer? Yes, I'm going there on 5 July.

Verbs used with **ci** include **capire** 'to understand', **contare** 'to count', **pensare** 'to think' and verbs of the senses such as **vedere** 'to see', **sentire** 'to hear', **toccare** 'to touch'. Note also **volerci** 'to take time'. (see Unit 3).

I verbi italiani sono troppo difficili. Non *ci* capisco niente.
Italian verbs are too difficult. I can't understand anything.

Vieni alla mia festa? Io *ci* conto.
Are you coming to my party? I'm counting on it.

Pensi spesso a quella storia? Si, *ci* penso spesso.
Do you often think about that affair? Yes, I think of it a lot.

***Ci* vedi?**
Can you see anything?

***Ci* senti?**
Can you hear anything?

6 Prepositions of place

Answer the questions, using a preposition or combined preposition. More than one answer is possible and some possible answers are provided.

Example
Dov'è il burro? (frigorifero)
È nel frigorifero.

1   Dove passate le vacanze? (montagna, mare)
2   Dove mettete le scarpe? (armadio, scarpiera)
3   Dove lasciate la macchina? (garage, strada)
4   Dove studiate? (scuola, università)
5   Dove abita tua cugina? (zia, madre)
6   Dove fanno il film? (cinema)
7   Dove giocano a calcio? (stadio)
8   Dove sono Carlo e Mario? (cucina, bagno)

7 *Ci*

Answer the following questions in the affirmative using ci.

Example
Vai al bar stasera?
Sì ci vado.

1   Andate in segreteria? (adesso)
2   Vai a Londra sabato? (in autobus)
3   Andiamo agli Uffizi quando siamo a Firenze? (insieme)
4   I ragazzi vanno a vedere *Il lago dei cigni*? (sabato pomeriggio)
5   Emma, torni in Italia per Natale? (in aereo)
6   Vittoria, i tuoi genitori vanno alla messa? (ogni domenica)

8 Verbs + *ci*

Give a negative reply to the following questions, using a combination of **ci** and the following verbs: capire, contare, pensare, sentire, vedere.

Example
Pensi spesso alla tua ragazza?
No, non ci penso mai!

1   Capite quello che dice l'insegnante?
2   Pensi a quel che ti dico?
3   Sentite lo stesso se abbassiamo un po' il volume dello stereo?
4   Posso contare sul vostro aiuto?
5   Ma riesci a vedere con la luce spenta?

GRAMMAR NOTES II

Giving orders and instructions

To give orders or directions, Italian uses a command or *imperative* form. It has different forms for **tu**, **Lei**, **noi**, **voi**, **loro** which depend on the type of verb used, and it has different forms for the negative. Here are three different examples for the **tu** form:

Mangia **una pasta di mandorla!**
Eat an almond cake!

Prendi **un succo di frutta, Cristina!**
Have a fruit juice, Cristina.

Non *fare* **complimenti!**
Don't stand on ceremony!

Two very common uses of the imperative are to call someone's attention (e.g. waiter, passer-by) and to ask or give directions:

Senta! Scusi! **Dov'è la fermata dell'autobus?**
Listen. Excuse me. Where is the bus stop?

Prenda **Via Garibaldi.** *Vada* **sempre diritto. Al primo semaforo** *giri* **a sinistra!**
Take Via Garibaldi. Go straight on. At the first traffic lights turn left.

Here are the different forms of the imperative for different persons of the verb and for different groups of regular verbs.

Person	-are	-ere	-ire	-ire
tu	Canta!	Prendi!	Dormi!	Finisci!
Lei	Canti!	Prenda!	Dorma!	Finisca!
noi	Cantiamo!	Prendiamo!	Dormiamo!	Finiamo!
voi	Cantate!	Prendete!	Dormite!	Finite!
loro	Cantino!	Prendano!	Dormano!	FIniscano!

The **Lei** form should be used when addressing someone you are not familiar with:

Faccia **pure!**
Please feel free!

The **noi** form is a suggestion for yourself and your friends, rather than an order.

Andiamo **in centro!**
Let's go to the centre!

The polite plural **Loro** form is seldom used, except by waiters (see Unit 4) or hotel staff, in set courtesy phrases such as:

*Si accomodino***, signorine.**
Please take a seat, ladies.

Using the infinitive

Recipes, instruction manuals and other written instructions often use the infinitive (the 'to' form of the verb):

Aprire **con cautela.** (on a packet or tin)
Open with care.

Telling someone not to do something

For the **Lei**, **noi**, **voi** and **Loro** forms, add **non** before the verb:

*Non si preoccupi***, signora!**	Don't worry, signora!
Non andiamo **alla festa!**	Let's not go to the party.
Non girate **a sinistra!**	Don't turn left!

For the **tu** form, use **non** and the infinitive (**-are**, **-ere**, **-ire**):

Non mangiare **troppo!**	Don't eat too much!
Non dormire **fino a tardi!**	Don't sleep in!

Non is also added to instructions given in the infinitive:

Non parlare **con il conducente!**   Don't speak to the driver!

Irregular forms of the imperative

Many verbs have an imperative form which does not follow the form shown above. Some of the most common irregular imperative forms are:

Infinitive	tu	Lei	voi	Loro
avere 'to have'	**abbi**	**abbia**	**abbiate**	**abbiano**
andare 'to go'	**va'**	**vada**	**andate**	**vadano**
dare 'to give'	**da'**	**dia**	**date**	**diano**
dire 'to say'	**di'**	**dica**	**dite**	**dicano**
essere 'to be'	**sii**	**sia**	**siate**	**siano**
fare 'to do'	**fa'**	**faccia**	**fate**	**facciano**
stare 'to be'	**sta'**	**stia**	**state**	**stiano**

The one-syllable imperatives of **andare, dare, dire, fare, stare** shown above are often spelt differently: **va, dà, dì, fà, sta**. Perhaps because they sound so abrupt, there is a tendency anyway for four of them to be replaced by the normal **tu** forms: **vai, dai, fai, stai**.

Adverbs

Introduction

Adverbs are words which modify the meaning of a verb, in the same way that an adjective qualifies a noun:

L'italiano è una lingua *facile*. (adjective)
Italian is an easy language.

L'italiano si impara *facilmente*. (adverb)
Italian can be learnt easily.

Adverbs are invariable, i.e. their form does not change. Most adverbs are formed from the related adjective, simply by adding the suffix **-mente**.

Adverbs formed from adjectives

For adjectives of the **-o/-a/-i/-e** type, add **-mente** to the feminine singular form:

attento   **attentamente**

For adjectives of the **-e/-i** type, add **-mente** to the singular form:

semplice   **semplicemente**

With adjectives ending in **-le** and **-re**, the **e** is dropped before adding **-mente**:

faci*le*   **facilmente**
particola*re*   **particolarmente**

Adverbs not formed from adjectives

Adverbs *not* formed from adjectives include adverbs of degree, time, frequency, place and other common adverbs. Here are just a few examples:

Degree:	**molto**	much	**tanto**	much, so much
	poco	little, not much	**troppo**	too much
	quanto	how much	**abbastanza**	enough
	proprio	really, quite		

Adverbs of degree can also be used to modify adjectives or even other adverbs:

L'italiano è una lingua *molto* facile.
Italian is a very easy language.

L'italiano si impara *molto* facilmente.
Italian can be learnt very easily.

Time:	**ora, adesso**	now	**allora**	then
	ancora	still	**già**	already
	tardi	late	**presto**	soon, early
	oggi	today	**ieri**	yesterday
	domani	tomorrow	**l'altro ieri**	the day before yesterday
	dopo, poi	after	**prima**	before
	subito	immediately		

Frequency:	**spesso**	often	**ogni tanto**	every so often
	sempre	always	**mai**	never

Place:	**qui, qua**	here	**lì, là**	there
	quaggiù	down here	**quassù**	up here
	laggiù	down there	**lassù**	up there
	sopra	above	**sotto**	beneath
	altrove	elsewhere	**oltre**	further
	dentro	inside	**fuori**	outside

	dietro	behind	**davanti**	in front
	dappertutto	everywhere		
Manner:	**carponi**	on one's knees	**tastoni**	gropingly
	striscioni	crawling	**dondoloni**	idly

(All sometimes preceded by **a**)

	anche	also	**neanche**	not even, neither
Other:	**bene**	well	**male**	badly
	volentieri	willingly	**forse**	perhaps
	quasi	almost	**appunto**	just, indeed,
	insieme	together		precisely, exactly
	inoltre	besides	**insomma**	in short
	solo	only		

Time and place: prepositions

Some adverbs of time and place such as **davanti, dentro, dietro, dopo, fuori, oltre, prima, sopra, sotto** are also used as prepositions. See Grammar Notes I.

Adjectives used as adverbs

It's very common to use the masculine singular adjective form instead of the adverb, especially in spoken Italian and in advertising:

Non parlare *veloce* (velocemente). Parla *chiaro* (chiaramente).
Don't speak fast. Speak clearly.

Chi va *piano* va *sano* e va *lontano*.
He who goes slowly goes safely and goes far.

Prepositional phrases used as adverbs

It's also common to use phrases consisting of *preposition and noun*, for example:

Guida *con molta attenzione*.
He drives with great care.

Gli studenti adulti studiano *in modo autonomo*.
Adult students study independently.

Suffixes

Adding a suffix such as **ino, -uccio** to common adverbs – a usage mainly limited to spoken Italian – can convey limited intensity ('quite'), or a particular tone, such as affection:

Ha solo due anni, ma parla *benino*.
She's only two years old, but she speaks quite well.

Come ti senti adesso? *Maluccio*.
How do you feel now? Quite bad.

 ## 9 Adverbs and adverbial phrases

Substitute the adverbial phrases underlined with an adverb as shown in the example.

Example
Carlotta ha <u>all'improvviso</u> deciso di tornare a vivere in Italia.
Carlotta ha improvvisamente deciso di tornare in Italia.

1   Ascolta <u>con attenzione</u> quello che sto per dirti.
2   Con questo traffico <u>con difficoltà</u> riusciremo ad arrivare prima di sera.
3   Perché non ripeti <u>con precisione</u> le parole di Stefano?
4   Ho preso quella curva <u>con troppa velocità</u>.
5   Il nostro lavoro procede <u>con lentezza</u>.
6   Hanno esposto <u>con chiarezza</u> il loro punto di vista.

 ## 10 Imperative forms *voi*

Text 7.1 **Il decalogo dell'eco-turista**

Read the following passage, identifying all the voi imperative (order) forms of the verbs and highlighting them.

> I nostri viaggi hanno un notevole impatto sulle condizioni ambientali e socio-economiche dei paesi che visitiamo. Ecco il decalogo (= le regole) per i turisti responsabili che scelgono di rispettare il pianeta e i suoi abitanti:
>
> 1 Preferite paesi e località che hanno adottato appropriate misure di protezione del loro patrimonio naturale e rispettano i diritti umani.
>
> 2 Informatevi sulla cultura ed abitudini della società che visitate per non offendere la natura e le popolazioni locali.

3　Il denaro portato dai turisti ha spesso un grande valore per le popolazioni locali. Cercate di usufruire dei servizi offerti dalle popolazioni locali piuttosto che quelli delle compagnie straniere. Scegliete alberghi e ristoranti a gestione familiare e non appartenenti a imprenditori stranieri.

4　Adattatevi alle abitudini locali. Accettate la cultura gastronomica del paese e non cercate la vostra.

5　Non raccogliete conchiglie, sassi, fiori. Non distruggete e non impoverite l'habitat naturale in cui vivono gli animali.

6　Non inquinate e non lasciate tracce del vostro passaggio.

7　Nell'acquistare souvenir cercate prodotti di artigianato locali, ma non scegliete souvenir che implicano il sacrificio di specie animali e vegetali a rischio.

8　Visitate parchi e riserve, il cui sostentamento dipende in parte dal contributo economico del turismo.

9　Viaggiate fuori stagione per non contruibuire agli affollamenti che danneggiano l'ambiente.

10　Non ostentate ricchezza e lusso stridenti rispetto al tenore di vita del paese che visitate e non assumete comportamenti offensivi per usi e costumi locali.

Adapted from www.archibio.com/artille.php?ID_ARTICOLO = 50

✍ 11 Imperative forms *tu*

Now re-write the ten instructions from **Text 7.1 Il decalogo dell'eco-turista**, changing the voi imperative form to the tu imperative. Don't forget to change pronouns and adjectives where necessary. The first one is done for you.

1　Preferisci paesi e località che hanno adottato appropriate misure di protezione del loro patrimonio naturale e rispettano i diritti umani.

✍ 12 *Il decalogo del perfetto turista al mare*

Now read **Text 7.2** below before drawing up a Decalogo del perfetto turista al mare using the voi imperative form, telling tourists how to behave at the beach. There are ten rules and the first rule is done for you.

Text 7.2 **Consigli per le vacanze al mare**

Il decalogo del perfetto turista stilato dal Sindacato italiano balneatori
Buona educazione e rispetto del vicino d'ombrellone

Come trascorrere serenamente al mare le vacanze. I titolari degli stabilimenti balneari associati al Sib (Sindacato italiano balneari) pubblicano un decalogo, dieci consigli utili che bisogna seguire. Il presidente del Sib dice che bisogna rispettare le regole elementari per vivere in armonia con i vicini d'ombrellone. Ma veniamo ai dieci utili consigli per le vacanze al mare. In cabina bisogna depositare tutti gli oggetti personali e vestiti che non devono essere ammucchiati sulla spiaggia né sotto gli ombrelloni. Non bisogna ingombrare i corridoi e i passaggi al mare. La Sib ricorda ai bagnanti che devono depositare le carte e i rifiuti negli appositi contenitori e non devono gettare le cicche nella sabbia.

E poi? È buona norma non usare gli apparecchi radio e i telefoni cellulari ad alto volume, magari con le cuffie e soprattutto avere la suoneria al minimo conversando a bassa voce. Ma una cosa è molto importante in termini di sicurezza: dovete fare il bagno solo tre ore dopo l'ultimo pasto e non affrontare i pericoli del mare quando è issata la bandiera rossa. Infine il Sindacato balneatori invita a rispettare gli orari di apertura e chiusura degli stabilimenti. Per qualsiasi necessità è consigliabile rivolgersi al personale addetto. I turisti devono giocare a palla o praticare altri giochi nei siti allestiti allo scopo.

Il decalogo del perfetto turista al mare

1 Depositate oggetti personali e indumenti in cabina e non ammucchiateli sotto l'ombrellone.

2 _____

3 _____

4 _____

5 _____

6 _____

7 _____

8 _____

9 _____

10 _____

Adapted from www.adnkronos.com/news/prod/bolletti/storia/2001/
turago2.htm

13 *Consigli per le vacanze al mare*

After checking your final list with the Answer key, discuss in pairs. Which of the following situations would you find most irritating when sunbathing on a beach?

- Il tuo vicino d'ombrellone sta telefonando a tutti i suoi parenti per dire loro che si trova al mare. Sta parlando a voce molto alta.
- Tu stai cercando di leggere un libro e i tuoi vicini d'ombrellone hanno il volume della radio molto alto.
- Un gruppo di ragazzi sta giocando a pallone e il tuo ombrellone è in prima fila.

 ## 14 Synonyms

For each word given in the left-hand column, find the synonym in the right-hand column. The first one is done for you.

1	stabilmento balneare	a	mettere su
2	cicche	b	bloccare
3	cellulare	c	mettere uno sopra l'altro
4	issare	d	telefonino
5	ingombrare	e	mozziconi di sigarette
6	ammucchiare	f	bagno, lido

 ## 15 Giving orders: *tu*, *Lei* forms

The instructions/orders below are given in the voi form. Change them using:

a   the tu form of the imperative
b   the Lei form of the imperative

Example
Non gettate rifiuti nel bosco!

a   Non gettare rifiuti. (tu form)
b   Non getti rifiuti. (Lei form)

1   Non alzate il volume della radio!
2   Non raccogliete troppi funghi!
3   Non raccogliete i fiori!
4   Non spezzate i rami degli alberi!

5   Non disturbate gli animali!
6   Non tenete il telefonino sempre acceso!
7   Non portate troppi bagagli!
8   Godetevi la vacanza!

16 Giving orders: *tu* form

Complete the instructions or orders given below, adding the tu form of the imperative
of the verbs in the box.

> andare   avere   fare   finire   guardarsi
>
> svegliarsi   stare   tornare   venire

Example
_____ più tollerante!
Sii più tollerante!

1   _____ meno fretta!
2   _____ attenzione a ciò che dice!
3   _____ attenta alla macchina!
4   _____ al ristorante con noi!
5   _____ a vedere cosa vuole Alberto!
6   _____ allo specchio!
7   _____ appena puoi!
8   _____ , sono tre ore che dormi!
9   _____ questo libro, voglio leggerlo anch'io!

17 Imperative form *(tu, Lei, voi* forms*)*

Fill in the blanks with the correct form of the imperative, using the tu, Lei or voi form
as appropriate.

Example
Percorra tutto il viale e poi _____ a destra. a gira b giri c girate
Percorra tutto il viale e poi giri a destra.

1   Continuate sempre dritto e quando arrivate alla stazione _____.
    a   chiedate
    b   chiedete
    c   chiedi

2 Prenda l'autobus numero 2 e _____ in Piazza Manin.
   a scendi
   b scenda
   c scende

3 Vedi la posta? Quando arrivi lì, _____ la strada e vedrai il duomo.
   a attraversi
   b attraversa
   c attraverso

4 _____ , mi sa dire dove posso comprare una scheda telefonica?
   a scusi
   b scusa
   c mi scusa

5 Il museo d'arte moderna? È vicino, (Lei) _____ le indicazioni per il
   duomo, il museo è nella stessa piazza.
   a segui
   b segua
   c segue

6 Domani mattina troverai la coda alla biglietteria, _____ il biglietto adesso.
   a compra
   b comprate
   c compri

7 _____ vicini, vi faccio una foto davanti la fontana!
   a mettetevi
   b vi mettete
   c vi metta

8 _____ di portare con te un documento.
   a ricordatevi
   b ti ricordo
   c ricordati

9 Non _____ di portare il computer.
   a ti dimentichi
   b dimenticare
   c dimenticarvi

KEY VOCABULARY

Means of transport

a piedi	on foot	**in macchina**	by car
a cavallo	on horseback	**in treno**	by train
in aereo	by plane	**con la metropolitana**	on the tube
in aliscafo	by hydrofoil	**volerci**	to take
in autobus	by bus	**ci vuole un'ora.**	It takes an hour.
in bicicletta	by bicycle	**ci vogliono due ore.**	It takes two hours.

Unit 8
Andiamo in vacanza!

FUNCTIONS	• Talking about events and actions in the past • Describing how things used to be
GRAMMAR	• Present perfect (*passato prossimo*): **ho mangiato, sono andato/a** • Direct object pronouns with *passato prossimo*: **l'ho mangiata** • Phrases expressing past time • Imperfect (*imperfetto*) • Combination of *passato prossimo* and imperfect
VOCABULARY	• Expressions of time past • Months of the year • Holidays

1 Time phrases

Look at the following phrases expressing time. Can you guess what they mean?

1   la scorsa primavera
2   ieri sera
3   l'altro ieri
4   tre giorni fa
5   il giorno prima
6   l'anno scorso
7   la settimana scorsa

2 Sandra and Patrick

Listen to the conversation between Laura and her friend about Laura's last holiday (**Audio 8.1**) and answer the following questions in English.

1   Why can't Laura go to Australia?
2   What did she do the year before?
3   What countries did she and Sandra visit?
4   Where did they sleep?
5   Did Sandra stay in Amsterdam or did she continue the journey with her cousin?
6   Who is Patrick?
7   Where did they meet him?
8   Did Patrick and Sandra see each other again? When?

3 Role play

Listen again to **Audio 8.1** before carrying out this role play with your partner, one playing Role A and one playing Role B. The instructions for Role B are found at the end of the unit.

Role A
You are Patrick and you tell a friend that you have met an Italian girl called Sandra. Your friend is very curious, so be prepared to answer a lot of questions! Make up the information you haven't got.

🖉 4 Laura's diary

While she was on holiday with Sandra, Laura kept a diary. Re-write a page of Laura's diary using the past tenses and joining the clauses with the link words prima, poi, quindi, e, finalmente, allora. You can add sentences of your own to make the account of her stay more interesting!

> **Agosto**
>
> **14** Venerdì
>
> Abbiamo preso il treno per Parigi...
> Poi abbiamo preso

- Prendere il treno per Parigi
- Arrivare alla stazione
- Prendere la metropolitana
- Cercare l'ostello
- Visitare il Louvre
- Vedere la Gioconda
- Andare a Montmartre e vedere la Chiesa del Sacro Cuore
- Passare un pomeriggio ai giardini di Luxembourg
- Visitare Notre Dame
- Cenare in un bistro
- Andare in una discoteca

🖉 5 Sandra's exciting summer

Sandra writes to her friend Paola to tell her what an exciting summer she had last year while she was on holiday with Laura and met Patrick. She also invites her to her wedding. Imagine what she says in her letter and write it down. Your letter should start:

> Arezzo, 15 Maggio 2003
>
> Cara Paola
> L'anno scorso . . . .

6 When Giulio was a student

Listen to the interviews with Giulio, Enza and Flavia (**Audio 8.2**) and indicate below whether the following statements are true, false or uncertain, by circling V (vero), F (falso) or N (non si sa). Correct the ones that are false.

1   When he was at University Giulio had to get up at 7 o'clock.   **V/F/N**
2   At university Giulio did not have money for food.   **V/F/N**
3   Giulio says now he can afford holidays.   **V/F/N**
4   Enza preferred her university life.   **V/F/N**
5   Flavia made a lot of friends when she was at university.   **V/F/N**
6   Flavia does not get to work until 11 o'clock.   **V/F/N**

 ## 7 Who did what?

Listen again to the interviews with Giulio, Enza and Flavia (**Audio 8.2**) and fill in the table, ticking the person(s) the sentence refers to.

	Giulio	*Enza*	*Flavia*
Ama la vita indipendente			
Rimpiange i tempi dell'università			
All'università studiava moltissimo			
Non ama svegliarsi presto			
Non aveva soldi per divertirsi			
Non abitava con i genitori			

Expressing the past: **passato prossimo**

Italian uses several different verb tenses to talk about the past. When talking about actions or events, the *passato prossimo* (present perfect) is the tense most often used. As the name suggests, it is used to talk about an action which is over (finished/perfect) but which has some connection with the present.

When to use

It can refer to recent events:

Sabato *sono andata* in centro e *ho comprato* un paio di scarpe.
On Saturday I went to the town centre and I bought a pair of shoes.

Or it can refer to less recent events which are still meaningful to you today:

ized *Ha lavorato* per due anni a Firenze e parla benissimo l'italiano.
She worked in Florence for two years and she speaks Italian really well.

Depending on the context, it can translate the English 'I have eaten' or 'I ate':

***Hai* mai *mangiato* i calamari?**
Have you ever eaten squid?

Si, li *ho mangiati* in Sicilia quest'estate.
Yes, I ate them in Sicily this summer.

How to form

The *passato prossimo* is formed by combining the present tense of the verb **avere** 'to have' or **essere** 'to be' and the past participle **mangiato, dormito, venduto**, etc. 'eaten', 'slept', 'sold', etc.). The form of **avere** depends on *who* carried out the action (**ho, hai, ha**, etc.), but the participle does not change:

(io) *ho* mangiato	(noi) *abbiamo* mangiato
(tu) *hai* mangiato	(voi) *avete* mangiato (pl.)
(lui/lei) *ha* mangiato	(loro) *hanno* mangiato
(Lei) *ha* mangiato (polite form)	

The form of **essere** also depends on who carried out the action. The past participle also changes its ending depending on whether the subject (the person or thing that has carried out the action) is masculine or feminine, singular or plural:

(io) *sono andato/a*	I went	(noi) *siamo andati/e*	we went
(tu) *sei andato/a*	you went	(voi) *siete andati/e*	you went (pl.)
(lui/lei) *è andato/a*	he/she went	(loro) *sono andati/e*	they went
(Lei) *è andato/a*	you went (polite form)		

Past participles

The participles of **-are** verbs end in **-ato**:

mangiare 'to eat'   **ho mangiato**

The participles of **-ire** verbs end in **-ito**:

dormire 'to sleep'   **ho dormito**

But the participles of the **-ere** verbs vary. Some end in **-uto**, for example:

dovere 'to have to'   **ho dovuto**

Some have a shorter form such as:

mettere 'to put'   **ho messo**

Here are some common **-ere** verbs, as well as **avere** and **essere**, and their past participles:

avere	to have	**avuto**
essere	to be	**stato***
chiedere	to ask	**chiesto**
chiudere	to close	**chiuso**
decidere	to decide	**deciso**
dovere	to have to	**dovuto**
leggere	to read	**letto**
perdere	to lose	**perso, perduto**
potere	to be able to	**potuto**
prendere	to take	**preso**
rimanere	to remain	**rimasto***
rispondere	to reply	**risposto**
scendere	to get down	**sceso***
scrivere	to write	**scritto**
tenere	to hold	**tenuto**
vedere	to see	**visto**
vivere	to live	**vissuto*** (optional)
volere	to want to	**voluto**

The participles marked with an asterisk (*) are those that normally form the *passato prossimo* with **essere** instead of **avere**. (See Unit 0, Using a dictionary.)

A verb such as **mangiare** can take an object, so it is transitive and forms the *passato prossimo* with **avere**: **Mario ha mangiato troppo.**

A verb such as **partire** cannot take an object, so it is intransitive and forms the *passato prossimo* with **essere**: **Mario è partito.**

Which verbs take essere?

a   **essere, stare**

    essere 'to be'   **sono stato/a**
    stare 'to be'   **sono stato/a**

    Sono stata **a Londra il weekend scorso.**
    I was in London last weekend.

b   Verbs of movement or non-movement:

andare	to go
arrivare	to arrive
cadere	to fall
entrare	to enter
partire	to leave, depart
restare	to stay behind, to remain
rimanere	to remain, stay behind
salire	to go up
scappare	to run off, escape
scendere	to go down
tornare	to return
uscire	to go out
venire	to come

    I nostri amici *sono venuti* **al mare con noi.**
    Our friends came to the seaside with us.

c   Verbs expressing physical or other change:

apparire	to appear
crescere	to grow
dimagrire	to get thin
divenire	to become
diventare	to become
ingrassare	to get fat
invecchiare	to grow old
morire	to die
nascere	to be born
scomparire	to disappear

    Io *sono ingrassata* **di 5 kg in Italia.**
    I put on 5 kg in Italy.

d   Verbs that are impersonal or used impersonally ('it' verbs):

accadere	to happen
bastare	to be enough
capitare	to happen
costare	to cost
dispiacere	to displease
mancare	to be lacking
parere	to appear
piacere	to please
sembrare	to seem
servire	to be useful for
succedere	to happen
volerci	to take time

Ci *è voluta* un'ora per finire i compiti.
It took an hour to finish the homework task.

e   Verbs describing weather:

nevicare	to snow
piovere	to rain

Ieri *è nevicato* qui a Londra.
Yesterday it snowed here in London.

(In spoken Italian, verbs referring to the weather also use **avere**.)

f   Verbs that can be both transitive and intransitive:

When verbs in this category are used as transitive verbs (i.e. taking an object), they take **avere**; when used as intransitive verbs, they take **essere**:

aumentare	to increase
cominciare	to begin
continuare	to continue
diminuire	to decrease
finire	to finish
migliorare	to improve
passare	to pass, pass by
scendere	to descend, take down

***Abbiamo finito* le lezioni un mese fa.**
We finished lessons a week ago.

Le lezioni *sono finite* la settimana scorsa.
The lessons finished last week.

g   Reflexive verbs (**svegliar(e)** + **si**):

Although the infinitive of these verbs has the reflexive pronoun **-si** at the end, the reflexive pronoun ('myself', 'yourself', etc.) normally comes before the verb:

svegliarsi	to wake up	**mi sono svegliato**
sedersi	to sit down	**mi sono seduto**
vestirsi	to get dressed	**mi sono vestito**

The past participle (**alzato** etc.) has to agree with the subject (masculine or feminine, singular or plural):

Gloria si è svegliata **tardi.**
Gloria woke up early.

I miei amici *si sono svegliati* **tardi.**
My friends woke up late.

Expressions of past time

cinque giorni fa	five days ago
una settimana fa	a week ago
un mese fa	a month ago
un anno fa	a year ago
poco tempo fa	a short time ago
pochi giorni fa	a few days ago
la settimana scorsa	last week
il mese scorso	last month
l'anno scorso	last year
l'estate scorsa	last summer
ieri	yesterday
l'altro ieri	day before yesterday
oggi	today
stamattina	this morning
ieri mattina	yesterday morning
ieri sera	yesterday evening

The months of the year:

gennaio	January		**luglio**	July
febbraio	February		**agosto**	August
marzo	March		**settembre**	September
aprile	April		**ottobre**	October
maggio	May		**novembre**	November
giugno	June		**dicembre**	December

Negative sentences in the past

Italian negatives usually come in pairs (a *double negative*) with **non** before the verb and the other negative word after. Look at how the second negative word fits with the *passato prossimo*:

after **avere** or **essere** but before the participle:

Non sono *mai* **stata a Palermo.**   I have never been to Palermo.
Non abbiamo *ancora* **mangiato.**   We haven't eaten yet.

after the *whole* verb:

Non ho visto *nessuno* **oggi.**   I haven't seen anyone today.
Non ho fatto *niente* **ieri.**   I didn't do anything yesterday.

Present tense with **da**

If the action is not over but you are still carrying it out (or not), use the *present* tense and **da** 'since':

Vivono **in Toscana** *da* **10 anni.**
They have lived in Tuscany for 10 years.

Non la *vedo da* **una settimana.**
I haven't seen her for a week.

Passato prossimo with direct object pronouns

When the direct object pronouns **lo**, **la**, **li**, **le** are used with *passato prossimo*, the past participle has to agree with that pronoun, whether it is masculine or feminine, singular or plural:

Hai visto Mariolina? Si, *l'*ho vista **stamattina.**
Have you seen Mariolina? Yes, I saw her this morning.

Hai mangiato tutte le tagliatelle? Si, *le* ho mangiate.
Have you eaten all the tagliatelle? Yes, I ate them.

🔍 8 *Essere* or *avere*?

Think back to **Audio 8.1** then carry out the following activities.

a   Fill in the blanks with the correct form of essere or avere to form the *passato prossimo* of the verbs used.

A: Laura, che progetti hai per queste vacanze?
B: Mah, veramente non _____ (1) ancora deciso. Vorrei andare in Australia, ma non ho abbastanza soldi per comprare il biglietto aereo.
A: L'anno scorso cosa _____ (2) fatto?
B: L'anno scorso io e Sandra, mia cugina, abbiamo comprato un biglietto Inter-rail e in agosto_____ (3) visitato molti paesi europei.
A: Sandra? Era alla tua festa l'anno scorso?
B: Sì, una ragazza molto carina, abbastanza alta, con grandi occhi azzurri e capelli neri, ricci.
A: Ah, sì, me la ricordo. E dove_____ (4) andate?
B: Siamo andate prima in Francia, poi in Belgio e in Olanda. Da qui _____ (5) partite per l'Inghilterra, la Scozia e l'Irlanda.
A: E dove avete dormito?
B: In Inghilterra _____ (6) state da amici che ci hanno ospitato, negli altri paesi abbiamo dormito in ostelli per la gioventù.
A: Vi_____ (7) divertite?

b   Fill in the blanks with the past participle of the verbs in the box.

> **andare   conoscere   decidere   fare   fidanzarsi   succedere**

Sì, anche se è _____ (8) un imprevisto: ad Amsterdam abbiamo _____ (9) un ragazzo olandese in un museo, Sandra è terribilmente romantica, si è perdutamente innamorata di lui e non voleva più partire!!

Veramente? E tu cosa hai _____ (10), sei partita da sola?

No, alla fine l'ho convinta, ma al ritorno è voluta tornare ad Amsterdam e siamo rimaste a casa di Patrick per qualche giorno.

E come è _____ (11) a finire tra loro? Sono ancora insieme?

Sì, pensa, si sono _____ (12) dopo qualche mese e hanno _____ (13) di sposarsi a settembre!

9 Pick the past participle!

Write in the correct form of the past participle. The first one is done for you.

Infinito	Participio passato
bere	*bevuto*
decidere	
essere	
fare	
leggere	
partire	
piacere	
rimanere	
spendere	
venire	

10 Pair up the sentences

Pair up the phrases in the two columns to make meaningful sentences.

1 L'inverno scorso io e Marcella

2 L'estate scorsa Marisa

3 Lo scorso Natale i miei amici inglesi

4 Ieri sera Tommaso

5 Una settimana fa io

a è andato a mangiare in quel nuovo ristorante cinese.

b siamo andate a pattinare allo stadio del ghiaccio.

c è andata alle Bahamas.

d sono venuti a trovarmi.

e mi sono laureata in Economia aziendale.

♀ 11 Seen it, done it . . .

Re-write the following sentences, replacing the object in italics with a direct object pronoun (lo, la, li, le). Remember to change the past participle to match.

Example
Abbiamo visto *la commedia di Dario Fo* ieri sera.
L'abbiamo vista ieri sera.

1   Abbiamo prenotato *la villetta* alle Maldive per la nostra luna di miele.
2   Avete visto *Giulia e Andrea* sull'autobus?
3   Ho regalato a Sandra e Patrick *quel servizio di bicchieri di cristallo* per il loro matrimonio.
4   Il controllore non ha controllato *i biglietti*.
5   Ha voluto scrivere lei *gli inviti per il matrimonio*.
6   Sandra e Laura hanno visitato *molte città*.
7   Sono tornate ad Amsterdam per rivedere *Patrick*.
8   Ho preso *una decisione importante*.
9   Lavorando in quel ristorante ho ricevuto *molte mance*.

GRAMMAR NOTES II

Describing the past: imperfect (**imperfetto**)

When to use

The *imperfetto* 'imperfect' is a tense which

*   describes how things were in the past:

    Il mare *era* sempre pulito e non *c'era* tanto traffico.
    The sea was always clean and there wasn't so much traffic.

*   describes how things were from the point of view of someone who was actually there and involved, rather than an impassive 'neutral' observer:

    Ieri *faceva* molto caldo e non *avevamo* voglia di uscire.
    Yesterday it was very hot and we didn't feel like going out.

*   describes actions which happened regularly in the past:

    Quando *abitavo* a Roma, *prendevo* l'autobus per andare al lavoro.
    When I lived in Rome, I took the bus to go to work.

- describes actions which were never completed ('imperfect'), often because something else got in the way. The 'something else' is often expressed by the *passato prossimo*, as in the examples below:

  Andavamo verso il centro, quando *abbiamo incontrato* Paolo.
  We were just going towards the centre when we met Paolo.

  Guardavamo i fuochi d'artificio quando *è arrivato* un vigile che ci *ha fatto* la multa perchè *c'era* divieto di sosta.
  We were watching the fireworks when along came a traffic warden who fined us because it was a 'no parking' area.

One of the most difficult things for non-Italian speakers is to know when to use the *passato prossimo* and when to use the *imperfetto*, which are often found together.

Often the *passato prossimo* is used to talk about an action or an event, while the *imperfetto* is used to describe a state or condition. But it's not always so simple.

Translating doesn't help! The English 'I went' can be translated using either imperfect or *passato prossimo*:

Quando ero giovane, *andavo* a sciare ogni inverno.
When I was young, *I went* skiing every winter.

Ieri *sono andata* a letto alle 10.00 di sera.
Yesterday *I went* to bed at 10.00 pm.

How to form

The imperfect is formed by adding a set of imperfect endings to the stem of the verb. There are few verbs which have irregular forms in the imperfect.

Mangiare to eat

(io) mangi*avo*	**(noi) mangi*avamo***
(tu) mangi*avi*	**(voi) mangi*avate***
(lui/lei) mangi*ava*	**(loro) mangi*avano***
(Lei) mangi*ava* (polite form)	

Leggere to read

(io) legg*evo*	**(noi) legg*evamo***
(tu) legg*evi*	**(voi) legg*evate***
(lui/lei) legg*eva*	**(loro) legg*evano***
(Lei) legg*eva* (polite form)	

Finire to finish

(io) fin*ivo*	**(noi)** fin*ivamo*
(tu) fin*ivi*	**(voi)** fin*ivate* (pl.)
(lui/lei) fin*iva*	**(loro)** fin*ivano*
(Lei) fin*iva* (polite form)	

Verbs with contracted (shortened) forms of infinitive have regular imperfect forms based on their longer original s stem: **bere** (**bevevo**), **condurre** (**conducevo**), **dire** (**dicevo**), **fare** (**facevo**), **tradurre** (**traducevo**). The pattern is the same as any other verb.

Stare and the gerund

Stare + the gerund can express the idea of continuous action. The imperfect (**stavo** etc.) is combined with the gerund (**parlando**, **mettendo**, **dormendo**, etc.) to say what you are doing in the immediate present (see also Unit 5):

Stavamo cenando **quando** *è andata* **via la luce.**
We were having supper when the lights went out.

Stare and **per**

Stare can be used with the preposition **per** to say what you were on the point of doing:

Stavo proprio per **chiamarti.**
I was just about to call you.

 ## 12 Looking back 10 years

Listen to **Audio 8.2** again. Do you think that looking back you'll identify more with Giulio, Enza or Flavia? Why? Imagine yourself in 10 years' time telling a friend what your life used to be like at university.

Quando ero all'università . . .

13 *Passato prossimo* or imperfect?

Complete the sentences with the correct form of the *passato prossimo* or imperfect, using the verbs supplied. See the example below.

Example
Quando (essere-io) ero piccola, (piacere) mi piaceva giocare con i miei cugini.

1 (Vedere-tu) _____ che tempo ieri? (Piovere) _____ tutto il
   giorno!
2 (Essere-noi) _____ così arrabbiati con te che non (volere) _____
   più telefonarti!
3 Quando (tornare-loro) _____ dalla vacanza in Sicilia, (essere)
   _____ abbronzatissimi!
4 Flavia (innamorarsi) _____ di lui appena l'(vedere) _____ .
5 Quando (abitare-io) _____ con i miei, (essere) _____ molto
   più ordinato.
6 Quando (essere-voi) _____ all'università, (organizzare) _____
   molte feste.
7 Mentre Caterina (essere) _____ in vacanza in Calabria, io
   (prepararsi) _____ per l'esame di arte.
8 (Essere) _____ già le 11.00 quando (arrivare) _____ la loro
   telefonata.
9 Quando (conoscere-noi) _____ Lorenzo, (essere) _____
   estate.

14 *Gli italiani in vacanza*

Read the first part of **Text 8.1 Le vacanze degli italiani** and answer the following questions in English.

1 Why did the tourist industry breathe a sigh of relief?
2 What effect did the post-11 September crisis have on air fares?
3 List the five top choices of the six million Italians who decided to spend Christmas
   away from home.

Text 8.1 **Le vacanze degli italiani**

Sei milioni di italiani partono in vacanza. Stili e tendenze per i viaggiatori.
Capodanno con la valigia tra esotico e agriturismo

Due milioni di euro, forse qualcosa in più, è quanto sono pronti a spendere gli italiani per "santificare" con il rito del viaggio le feste di fine anno. Lo dice la Federturismo, ma altre stime suggeriscono cifre ancora più importanti, capaci di far tirare un respiro di sollievo al turismo tutt'ora alle prese con i postumi dell'11 settembre. Gli italiani che hanno deciso di trascorrere una parte delle feste fuori di casa sono un po' meno di 6 milioni. Spendono, si dice, circa 480 euro a testa. Oggi si parla di ripresa dei consumi delle vacanze, grazie anche all'effetto calmiere sui prezzi che la crisi post Twin Towers ha prodotto soprattutto sulle tariffe aeree.

Le tendenze premiano il Natale sulla neve e confermano il fascino delle città d'arte e delle capitali europee, ma emergono due tendenze nuove e un grande ritorno. Le scelte trendy sono le feste in ambienti rurali-chic e il Capodanno in riva al mare alla ricerca di atmosfere romantiche. Il grande ritorno sono le mete di medio-lungo raggio che gli italiani sembrano intenzionati a frequentare di nuovo. Vediamo dunque di capire come saranno queste vacanze degli italiani per festeggiare la fine d'anno.

Now read the rest of the article:

Inseguendo l'estate – Come confermano i tour operator è questa la prima scelta. Tre le destinazioni preferite: Santo Domingo e Caribe, Maldive e Sharm El Sheik ed Hurgarda. Tra le destinazioni insolite è il momento delle Laccadive, mentre riemergono, nonostante le 24 ore di volo necessarie, Fiji e Samoa.

Il fascino dell'arte – Torna di moda il turismo legato all'evento d'arte ed ecco allora che si fa strada il viaggio per il concerto di Capodanno a Vienna, per l'opera di Parigi o per una notte a teatro a Londra. Venezia, Firenze, e ora – ultima tendenza – anche Palermo e Napoli, restano le città italiane maggiormente richieste. Tra le città europee Praga, ma cominciano ad incuriosire anche Budapest e Sofia. Tra i giovanissimi ancora richiestissima è Berlino con un mega rave per la notte di San Silvestro. Intramontabili le capitali del grande Nord: da Stoccolma a Copenhagen.

Voglia di neve – Si annuncia un Natale-Capodanno da pienone per le maggiori località sciistiche italiane. Tutto pieno in Trentino, in Valle d'Aosta e in Piemonte. In forte ascesa sono le prenotazioni per le località dell'Appennino, capaci di coniugare la proposta dello sci con il desiderio di ruralità. Gettonatissime sono ovviamente le località Vip: Cortina, Courmayeur, Madonna di Campiglio dove sono previsti Capodanno alla grandissima e dove è difficile trovare posto.

Il mare d'inverno – È l'ultimo grido di questa fine d'anno. La prima a partire, come al solito, è stata la Riviera Romagnola che ha preparato percorsi felliniani a Rimini, e una proposta mista tra colline romagnole e atmosfere marine. A seguire si adeguano Liguria e Toscana (soprattutto le isole). Versilia e Riviera Romagnola stanno rimettendo in moto le discoteche.

Cose buone dall'Italia – In tutta la penisola, continuano a tirare gli agriturismi. L'ultima tendenza è trascorrere il Natale a casa con gli amici e il Capodanno in residenze rural-chic. Si moltiplicano le agenzie che affittano queste megaville per un paio di notti. Una residenza rinascimentale in Chianti si trova sui 6 mila euro al giorno, personale di servizio compreso. Ma può ospitare fino a 20 persone: a conti fatti è il costo di un ottimo albergo ma con in più l'illusione di essere tornati ai tempi della Signoria.

Adapted from *La Repubblica*, 12 December 2002

 15 Trends in holidays

Read the whole of the article on holidays (**Text 8.1**) above and give brief details of each trend, in Italian, under the headings shown below. The first one is done for you.

A   L'estate esotica

Gli italiani preferiscono le destinazioni esotiche e.g. Le Maldive.

B   L'arte nelle città

C   In montagna con la neve

D   Il mare d'inverno

16 Expressions

Explain in Italian in your own words each of the following expressions used in the article on holiday trends (**Text 8.1**). See the example below.

Example
i postumi dell'11 settembre
la situazione che è seguita agli avvenimenti dell'11 settembre

1   l'effetto calmiere
2   gli ambienti rurali-chic
3   il pienone
4   gettonatissime
5   rimettere in moto
6   continuare a tirare

KEY VOCABULARY

meta (f.)	goal, objective	**Le feste italiane**	
metà (f.)	half	**Natale** (m.)	Christmas (25 December)
alle prese con	getting to grips with, struggling with	**Santo Stefano**	Boxing Day (26 December)
		Capodanno (m.)	New Year (1 January)
		Epifania (f.)	Epiphany (6 January)
Sono alle prese con i verbi italiani.		**Pasqua** (f.)	Easter
I'm struggling with Italian verbs.		**Pasquetta** (f.)	Easter Monday
a testa	per head, i.e. per person	**Ferragosto** (m.)	15 August

 ## 3 Role play

Role B
You are Patrick's friend. Patrick wants to tell you about his new Italian girlfriend. Ask him a lot of questions, where they met, her age, her character, personality, appearance, for example: Com'è Sandra? Quanti anni ha? È bruna o bionda?

Unit 9
Studiare e lavorare in Italia

FUNCTIONS
- Expressing future plans
- Expressing hopes, intentions
- Expressing probability

GRAMMAR
- Future tense
- Present tense used to express future
- Future perfect tense
- Verb and infinitive: **spero di**, **penso di**, **ho intenzione di**
- Future and future perfect used to express probability

VOCABULARY
- Expressions of future time
- The language of work, **stage di lavoro** (work placement)

1 *Oroscopo del giorno*

Read **Text 9.1 Oroscopo del giorno** below and answer the following questions.

1   Which of the two star signs is going to meet new friends this week?
2   What sentence tells you that Aries people are going to have an interesting week?
3   Why could Virgos have a few problems?
4   How will work matters and love life go this week for those whose star sign is Libra?

Text 9.1 **Oroscopo del giorno**

La Luna in Acquario, in congiunzione a Nettuno, vi promette oggi una giornata all'insegna dell'entusiasmo. Avrete la possibilità di allargare il vostro giro di contatti e di conoscenze. Questa è una giornata in cui la vostra carica attrattiva sarà al massimo. Potrete fare qualcosa di originale e di diverso dal solito.

Siete favoriti da Marte e dalla Luna: le vostre iniziative partono alla grande, soprattutto nel campo delle amicizie o dell'amore. Vi sarà facile più che mai conoscere gente nuova, "fiutare" coloro con i quali potete andare d'accordo e quelli su cui potete far colpo. Susciterete anche qualche gelosia, ma non ve ne importerà nulla.

La settimana sarà molto costruttiva, anche se richiederà un impegno notevole. Con tanti astri a favore potrete affermarvi in campo professionale, ma anche realizzare con successo i progetti di natura sentimentale.

2 Find a horoscope for your friend

Can you read the stars? Complete the horoscopes below (**Text 9.2**) with the correct future form of the verbs supplied, then find which horoscope best suits each of your friends and label it with his/her star sign. To help you out, some profiles of your friends are supplied underneath (**Text 9.3**). For example, would 'B' be a good horoscope for Maria Stella? If so, then call it "Bilancia" (Libra).

Text 9.2 **Gli oroscopi**

A Star sign?

(Dovere) essere molto generoso e cercare di capire il partner, anche quando è difficile. Qualcuno ti (fare) entrare in un'iniziativa di lavoro interessante. (Avere) la possibilità di viaggiare che ti (dare) molta soddisfazione.

B Star sign?

Non fingerti diversa da come sei per conquistare un uomo. (Finire) per pagare troppo care le tue bugie. Anche se lui è ricco di qualità, non (potere) ricoprire il ruolo previsto dai tuoi sogni. Il successo al lavoro (essere) sempre maggiore – ora (potere) prendere una pausa meritata.

C Star sign?

(Essere) in ottima forma ma per conservarla (dovere) stare alla larga sia dagli eccessi alimentari sia dal superlavoro. Stai vivendo un buon rapporto. Non pretendere una perfezione che (essere) impossibile da raggiungere. L'ansia per i familiari (influire) sull'equilibrio nervosa. Rilassati, ti (fare) bene.

Text 9.3 **Gli amici**

Gianna (Capricorno)

- Has family she is worrying over
- Would like a job – any job!
- Happily married, but sometimes feels unappreciated
- Always worried about her health!

Carlo (Toro)

- Difficult character!
- Not happy at work, would like to change jobs
- Has partner, but not getting on very well right now
- Would like to travel

Maria Stella (Bilancia)

- Wants to meet a rich man
- Happy at work
- Sometimes pretends to be something she isn't
- Tends to be over impulsive

3 *Turismo nell'Abruzzo*

The article **Turismo nell'Abruzzo (Text 9.4)** discusses the opportunities expected to be offered to tourism in the Abruzzo region by the Millennium (il Giubileo) in the year 2000. The verbs in the future tense are all in bold. Summarise the main points of the article in Italian under these headings:

1 Aumento previsto nel numero di turisti
2 Le domande/preoccupazioni sui futuri benefici per il turismo abruzzese
3 Le future azioni del Consorzio Giubileo 2000

Text 9.4 **Il turismo nell'Abruzzo**

Il Giubileo del 2000, insomma, è una grande occasione per il turismo abruzzese di farsi conoscere da decine di migliaia di nuovi visitatori. L'Agenzia Romana per il Giubileo stima 2.260.000 turisti, di cui 250.000 "turisti religiosi".

Rimane un problema. Bisogna vedere se l'Abruzzo **sarà** capace di cogliere l'occasione del Giubileo. Ci **sarà** un sicuro aumento numerico del movimento turistico nella nostra regione nel corso dell'anno 2000. Ma il problema è quello di capire che cosa **accadrà** nel 2001 e negli anni seguenti. È importante capire che cosa **rimarrà** dal punto di vista qualitativo (cioè organizzazione, capacità di attirare i turisti, ammodernamento delle politiche di marketing, uso delle tecnologie multimediali). Altrimenti i benefici delle iniziative giubilari si **riveleranno** illusorie.

Che cosa ha fatto, sta facendo e **farà** la Regione per utilizzare al meglio questa opportunità? Che ne pensa, su questi temi, l'Assessore al Turismo della Regione Abruzzo Marco Verticelli?

"La Regione ha costituito il consorzio Giubileo 2000, cui partecipano alcune aziende pubbliche regionali, che **garantiranno** le agevolazioni per i principali servizi di trasporto. Il Consorzio si sta attivando per gestire la Carta del Pellegrino, senza la quale **sarà** impossibile durante l'Anno Santo visitare la Città del Vaticano."

L'Assessore ritiene che il turismo religioso nei prossimi anni **sarà** sempre più importante per l'economia della nostra regione.

Adapted from www.abruzzo.it

4 *Stage di esperienza alla LUISS*

The future is sometimes used to express a practice or procedure, as in this short passage (**Text 9.5**), which talks about work placements (stage di esperienza) organised by LUISS, a private university in Rome. Explain in Italian what evidence there is in the article for the following statements. See the example below.

Example
Gli studenti che fanno lo stage verranno seguiti da una persona qualificata.
Nella convenzione dovrà essere indicato il giornalista che segue lo studente.

1   Verrà fatta una valutazione sull'attività svolta dallo studente.
2   Lo studente avrà la responsabilità di mantenere i contatti con la scuola.
3   Il Direttore della Scuola deciderà a chi dare gli stage.
4   Verranno usati dei criteri precisi nell'attribuzione degli stage.

Text 9.5 **Gli stage di esperienza (LUISS)**

Da luglio a settembre gli allievi seguono uno stage di esperienza in agenzie, quotidiani, periodici, emittenti radio-televisive, testate on line e uffici stampa di enti, imprese e istituzioni. Gli stage per la formazione tecnico-professionale devono avere una durata minima di quattro mesi. Nella convenzione dovrà essere indicato il giornalista che segue lo studente; sarà suo compito rilasciare alla Scuola una valutazione sull'attività svolta dallo studente e sulle sue capacità professionali. Lo studente, a sua volta, dovrà relazionare alla Scuola periodicamente sulla esperienza svolta. L'attribuzione degli stage avverrà a giudizio del Direttore della Scuola e sarà stabilita in base alla graduatoria di fine anno accademico.

Adapted from www.luiss.it/giornalismo/stage.htm
Università Luiss Guido Carlo, Scuola di specializzione in Giornalismo

---

 5 Lauren and Rebecca go on placement

Lauren and Rebecca are going on work placement to Italy. Listen to the conversation they are having with their friend Serena (**Audio 9.1**) and then answer these questions (speaking or writing) about what they are going to do there.

1   Dove andranno Lauren e Rebecca a fare lo stage?
2   Per quale azienda lavoreranno?
3   Che tipo di lavoro faranno?
4   Saranno pagate?

5   Quali altri benefici avranno al posto di lavoro?
6   Come troveranno l'alloggio?
7   Chi verrà a trovarle mentre saranno in Italia?
8   Cosa faranno alla fine dello stage?

 ## 6 Lauren's colleagues

You are the employer who is going to take Lauren on for the work placement (stage di lavoro). Discuss with your colleague what Lauren is going to do and what possible problems she might have. For example, will she be able to speak Italian well enough? Will she make friends? Listen to the conversation again (**Audio 9.1**) for some ideas.

GRAMMAR NOTES

Expressing the future

The future is used to talk about what you are going to do that evening, tomorrow or in the more distant future. The future can be expressed by use of the future tense or simply by the present tense with a 'marker' of future time:

La settimana prossima *andremo* a Napoli.
La settimana prossima *andiamo* a Napoli.

Cercasi appartamento
Sono studente e l'anno prossimo *sarò* a Milano con altre due studentesse inglesi per studiare e fare uno stage; ma per il momento siamo in Inghilterra, quindi è difficile trovare un'abitazione. *Saremo* in Italia dal 20 settembre.

The future tense often implies a commitment or promise:

Ti scriverò una lunga lettera.

Regular future forms

The future tense is formed by combining the verb stem (e.g. **parl-**) and the future endings, shown in bold italic below:

-are *verbs*

parlare 'to speak'

(io) parl*erò*	I will speak	**(noi) parl*eremo***	we will speak
(tu) parl*erai*	you will speak	**(voi) parl*erete***	you will speak (pl.)
(lui/lei) parl*erà*	he/she will speak	**(loro) parl*eranno***	they will speak
(Lei) parl*erà*	you will speak (polite form)		

-ere *verbs*

leggere 'to read'

(io) legg*erò*	I will read	**(noi) legg*eremo***	we will read
(tu) legg*erai*	you will read	**(voi) legg*erete***	you will read (pl.)
(lui/lei) legg*erà*	he/she will read	**(loro) legg*eranno***	they will read
(Lei) legg*erà*	you will read (polite form)		

-ire *verbs*

partire 'to go away'

(io) part*irò*	I will go away	**(noi) part*iremo***	we will go away
(tu) part*irai*	you will go away	**(voi) part*irete***	you will go away (pl.)
(lui/lei) part*irà*	he/she will go away	**(loro) part*iranno***	they will go away
(Lei) part*irà*	you will go away (polite form)		

Irregular future forms

In some future forms, the 'e' is dropped: **andare (andrò)**, **avere (avrò)**, **cadere (cadrò)**, **dovere (dovrò)**, **potere (potrò)**, **sapere (saprò)**, **vedere (vedrò)**; **vivere (vivrò)**.

Some verbs drop the 'e' or 'i', then undergo a further change: **morire (morrò)**, **rimanere (rimarrò)**, **tenere (terrò)**, **valere (varrò)**, **venire (verrò)**, **volere (vorrò)**, while the future form of **bere** (to drink) is **berrò**.

Verbs ending in -**ciare**, -**giare** drop the 'i' in the future forms: **cominciare (comincerò)**, **lasciare (lascerò)**, **mangiare (mangerò)** while verbs in -**care** and -**gare** add 'h' to keep the same sound: **cercare (cercherò)**, **pagare (pagherò)**.

Dare, **dire**, **fare**, **stare** keep the same verb stem, giving **darò**, **dirò**, **farò**, **starò**, while **essere** has the future **sarò**.

The future perfect is formed by combining the future of **avere** with the past participle, for example **Quando avrò finito i compiti, guarderò la televisione** 'When I (will) have finished my homework, I will watch TV'. In the case of verbs that form the *passato prossimo* with **essere**, the future tense of **essere** is used, for example: **Quando sarò arrivata, ti chiamerò** 'When I have arrived, I will call you'.

Quando, se

After **quando** and **se**, the future or future perfect should always be used if/when there is a future tense in the main part of the sentence:

Quando *arriveremo* a casa, *farò* un bel caffè italiano.
When we get home, I will make a nice Italian coffee.

Se *chiamerete* prima delle sei di sera, *troverete* un albergo senza problemi.
If you call before 6 pm, you will easily find a hotel.

Quando *avrò finito*, ti *farò* vedere la traduzione.
When I have finished, I'll show you the translation.

Quando *sarò tornata, riprenderò* subito in mano il lavoro.
When I have got back, I will get back to work straightaway.

Future tense expressing probability

The future tense can be used to express the meaning of probability, similar to the English 'will' form:

***Sarà* stanco.**
He must be (will be) tired.

***Avranno* sete.**
They must be (will be) thirsty.

Future perfect

The future perfect (future in the past) is used to say what you *will have done* by a certain point in the future:

A settembre, *sarà* già *tornata* in Italia.
She will have gone back to Italy by September.

I bambini *saranno morti* di fame.
The children will have died of starvation.

Like the future, the future perfect can also be used to express probability (what people must have done by the moment in time at which we are speaking):

***Avrà trovato* il pacco ormai, immagino.**
She'll have found the parcel by now, I imagine.

Sarà già arrivato a casa a quest'ora.
He'll have got home by this time.

Intention

To say what you intend doing in the future, you can use:

aver intenzione di   to intend (doing)
pensare di   to think of (doing)
sperare di   to hope to (do)

L'anno prossimo Carlotta *pensa di* andare all'estero.
Next year Carlotta is thinking of going abroad.

Il padrone di casa non *ha intenzione di* restituire l'anticipo per la casa.
The landlord has no intention of repaying the deposit on the house.

Una volta laureata, Gemma *spera di* trovare un posto di lavoro.
Once she has graduated, Gemma hopes to find a job.

English 'going to'

English often uses the verb 'to go' to express the future as in the sentence 'He's going to graduate next year'. In Italian you cannot use the verb **andare** 'to go' in this way. **Andare** only expresses the idea of *physically* going to a place to do something. The future tense must be used instead, to express 'I am going to' or the present with future marker:

Si laureerà l'anno prossimo.
Si laurea l'anno prossimo.

Phrases expressing future time

fra poco	soon, in a short time
fra alcuni giorni	in a few days
fra qualche giorno	in a few days
fra un mese	in a month
l'anno prossimo	next year
il mese prossimo	next month
la settimana prossima	next week
stasera	this evening
domani	tomorrow
dopodomani	the day after tomorrow
allora	then, at that time

 7 Tomorrow, tomorrow!

Non fare mai oggi quello che potresti fare domani! You're not getting a lot done at work. Tell the boss it will all get done tomorrow!

Example
Hai finito le lettere per il direttore?
No, le finirò domani.

1   Hai tradotto il volantino nuovo?
2   Hai preparato la relazione sulla regione?
3   Hai telefonato al nostro collaboratore?
4   Hai controllato le cifre per il mese scorso?
5   Hai scritto il verbale della riunione?
6   Hai fatto i pacchi per i clienti?
7   Hai dato la relazione al capo?
8   È venuto il tecnico a riparare il computer?
9   Hai detto a Mara di riscrivere la lettera?
10 Sei rimasta in ufficio all'ora di pranzo oggi?

8 Plans for tomorrow

Say what you might do tomorrow *if* things work out as planned. Translate the phrases in group A into Italian and for each one find the matching phrase from group B. The first one is done for you.

Example

1c   Se domani farà bel tempo, faremo un picnic.

A		B	
1	If the weather is nice . . .	a	studiare i verbi italiani
2	If the sea is calm . . .	b	andare al cinema
3	If it is raining . . .	c	fare un picnic
4	If I have any money . . .	d	fare un bagno
5	If my parents come . . .	e	andare in vacanza
6	If I have nothing better to do . . .	f	andare a pranzo

9 Matching game

Match two halves (1–6 and a–f) to make a whole sentence. Then for each half, supply the appropriate form (present, future or future perfect) of the verb shown in brackets. See the example below.

Example

Quando mio marito (andare) negli Stati Uniti
comprare i jeans per i nostri figli

Quando mio marito andrà negli Stati Uniti, comprerà i jeans per i nostri figli.

1   Quando io (lavorare) in Italia . . .
2   Se tu (vedere) il mio ex-marito . . .
3   Appena gli studenti (sapere) che devono fare l'esame . . .
4   Quando gli autisti (fare) sciopero . . .
5   Venerdì sera quando io (finire) di lavorare . . .

a   . . . (cominciare) a mettere in ordine la casa.
b   . . . (lamentarsi).
c   . . . il mio fidanzato (venire) a trovarmi.
d   . . . digli che (dovere) pagare il corso estivo per i nostri figli.
e   . . . (essere) costretti a prendere un taxi.

10 Expressing probability

Guess where your friend Marco is tonight! Use the future or future perfect to express probability.

Example
(Stasera canta Eros Rammazzotti)
Marco sarà al concerto.

1   Ieri si sentiva male.
2   Oggi arriva la sua ragazza.
3   Non dorme da due notti.
4   Deve finire il progetto di ricerca.
5   Non c'è niente da mangiare in casa.
6   Voleva andare a fare un bagno.
7   Era il compleanno di sua madre.
8   Era il suo compleanno.

11 Working in England

Imagine you are a young Italian planning to work in England. Write to your friend to tell her how you are going to go about it, basing your letter on the information contained below (**Text 9.6**). You don't have to include absolutely everything – just the essential information.

Example
Non avrò problemi per lavorare in Inghilterra, non avrò bisogno del permesso di lavoro.

Text 9.6 **Lavorare in Inghilterra**

Innanzitutto, per lavorare in Inghilterra gli italiani non hanno problemi, non hanno cioè bisogno di permesso di lavoro o altro. Hanno diritto a soggiornare nei paesi dell'Unione e cercarvi un impiego. Non è obbligatorio iscriversi ad un ufficio di collocamento. Vi può semplicemente essere utile per trovare lavoro rivolgervi a un *job centre* (ce ne sono moltissimi, in tutte le zone di Londra), e iscrivervi alle loro liste di collocamento. Gli inglesi sono poco burocratici, potete trovare lavoro (abbastanza facilmente) e iniziare a lavorare senza problemi. Sapere l'inglese è importante, però.

Chi decide di andare in un altro paese della UE può restarvi fino a tre mesi senza formalità. Si ha diritto a iscriversi all'Ufficio del lavoro nazionale e a ricevere la stessa assistenza nella ricerca di un lavoro che hanno i cittadini di quel paese. Non sono necessari né visti né permessi di residenza, ma solo una carta di identità o un passaporto validi.

Si possono ottenere informazioni sui posti di lavoro disponibili in altri paesi europei in molti modi: giornali locali, riviste professionali, siti Internet, agenzie private e, natural-mente, gli uffici di collocamento pubblici.

Dal momento in cui si comincia a lavorare, per esempio, in Inghilterra, si ha diritto alle stesse prestazioni sociali dei cittadini britannici. Si smette di versare contributi in Italia e si inizia a versarli nel Regno Unito. I contributi accumulati in precedenza non si perdono, perché tutti i paesi dell'Unione Europea tengono conto dei periodi trascorsi in altri paesi dell'UE nel calcolo delle prestazioni.

Adapted from 'Lavoro in Inghilterra: leggi, permessi, Europa' www.ferreri.freeserve.co.uk/lavoroeuropa.html

 ## 12 *Dove sarà Franca fra cinque anni?*

Here is the profile of a student at the University of Florence talking about her hopes and dreams for the future. What do you think she'll be doing in five years' time and where will she be?

Example
Franca sarà sposata e vivrà ad Arezzo.

Mi chiamo Franca Pellegrini. Ho 20 anni e studio lingue all'Università di Firenze. Abito in un appartamento a Firenze con altri studenti. Nel futuro vorrei avere una casa tutta per me dove posso tenere un cane e un gatto. Mi piacciono le lingue e mi piacerebbe trovare un posto dove posso utilizzare le lingue. Sono fidanzata con un ragazzo di Arezzo molto simpatico. Mi piacerebbe sposarmi – forse anche avere dei bambini – ma non troppo giovane. Per ora non ho la macchina perché non mi serve. Vado all'università a piedi.

 ## 13 *Dove sarai fra cinque anni?*

Work in pairs. You and your partner are discussing your future. What do you think you'll both be doing in five years' time and where will you be?

Student A
Make some predictions for Student B and say what you think he/she will be doing in five years' time.

Student B
You can agree or disagree; if you disagree, say what *you* think you'll be doing.

Example
A: Fra cinque anni, sarai ancora a Oxford.
B: Non penso. Sarò a Londra.

KEY VOCABULARY

Gli oroscopi – the star signs

Acquario (m.)	Aquarius	**Leone** (m.)	Leo
Ariete (f.)	Aries	**Pesci** (m.pl.)	Pisces
Bilancia (f.)	Libra	**Sagittario** (m.)	Sagittarius
Cancro (m.)	Cancer	**Scorpione** (m.)	Scorpio
Capricorno (m.)	Capricorn	**Toro** (m.)	Taurus
Gemelli (m.pl.)	Gemini	**Vergine** (f.)	Virgo

Unit 10
Pronto? Mi senti?

FUNCTIONS
- Asking permission
- Asking about possibility
- Asking about ability
- Making a polite request

GRAMMAR
- Present tense: **potere**, **sapere**
- Omission of **potere** in certain situations/contexts
- Present conditional
- Using conditional to express polite request

VOCABULARY
- Telephone phrases

1 *Mara e Federica* (questions)

Listen to Mara's telephone calls (**Audio 10.1**) and answer the following questions in English.

1 After how long does Mara have to call back?
2 How long is it that the two girls have not been in touch?
3 What does Mara have to pick up in the gym?
4 What is the gym called?
5 Who phones Fabio – Mara or Federica?

2 *Mara e Federica* (gap-filling)

Listen to **Audio 10.1** again and fill in the blanks.

Pronto?

Buongiorno, sono Mara,
_____ (1) parlare con
Federica per piacere?

Sì, un attimo che la chiamo.
Pronto? Mara, Federica ora non
_____ (2) venire,
_____ (3) richiamare tra
una mezz'oretta?

Va bene, grazie, buongiorno.

(Più tardi)

Pronto, ciao Federica, sono Mara, come va?

Ciao, non c'è male! E tu? Non ci sentiamo da un sacco di tempo! Cosa mi racconti di bello?

Beh, sai le solite cose . . . ti chiamo per chiederti se vuoi iscriverti con me in palestra. Io vado dopodomani pomeriggio a ritirare i moduli per l'iscrizione. _____ (4) andare insieme se vuoi. Ho deciso di andare in quella palestra che hanno aperto da poco vicino alla piazza. Sai dov'è?

Ah, sì, ho capito, ora mi sfugge il nome, ma so quale. Dopodomani pomeriggio? Aspetta . . ., sì, mi sembra di essere libera, verso che ora?

Verso le cinque ti andrebbe bene? Non posso prima perché sono all'università tutto il giorno.

Alle cinque va bene. So che anche Fabio voleva iscriversi in palestra. Perché non gli dai un colpo di telefono e magari _____ (5) passare a prendermi insieme.

Fabio? Va bene, dopo provo a chiamarlo.

3 *Signora Meroni*

Listen to this telephone call (**Audio 10.2**), and for each of the sentences below indicate which of the three answers is correct.

1   La Signora Meroni telefona
    a   al marito.
    b   all'avvocato Carloni.
    c   all'avvocato Caroni.

2   La segretaria risponde che
    a   l'avvocato è in riunione.
    b   l'avvocato è in tribunale.
    c   l'avvocato c'è, ma è occupato.

3   Il numero di casa della Signora è
    a   703470.
    b   703410.
    c   703460.

4   Il numero del cellulare è
    a   347–9030546.
    b   347–9030456.
    c   347–9030645.

4 *Telefonino a scuola*

Read the headlines of the article that follows (**Text 10.1**) and with a partner try to guess what it's about.

Telefonino a scuola, bocciatura senza appello

Presidi costretti a firmare circolari per vietare l'uso durante le lezioni. Gli insegnanti: è anche colpa dei genitori.

5 *Telefonino a scuola I*

Read the first part of this article and answer the following questions in English:

1   Why did the heads of these schools take action?
2   What other objects, in your opinion, are essential school equipment, part of the
    corredo scolastico?

Text 10.1 **Telefonino a scuola I**

Tutti d'accordo. Presidi, professori, studenti, genitori, psicologi. Via il telefonino dalle
classi. O almeno, obbligatorio tenerlo spento. «Per non disturbare le lezioni», «per una
questione di educazione», «per rispetto verso gli altri». Ormai è uno degli strumenti che
fanno parte del corredo scolastico. Praticamente onnipresente tra i ragazzi delle scuole
superiori, sempre più visibile nelle scuole medie e in qualche caso anche nelle elementari.

Now read the second part of the article and carry out the reading icon that follows:

«Ma il più delle volte sono i genitori a volerli, più che i figli: chiamano magari per sapere
se sono arrivati a scuola». Lo spiega Daniela Breggion, vicepreside della scuola media
Colombo Puecher di via Castellino da Castello, dove c'è stato bisogno di una circolare del
preside per vietarli. «Suonavano in continuazione, – racconta la vicepreside – e allora,
d'accordo anche con i genitori, abbiamo deciso di vietarne l'uso: permessa solo la scheda
telefonica che possono usare nel telefono pubblico della scuola, ma solo in caso di emergenza». Cellulare requisito a chi non rispetta il divieto. Una circolare simile sta per partire
anche al liceo scientifico Severi. «È una forma di prevenzione, – spiega il preside Michele
D'Elia – perché l'uso del telefonino a scuola sta prendendo piede anche tra professori e
bidelli». E allora meglio vietarlo durante le lezioni. Ma senza sanzioni, dice D'Elia: «È
stupido multare, il mio mestiere è quello di educare non punire e l'uso dei cellulari in
classe è una questione di educazione, per questo ci vorrebbe anche la collaborazione dei
genitori, che non dovrebbero proprio farlo portare a scuola e che anzi dovrebbero convin-
cersi che la scuola non è nel deserto, ma in un luogo raggiungibile». Una volta bastavano
le segreterie degli istituti, a cui le mamme e i papà più apprensivi potevano rivolgersi.
Ora, c'è anche qualche scuola fornita di telefonino. All'elementare di via De Nicola, ad
esempio, dove ogni struttura è stata dotata di telefono portatile. Questo anche perché i
telefoni fissi della scuola sono bloccati e non possono chiamare numeri cellulari. «E invece
– dice il direttore Sergio Gilioli – ormai tutti i genitori danno il loro recapito sul telefonino». Gilioli ha chiesto loro di non dare il telefono ai bambini, «in cambio noi
garantiamo la comunicazione con le famiglie attraverso i nostri cellulari». Un consiglio ai

genitori ansiosi lo dà lo psicoterapeuta Fulvio Scaparro: «Devono tollerare il fatto che i loro figli, nelle ore scolastiche, non siano raggiungibili, come è sempre stato per tutti gli studenti». E aggiunge che «in caso di emergenza c'è sempre la segreteria della scuola». Ma Scaparro riconosce anche che il telefono cellulare è ormai entrato nelle abitudini di tutti: «Fargli la guerra è come combattere contro i mulini a vento. E allora meglio farlo spegnere durante le lezioni: fa parte del galateo scolastico e più in generale della buona educazione, una questione di misura, che a scuola può essere insegnata».

Adapted from *Corriere della Sera*, 17 September 2001

 ## 6 *Telefonino a scuola II*

For each statement, choose the correct ending out of the three.

1   I genitori chiamano i figli a scuola
    a   per controllare se sono arrivati.
    b   per chiedere come stanno andando le lezioni.
    c   per chiedere a che ora torneranno a casa.

2   Alcuni genitori non si sanno abituare all'idea che
    a   i telefonini devono restare a casa.
    b   non possono comunicare con i figli quando sono a scuola.
    c   il cellulare suona durante le lezioni.

3   La punizione che i presidi delle scuole chiedono è
    a   la sospensione.
    b   il sequestro del telefonino.
    c   una multa.

4   Ai genitori i presidi consigliano di
    a   chiedere ai figli di lasciare il telefonino a casa.
    b   non preoccuparsi troppo dei figli.
    c   accompagnare i figli a scuola di persona.

 ## 7 Matching synonyms

Match the words in the left-hand column with their synonyms in the right-hand column.

1   sanzione   a   lavoro
2   multare   b   equipaggiare
3   fornire   c   chiedere informazione

4	mestiere	d	penalità
5	rivolgersi	e	penalizzare
6	cellulare	f	ansioso
7	apprensivo	g	telefonino

GRAMMAR NOTES

Present tense of **potere**, **sapere**

Two very useful but irregular verbs are **potere** and **sapere**:

Potere *to be able to*

(io) posso	I can	**(noi) possiamo**	we can
(tu) puoi	you can	**(voi) potete**	you can (pl.)
(lui/lei) può	he/she can	**(loro) possono**	they can
(Lei) può	you can (polite form)		

Potere is often omitted in Italian where English uses 'to be able to'. This is especially true for verbs expressing the senses, e.g. seeing, hearing, tasting, smelling. For example:

Mi senti?
Can you hear me?

Ci vedi?
Can you see anything?

Sapere *to know, know how to*

(io) so	I know	**(noi) sappiamo**	we know
(tu) sai	you know	**(voi) sapete**	you know (pl.)
(lui/lei) sa	he/she knows	**(loro) sanno**	they know
(Lei) sa	you know (polite form)		

Both **sapere** and **potere** can mean 'to be able to'. The difference is that while **sapere** means 'to know how to', **potere** means 'to have the opportunity to', 'to be able to', to be free to' and does not involve any skill:

Sai **nuotare?**
Do you know how to swim?/Can you swim?

Puoi **venire oggi pomeriggio?**
Can you come this afternoon?

Conditional mood

The conditional mood has two tenses: present ('would go') and perfect ('would have gone'). It is called 'conditional' because the statement will only become fact *on condition that something happens.* Sometimes these conditions are stated; sometimes they are just implied:

Andrei in vacanza, ma non ho soldi.
I would go on holiday, but I don't have any money.

Io partirei subito.
I would leave straightaway.
(An if condition is implied: 'If I were you', 'If I were able to leave'.)

The forms of the present conditional *(condizionale al presente)* are given below. They vary little from verb to verb. They are formed by taking the infinitive (**-are, -ere, -ire**), dropping the final **e**, and adding the conditional endings shown below. The **-are** verbs change the **a** of **-are** to **e**.

Present conditional: endings

-ei, -esti, -ebbe, -emmo, -este-, ebbero

Verbs ending in -are

parlare

(io) parlerei	I would speak	**(noi) parleremmo**	we would speak
(tu) parleresti	you would speak	**(voi) parlereste**	you would speak (pl.)
(lui/lei) parlerebbe	he/she would speak	**(loro) parlerebbero**	they would speak
(Lei) parlerebbe	you would speak (polite form)		

Verbs ending in -ere

mettere

(io) metterei	I would put	**(noi) metteremmo**	we would put
(tu) metteresti	you would put	**(voi) mettereste**	you would put (pl.)
(lui/lei) metterebbe	he/she would put	**(loro) metterebbero**	they would put
(Lei) metterebbe	you would put (polite form)		

Verbs ending in -ire

partire

(io) partirei	I would leave	**(noi) partiremmo**	we would leave
(tu) partiresti	you would leave	**(voi) partireste**	you would leave (pl.)
(lui/lei) partirebbe	he/she would leave	**(loro) partirebbero**	they would leave
(Lei) partirebbe	you would leave (polite form)		

A few verbs – the same ones that have an irregular future form – have an irrgeular conditional form, for example **bere** 'to drink', **berrei** etc.; **essere** 'to be', **sarei**; **tenere** 'to hold', **terrei**.

The conditional is used

To express a wish or request more politely:

Vorrei **un (caffè) macchiato.**
I would like a coffee with a dash of milk.

Le *dispiacerebbe* **chiudere il finestrino?**
Would you mind shutting the window (on a train)?

Potrei **venire anch'io?**
Could I come too?

Potrebbe **prestarmi 10 euro?**
Could you lend me 10 euros?

Mi *farebbe* **una cortesia/un piacere/un favore?**
Could you do me a favour?

To make a statement sound less categorical (rather than using the straight present indicative):

Non *saprei* **da che parte cominciare.** (Non so . . .)
I wouldn't know where to begin.

Dovrei **fare la valigia.** (Non devo . . .)
I ought to pack.

For other uses of the conditional, e.g. in complex sentences, see Unit 14.

℗ 8 *Potere*

Fill in the blanks with the correct form of potere given in the box.

possono   potrebbe   posso   puoi   possiamo   può

1   Clara, ciao, sono Francesca, sono qui con Luca, _____ passare da te stasera verso le nove?
2   Il Signor Raimondi ora non è in ufficio, _____ richiamare più tardi?
3   Franco, adesso non _____ proprio parlare, _____ richiamarmi tra un'oretta?
4   La Signora Marenco ora non _____ prendere la Sua chiamata perchè è in riunione. _____ farLa richiamare nel pomeriggio?
5   Coloro che desiderano ulteriori informazioni _____ rivolgersi allo 06–5133456.

℗ 9 Conditional

Complete the following sentences with the correct form of the present conditional.

1   Scusi, _____ dirmi che ore sono?
    a   dovrebbe
    b   saprebbe
    c   dispiacerebbe

2   Mah, se tu non puoi andare, _____ andarci io.
    a   potrei
    b   piacerebbe
    c   desidererei

3   Dottor Marchini, _____ rimanere in linea?
    a   Le dispiacerebbe
    b   vorrebbe
    c   ti dispiacerebbe

4   Simona, _____ prestarmi i tuoi appunti di storia?
    a   potrebbe
    b   potreste
    c   potresti

10 Pairing game

Pair up one phrase from each column to form a complete sentence.

1 Non sappiamo	a a che piano è lo studio del Dr. Franceschini?
2 Scusi, mi sa dire	b quando lo troveremo in casa.
3 Tutti gli studenti sanno	c ma ancora non sappiamo se ci convocheranno per il colloquio.
4 So che tra pochi giorni	d che non spegnere il telefonino in classe è una cattiva abitudine.
5 Abbiamo spedito il nostro CV,	e è il compleanno di Gianna.

 ## 11 Mobiles in the classroom

Now list (in Italian) the two sides of the argument: first, the students' arguments for keeping their mobiles switched on in class; second, the head's arguments for asking them to switch them off.

1 Studenti   2 Preside

 ## 12 Interviewing the head

Pretend you are a journalist for the local radio and you are sent to interview the preside of a secondary school where mobiles ring during lessons. What questions would you like to ask him/her? Prepare at least five.

 ## 13 Which adjective?

a **analfabeta**   b **indeciso**   c **intollerante**   d **permaloso**   e **stonato**

1 Chi non sa leggere e scrivere è _____ .
2 Chi non sa cantare è _____ .
3 Chi non sa stare allo scherzo è _____ .
4 Chi non sa prendere una decisione è _____ .
5 Chi non sa accettare opinioni diverse dalle proprie è _____ .

📋 14 Gap-filling

Fill in the blanks with the appropriate word from the box below.

```
a attesa   b linea   c occupata   d passo   e segreteria

            f sede   g sono   h spiacente
```

Ciao Carolina! Aspetta che ti _____ (1) Luca.

La linea è _____ (2).

Non è in casa, ma possiamo lasciare un messaggio sulla _____ (3) telefonica.

"Pronto sono Nadia, posso parlare con Marianna?"
"Ciao Nadia, _____ (4) io!"

L'ingegner Fabioli è sull'altra _____ (5). Le dispiacerebbe rimanere in
_____ (6)?

Sono davvero _____ (7), ma il Signor Cataldo oggi è fuori _____ (8).
Vuole lasciargli un messaggio?

📋 15 Find the meaning

Now read the article **Telefonino a Scuola** (**Text 10.1**) again and find the meaning of the
following words/expressions. Ask your teacher or use a dictionary if necessary.

1   onnipresente
2   cellulare requisito
3   prendere piede
4   multare
5   recapito
6   combattere contro i mulini a vento
7   galateo

16 Linked words

Fill in the table with the appropriate verb infinitive, matching noun, or past participle. The first one is done for you.

attendere	attesa	atteso
		riunito
accendere		
iscriversi		
	requisizione	
		impegnato

 17 Phoning about a job advert

Read the following advert (**Text 10.2**) and then work in pairs, with one of you playing the applicant (Student A) and one of you the personnel manager (Student B). Take a few minutes to prepare your questions and answers, looking up words if necessary.

Text 10.2 **Cercasi PA**

AFFERMATA AZIENDA COMMERCIALE
ricerca

P.A. AL DIRETTORE

La ricerca è rivolta a candidati con una ottima conoscenza della lingua inglese parlata e scritta. Costituisce titolo preferenziale la conoscenza della lingua francese e/o tedesca.

Il/la candidato/a ideale dovrà avere spirito di iniziativa, doti di flessibilità, attitudine al lavoro di gruppo e familiarità con l'utilizzo di sistemi informatici.

È indispensabile la disponibilità a brevi trasferte all'estero.

È gradita la provenienza dal settore commerciale.

La sede di lavoro è in provincia di Firenze.

**Per ulteriori informazioni
telefonare allo 051–6704451/2 ore ufficio**

Student A
You ring up the head of personnel to find out more about the position.
You would like to know:

• the starting date
• the salary
• if the company can offer financial help to relocate you (you live in Turin)

Prepare at least three more questions to ask.

Student B
You are Head of Personnel and answer a phone call from somebody interested in the position advertised. Think about the possible questions s/he can ask you.

18 Role play *al telefono*

In pairs make the following telephone calls.

Call 1

Student A
You ring up the restaurant Da Mario, to book a table for ten for Sunday at 7.00.

Student B
You are the manager of the restaurant Da Mario. Somebody rings to reserve a table. Remember that you are open every day except Sunday.

Call 2

Student A
You are Signora Gentili and are looking for your husband.

Student B
You are Signor Gentili's secretary. He's in a meeting now. Tell Signora Gentili that he will call her back as soon as possible.

KEY VOCABULARY

Telephone skills

Pronto. Chi parla?
Hello. Who's speaking?

Chi lo/la vuole?
Who's calling? (*Lit.* Who wants him/her?)

Posso parlare con il Dott. Carli?
Can I speak to Dr Carli?

Può attendere in linea?
Can you hold?

Può rimanere in linea?
Can you hold?

Può rimanere in attesa?
Can you wait?

Mi dispiace, è sull'altra linea.
I'm sorry, he's on the other line.

Mi dispiace, è in riunione.
I'm sorry, he's in a meeting.

La linea è occupata.
The line is busy.

Vuole lasciare un messaggio?
Do you want to leave a message?

Preferisce richiamare più tardi?
Do you prefer to call back later?

La faccio richiamare.
I will have you called back.

Glielo passo.
I'll put you through to him.

Gliela passo.
I'll put you through to her.

Le passo la linea.
I'll put you through.

Unit 11
A che ora ci vediamo?

FUNCTIONS
- Specifying time:
  - time at which
  - time from when
  - time until when
- Expressing repetition and frequency

GRAMMAR
- Clauses of time: 'until', 'when', 'since', 'before', 'after', 'during'
- Prepositional phrases: **prima di**, **dopo di**, **fino a**, **da**
- Conjunctions: **prima che**, **dopo che**, **mentre**, **finché**
- Adverbs expressing time: **appena**, **non appena**

VOCABULARY
- Expressions of time
- Days of week
- Months of year

1 Matching people and places

Match each person or group of people pictured below with a time from list A and a place from list B (p. 184). Then make up a sentence in the past tense (*passato prossimo* or imperfect), using the verbs in the box below, to describe what the people in the pictures are doing. Some verbs may be used more than once.

> **passare   rimanere   restare   stare   andare**

Example

Who?	When?	Where?
1 Giuseppe	tutta la giornata	a casa

Giuseppe ha passato tutta la giornata a casa.

1 Giuseppe

2 Carmela

3 Marco

4 I miei amici inglesi

5 Giuliano

6 I miei colleghi

7 Raffaella

List A When?

> tutta la giornata   ogni domenica   tutta la serata   tutti i pomeriggi
>
> ogni mattina   tutta la vacanza   tutta la nottata

List B Where?

> a casa   sulla spiaggia   al cinema a vedere un film
>
> al supermercato   al ristorante cinese   al pub   al circolo di tennis

2 Working in pairs

Now in pairs, say what you normally do/ used to do at these times.

ogni domenica   **tutti i pomeriggi**   **ogni mattina**   **tutta la vacanza**

 ## 3 Put the e-mails in order

Read the following e-mails (**Text 11.1**) and put them in order.

Text 11.1 E-mails

1

> Oggetto: re: stasera
>
> Scusami, Dani ma mentre tu eri a casa tranquilla qui il
> capo mi ha tenuto in riunione fino alle nove!!! Carino,
> vero?! NO!!!! Il Maloney no!!! Perché non convinciamo
> Tito a venire al pub irlandese dietro al Pantheon? Io mi
> libero alle 10 e mezza. Ti va questa fantastica idea? A me
> va proprio di uscire ma solo se andiamo nel posto
> giusto!!!! Scrivimi dopo con le ultime notizie!!! Ciao!

2

> Oggetto: abbiamo vinto noi!!!
>
> Abbiamo vinto noi . . . !!! Ho convinto Tito a venire al
> Guinness alle 11. Ti devo passare a prendere in redazione?
> Io dalle 10 alle 10.45 sono in piscina ma se vuoi vengo
> dopo con il motorino. Fammi sapere e non rimanere
> bloccata al giornale!!!! Ciao
>
> PS: Sai che forse viene anche quello scrittore che
> abbiamo incontrato la settimana scorsa? Poi però credo
> che lui andrà a casa di amici ad una festa . . . e noi che
> facciamo . . . ci uniamo a loro???? Che dici? Mi sembra
> una bella idea . . .

3

> Oggetto: stasera!
>
> Ivana, ti ho mandato un e-mail prima di pranzo ma non mi hai ancora risposto. A che ora ci vediamo? Gianluca ci farà sapere qualcosa non appena ha finito di lavorare. Umberto lo chiamo io più tardi. Ti va di tornare al Maloney? A me non molto, ma sai come è fatto Tito . . . sta lì tutte le sere fino a quando non chiudono e darsi appuntamento lì è l'unico modo di vederlo! Scrivimi appena ricevi il mio messaggio e fammi sapere a che ora puoi uscire!
> Baci Dani

4

> Oggetto: in piscina????
>
> No . . . prima delle 11 io non finisco . . . facciamo le 11.30? Fino alle 11 devo rimanere in redazione. Ti aspetto qui sotto alle 11.15 cosi andiamo insieme. Davvero vuoi andare alla festa dello scrittore? Va bene, però, non prima di mezzanotte e mezzo, l'una perché ho dato appuntamento anche a Alba e Floriana al Guinness e quindi dobbiamo aspettare anche loro! Ciao e a dopo!!

 ## 4 Daniela and Ivana e-mail each other

Read the e-mails again (**Text 11.1**) and answer the following questions.

1   Quando ha inviato il primo messaggio Daniela ad Ivana?
2   Come è rimasta d'accordo Daniela con Gianluca ed Umberto?
3   Che cosa fa Tito la sera di solito?
4   Cosa vuole sapere Daniela da Ivana nell'ultimo e-mail?

 ## 5 Expressions of time I

Write down all the time expressions you find in e-mails 1–4 (**Text 11.1**) above. There should be nine in total.

6 What did they do last night?

Describe what Ivana, Umberto, Tito and Gianluca did last night using the following expressions.

prima	**dopo**	**mentre**
più tardi	**fino a**	**quando**

GRAMMAR NOTES

Time and frequency

Phrases of time

prima	first
poi	then
più tardi	later
dopo	after
fino a mezzanotte	until midnight
alle cinque	at five o'clock
verso le cinque	around, about five o'clock
dalle dieci in poi	from 10 o'clock on
dalle dieci all'una	from 10 to 1

Time of day

il giorno	(in the) day(time)
la mattina	(in the) morning
il pomeriggio	(in the) afternoon
la sera	(in the) evening
la notte	(at) night

If the whole morning etc. is implied, then a form ending in **-ata** can be used:

tutta la mattinata . . .	the whole morning . . .
Abbiamo passato la giornata fuori.	We spent the whole day out.
Ho fatto la nottata.	I stayed up the whole night long.
È stata una bellissima serata.	It was a lovely evening.

Days of the week, frequency

For the days of the week and expressions of frequency, see Unit 3.

Relationships of time

Relationships of time are expressed by words such as **prima**, **dopo**, **mentre**, **appena**, **finché**, **fino a**:

Prima before

Prima can be used with a person, time or event:

Carlotta è arrivata *prima di me*.
Carlotta arrived before me.

Carlotta è arrivata *prima delle nove*.
Carlotta arrived before nine o'clock.

Carlotta è arrivata *prima del concerto*.
Carlotta arrived before the concert.

It can also be used before a verb form:

a   where the same person is the subject of both verbs (Carlotta is studying – Carlotta is going out).

   Carlotta deve studiare *prima di uscire*.
   Carlotta has to study before going out.

b   where two different people are referred to (Carlotta wants to clean the house – Carlotta's mother is arriving).

   Carlotta vuole pulire la casa *prima che arrivi* sua madre.
   Carlotta wants to clean the house before her mother arrives.

Dopo after

Dopo can be used with a person, time or event, requiring **di** before a personal pronoun:

Faccio la doccia *dopo di te*.
I'll have a shower after you.

Posso uscire solo *dopo le nove* di sera.
I can only go out after nine o'clock.

***Dopo il concerto*, andiamo a mangiare la pizza.**
After the concert, let's go and eat pizza.

It can also be used after a verb form:

a   where the same person is the subject of both verbs ('*I* ate three ice creams – *I* felt sick'), use **dopo** followed by the past infinitive, e.g. **dopo aver** (**mangiato**), **dopo esser** (**uscito**):

Dopo aver mangiato **tre gelati, mi sono sentita male.**
After eating three ice creams, I felt sick.

b   where two or more different people are involved ('*you* went to bed – *we* went to the disco') use **dopo che** followed by a verb:

Dopo che tu sei andata **a letto, noi siamo andate in discoteca.**
After you went to bed, we went to the disco.

Mentre *while*

Mentre is used to express:

a   two actions taking place at the same time:

Mentre **lei cucinava, lui guardava la televisione.**
While she was cooking, he was watching the TV.

b   one event occurring while another action is still ongoing:

Mentre **tu dormivi, ha telefonato Carmela.**
While you were asleep, Carmela phoned.

Appena, *non appena* as soon as

Appena is used with a verb, either with or without **non** (the meaning is the same):

Appena **mi ha visto, si è girato ed è uscito.**
As soon as he saw me, he turned round and went out.

Non appena **lo senti, fammi sapere.**
As soon as you hear from him, let me know.

Fino a, *finché* until

Fino a is used before a point or expression of time, e.g. **ieri**, **oggi**, **quando**:

Fino a ieri, **la pensavo amica.**
Up until yesterday, I thought her a friend.

Non spegniamo la luce, *fino a quando* **siamo tutti pronti per uscire.**
We won't switch the lights off until we are all ready to go out.

Finché 'until' is used with a verb, either in the indicative form, in informal or spoken Italian, or in the subjunctive, in more formal language (see Unit 16) as in the second version shown below:

Finché **non finisci i compiti, non possiamo uscire.**
Until you finish your homework, we can't go out.

Finché tu **non finisca i compiti, non possiamo uscire.**
Until you finish your homework, we can't go out.

Da, *da quando* **since**

Da expresses 'since' and is used with a point of time, such as a day of the week, month or other point of time:

Non mangia *da lunedì.*
He hasn't eaten since Monday.

È *da Natale* **che non ci vediamo.**
We haven't seen each other since Christmas.

Da quando expresses 'from the time when' and is followed by a verb.

Da quando **l'ha conosciuto, non fa altro che parlare di lui.**
Since she met him, she's done nothing except talk about him.

🔍 7 Expressions of time II

Choose the correct phrases to complete the sentences.

1 Vado in piscina
   a prima di andare a lavoro.
   b prima che vado a lavoro.

2 Andavo al bar in piazza
   a ogni mattina.
   b tutta la mattinata.

3 Ho risposto al telefono
   a quando ha squillato.
   b prima di squillare.

4 I genitori di Giorgio sono arrivati a scuola
   a dopo mangiare.
   b dopo mangiato.

5 Sono rimasti a parlare
   a tutta la sera.
   b ogni serata.

6 Giuseppe non può lasciare l'ufficio
   a fino a quando non ritorna il suo capo.
   b finché l'arrivo del suo capo.

8 Expressions of time III

Complete the following sentences with the correct time expressions chosen from those in the box.

dopo che	prima di	non appena	appena
	da quando	fino	finché non
ogni volta che		tutti i giorni	mentre

1 _____ andavo al lavoro, mi sono fermato dal giornalaio.
2 Puoi passare dalla signora De Santis _____ tornare a casa?
3 Giovanni è un vero abitudinario: si alza _____ alle 7.45, anche la domenica!
4 Perché non ci vediamo un bel film _____ abbiamo incontrato Giulia e Mario?
5 _____ sento questa storia mi diverto da morire!!!
6 _____ Giuseppe è partito per il Messico, non ci scrive più tanto spesso.
7 Non fare come al solito! _____ arrivi a Londra, chiamami!
8 Devo rimanere in ufficio _____ alle sette stasera e non ne ho proprio voglia!!
9 _____ imparo a guidare la macchina, non riuscirò certo a progettare quel viaggio in Europa.
10 Stai attenta alla tua salute: _____ ti risenti male, chiama il dottore!

9 Ivana's schedule

Ivana is a very busy journalist and her schedule is a bit strange!! Try to imagine her schedule for the day, matching the times with the different activities.

1 Prima di tornare a casa dal lavoro
2 Dopo pranzo
3 Mentre lavora
4 Fino alle cinque di pomeriggio
5 Dalle sei di sera alle due di notte
6 Dopo che ha letto i giornali
7 Appena alzata
8 Dal momento in cui torna a casa

a legge tutti i giornali.
b va in giro per conferenze.
c lavora in redazione.
d guarda tutti i telegiornali.
e compra i giornali del giorno dopo.
f dorme un poco.
g parla al cellulare con una amica.
h si fa la doccia.

10 Ivana's telephone messages I

When Ivana gets back home from work, she has a lot of messages on her answering machine (**Audio 11.1**). Listen to the six messages and divide them in two groups, according to whether they are formal or informal. Each message is numbered.

Formal messages are numbers _____

Informal messages are numbers _____

 ## 11 Ivana's telephone messages II

Listen to Ivana's answering machine again (**Audio 11.1**) and take notes so that when Ivana gets back, you can tell her who called. The first one is done for you. Keep the same format and headings.

Messaggio No. 1

Nome _Giorgio_ _ _ _ _ _ _ _ _

ora della chiamata _2.45_ _ _ _ _ _ _

numero telefonica _76993456_ _

messaggio _ti_ _aspetta_ _ _ _ _

a Piazza Augusto _ _ _

Imperatore alle 5.30

_ _ _ _ _ _ _ _ _ _ _ _ _ _ _ _ _

12 Put Ivana's appointments in order

Now that you've heard all Ivana's messages (**Audio 11.1**), put these sentences in order according to her commitments for the following two days.

_____ Ritirare le analisi   _____ Passare da Carola

_____ Incontro con Giorgio   _____ Appuntamento con l'avvocato

_____ Andare al Teatro Argentina   _____ Riunione di condominio

13 Find the odd one out

Find the odd one out in each line.

1   mattina, serata, dopo, giornata

2   alle cinque, domani mattina, in ufficio, stasera

3   avvocato, appuntamento, riunione, invito

4   spesso, sempre, pranzo, a volte

5   ascoltare, vedere, dormire, sentire

Now use all the odd words out to make up a sentence describing the picture below.

 ## 14 Match question and answer

Match each question with the right answer.

1	Ci vediamo stasera?	a	No, ho un impegno.
2	Posso fissare un appuntamento con l'architetto Caldarelli?	b	No, è meglio dopo cena.
3	Sei libero alle nove domani mattina?	c	In questo momento è sull'altra linea.

4   Ti va di passare da me dopo la partita?   d   No, stasera non posso.

5   Perché non andiamo a vedere la   e   Va bene, ma non fare tardi.
    Galleria Borghese?

6   Alle due non posso . . . Facciamo alle   f   A che ora desidera incontrarlo?
    cinque?

7   Prima di cena ti va bene?   g   Che bella idea . . . ma mi consoli
                                                    se la Roma perde?

8   Potrei parlare con l'avvocato Santoro?   h   A che ora apre?

 15 Alternative answers

Now for each of the questions above, supply two alternative answers using some of the expressions below.

*   prima di cena
*   fino alle cinque
*   dopo che ha lavorato
*   dopo pranzo
*   non appena esco di casa
*   va bene
*   più tardi
*   prima di uscire

 16 Working in pairs

Work in pairs. Student A makes a statement, then Student B tries to get more information about it, following the example below. Student A will have to go to the end of the unit to get the information that Student B is asking for.

Example 1
Student A: Vado al cinema.
Student B: Con chi?
              Cosa vai a vedere?
              A che ora (inizia/finisce)?

Student A answers:

Con mia sorella
Pane e Tulipani
Inizia alle 8.45
Finisce alle 11.30

2   Sono partito la settimana scorsa.
3   La signora Maria ha un appuntamento importante.
4   Ho visto una cosa bellissima ieri!
5   Sono stata in un posto da favola!!!

 ## 17 Role play

It is Saturday and you really want to do something special. Look at what is on in Rome today (**Text 11.2**) and work in pairs to find a suitable time to do something together, taking into consideration all your commitments.

A		B	
9.30	Passare da Letizia per un'ora	11.00	Appuntamento al centro
3.30	Dentista	4.00–5.00	Lezione di tennis
23.30	Treno per Napoli	7.00	Ritirare i vestiti dalla tintoria

Text 11.2 What's on in Rome

MUSICA

GREGORY'S PUB
In via Gregoriana 54; telefono 06.6796386. Alle ore 22, è di scena la **N'duja Latin Jazz Band**, un gruppo guidato dal pianista Stefano Bordoni, con Alessandro Zangrossi al sax tenore, Peppe Salmeri alle percussioni, Alfredo Romeo alla batteria e Gigi Volpicelli al basso

BIBLI
In via dei Fienaroli 28; telefono 06.5884097. Alle ore 21 la pianista

Sara Pandolfi suona Beethoven, Chopin, Schubert, Prokofiev

CONCERTI E PALAZZI
Complesso San Michele, Sala dello Stenditoio. Alle ore 21 "Il Settecento" con Debora Varesco al pianoforte. Informazioni allo 06.69940545

THE PLACE
In via Alberico II 27; telefono 06.68307137. Alle ore 22 concerto di **Mario Raja Quartet**

LOCANDA DI ATLANTIDE
In via dei Lucani 22/b. Alle 22.30 **Coq Madame**, con

Ultragenderbeats, Electronique à Danser

GOA
In via Libetta 13; telefono 06.5748277. Alle ore 22 **House in Motion** con Gancarlino & Chicco Messina

ALEXANDERPLATZ
In via Ostia 9; telefono 06.39742171. Alle ore 22 concerto di **Marcello Rosa Beau Jazz**

SONICA
In via Vacuna 98. Alle ore 22 **Letatlin e RaDar**, Marco De Piaggi, Federico Caputo e Sandro Lezziero

 IN SCENA

TEATRO DELL'OPERA
Questa sera alle ore 20.30 debutta **Sly, ovvero la leggenda del dormiente risvegliato**, dramma lirico in tre atti e quattro quadri su musiche di Ermanno Wolf-Ferrari. Direttore d'orchestra Renato Palumbo, maestro del coro Andrea Giorgi. Regia di Marta Domingo. In scena Placido Domingo, Elisabete Matos, Alberto Mastromarino, Gianfranco Montresor. Il

prezzo dei biglietti è da 15,50 euro a 119,00 euro; telefono 06.4817517

TEATRO NAZIONALE
In via del Viminale 51. Per informazioni sui biglietti telefonare allo 06.4816055. Questa sera alle ore 20.30 prima replica dello spettacolo di balletto **Amleto principe del sogno**, ideato e diretto da Beppe Menegatti, coreografie di Luc Bouy, scene e costumi di Annamaria Morelli. Interprete principale Carla Fracci nel ruolo di Amleto. Ingresso 15,00 euro più diritti di prevendita del 10%

 APPUNTAMENTI

DANTE DA VEDERE
La Pontificia Accademia Tiberina e la Legion d'Oro presentano alle ore 17 una conferenza del pittore Antonio Tripodi su "Dante e l'arte visiva". In piazza Euclide 34.

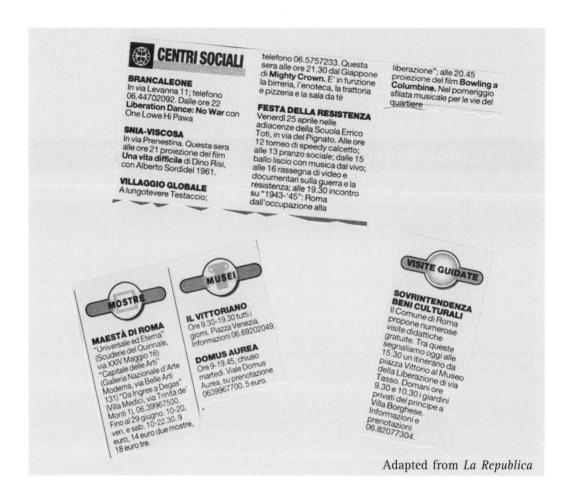

Adapted from *La Republica*

 18 What shall we do?

What have you decided to do? Find another couple in class who are interested in doing the same things and see whether you can have a bigger group of people.

 19 Booking tickets

Now ring the cinema/theatre/gallery/restaurant to book and to check all the details in the newspaper (**Text 11.2** above). Work in pairs, with one student playing the part of the receptionist at the cinema/theatre/gallery/restaurant, and the other calling to check details.

✎ 20 Arranging a meeting

Dottoressa Rosselli writes an e-mail to Dottor Terrinoni, hoping to meet him in Milan. Complete the e-mail below (**Text 11.3**) with the following expressions:

---

incontrarci   Mi può   Aspetto   Le scrivo   Vorrei   prossimo   mandarmi

---

Text 11.3 E-mail to Dott. Terrinoni

Gentile Dottor Terrinoni,

_____ riguardo il suo intervento sui corsi d'aggiornamento che ho seguito con interesse alla conferenza degli imprenditori italiani. _____ incontrarLa al più presto per proporLe una collaborazione con la nostra rivista 'Insieme' dove il Suo contributo può essere sicuramente gradito dai nostri lettori.

Io sono a Milano dal 12 al 16 marzo _____ . Possiamo _____ in un giorno ed un posto adatto per Lei? _____ contattare all'Albergo delle Rose, dove di solito soggiorno durante le mie visite milanesi o _____ un email (giorgiarosselli@insieme.it) . _____ Sue notizie. Cordialmente Giorgia Rosselli

Here is Dottor Terrinoni's answer:

Gentile Dottoressa Rosselli, grazie per avermi proposto la collaborazione con la Sua rivista. Sembra una iniziativa estremamente interessante. Perché non ci vediamo il 13 marzo di mattina? Io sono impegnato per pranzo, ma possiamo vederci la mattina verso le dieci. Mi chiami sul mio cellulare (0335–4577987) o lasci un messaggio con la mia segretaria (segreteria@terrinoni.it).

✍ 21 Making an appointment

Now after reading Dottor Terrinoni's e-mail, look at Dottoressa Rosselli's diary (**Text 11.4**) and write an e-mail (the address is shown below) suggesting a different appointment, using the expressions in the box.

> **purtroppo**   **fino a . . .**   **dopo**   **non appena**
>
> **tutta la mattinata**   **il pomeriggio**

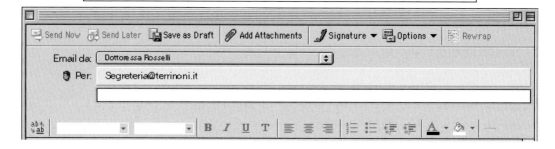

Text 11.4
Dottoressa Rosselli's
diary

12 marzo
Mattina
Pomeriggio   h.16 Tipografia

13 marzo
Mattina   h.10 Incontro con gli imprenditori milanesi
Pomeriggio

14 marzo
Mattina
Pomeriggio

15 marzo
Mattina
Pomeriggio   h.15.30 Appuntamento allo Studio legale Romano

16 marzo
Mattina
Pomeriggio   h.18 Partenza per Roma

16 Working in pairs (information for Student A)

1 Vado al cinema: mia sorella/*Pane e tulipani*/Spettacolo: 8.45–11.30

2 Sono partito la settimana scorsa: Bangkok/due settimane/amici/barca

3 La signora Maria ha un appuntamento importante: dentista/sola/ 5.45

4 Ho visto una cosa bellissima ieri: Galleria Borghese/orario: 11–13/Villa Borghese a Roma/cognato e nipote

5 Sono stata in un posto da favola: Gardaland/una giornata/i bambini/8.30–19.30

KEY VOCABULARY

There are many words for 'meeting' in Italian:

appuntamento (m.)   appointment (doctor, dentist, or general)

appuntamento di lavoro   work appointment

impegno (m.)   commitment (vague)

incontro (m.)   an informal meeting between friends or colleagues

riunione (f.)   work meeting

Unit 12
L'Italia
multietnica

FUNCTIONS
- Making a comparison
- Expressing greater or lesser extent
- Expressing equality

GRAMMAR
- Comparative adjectives
- Comparative adverbs
- Terms of comparison: **più**, **meno di/che**, **tanto quanto**, **così come**

VOCABULARY
- Terms of comparison
- Vocabulary relating to multicultural society

1 *Identikit dell'immigrato*

Over the past few years, more and more foreigners have come to live and work in Italy. Let's try and find out who the immigrants are, with an 'Identikit'. Work in pairs and try to guess the following information.

L'identikit dell'immigrato

1 Proviene da
   Africa.
   Asia.
   Sud America.

2 Ha in media
   25–30 anni.
   30–35 anni.
   35–40 anni.

3 È di sesso
   maschile.
   femminile.

4 Possiede un titolo di studio
   medio alto.
   basso.

5 Abbandona il suo paese
   per una guerra.
   per migliorare la
   propria vita.

6 Vive
   in una casa di proprietà.
   in affitto con la famiglia.

7 Possiede
   un motorino.
   un telefono cellulare.

 # 2 *I sogni degli immigrati*

First read the title and the first part of Text 12.1. What information do you get about immigrants working and studying?

Text 12.1 **I sogni degli immigrati**

*Ritratto inedito del mondo dell'immigrazione: la maggioranza ritiene equo
ciò che guadagna*

"Noi siamo venuti in Italia solo per fuggire dalla povertà"

"Siamo in Italia per rimanerci. Rappresentiamo la classe emergente dei nostri paesi, abbiamo un buon livello di istruzione e una grande ambizione a migliorare la nostra condizione. E nonostante siamo costretti a fare i lavori più umili, ci sentiamo abbastanza soddisfatti e ci consideriamo sufficientemente integrati."

Now read the rest of the article and check your answers against the text.

L'indagine della Repubblica offre un ritratto inedito dell'immigrato italiano, che nella maggior parte dei casi proviene dal continente africano, ha in media 34 anni ed è di sesso maschile. Alla domanda sul motivo per cui sono arrivati in Italia, il 33,9% fa riferimento alla ricerca di una vita migliore, il desiderio di conoscere ed imparare, la voglia di libertà e di vivere in democrazia. La percentuale di chi fa riferimento alle condizioni economiche è dell'11,2%. Il 10,5% indica la causa nella fuga dalla guerra, il 5.,3% confessa di aver lasciato il proprio paese per problemi familiari. Per la maggioranza degli immigrati non è stata una fuga per lavoro. Infatti il 38,1% aveva già un lavoro fisso, il 9,9% un lavoro precario, il 30,7% erano studenti e solo il 6,8% era disoccupato. Eccezionale è anche il livello di cultura degli immigrati: ben il 73,9% ha un titolo di studio medio alto, di cui il 40,3% ha il diploma di scuola media superiore, il 24,3% ha una o più lauree e il 9,3% ha una o più specializzazioni post-laurea. Solo l'1,9% si dichiara analfabeta. Per quanto riguarda l'abitazione, la maggior parte degli immigrati (44,7%) vive in affitto con la propria famiglia, spesso in abitazioni molto piccole. Solo il 10,4% può permettersi di acquistare una casa, mentre gli altri sono costretti a dividere una abitazione con altri nuclei familiari (15,8%) o sono ospitati da parenti e amici (9,0%). È senza dubbio minore la percentuale di quelli che rimangono a dormire nel luogo di lavoro (4,8%) e ancora più bassa quella di chi è senza casa (3,6%). Il sondaggio ha infine evidenziato delle prospettive interessanti nel rapporto tra gli immigranti e la *new economy:* il 33,3% ha un computer e lo sa usare, il 71,7% compra regolarmente il giornale ed il 71,2% ha il telefonino!

Adapted from *La Repubblica*, 25 August 2000

 ## 3 *Un sondaggio*

Complete the tables with the figures provided in **Text 12.1**.

Per quale motivo è arrivato in Italia:

Il desiderio di una vita migliore	_____
Studio	5.5%
La fuga dalla povertà	_____
La fuga dalla guerra	_____
Problemi amorosi o familiari	_____
Ricongiungimento familiare	3.8%

Dove vive abitualmente:

In affitto con la famiglia	_____
In affitto con altre famiglie	_____
In una casa di proprietà	_____
Ospite di parenti o amici	_____
In un centro umanitario	7,1%
Nel posto di lavoro	_____
Senza fissa dimora	_____

Qual è il titolo di studio:

Diploma media superiore	_____
Laurea o più di una	_____
Specializzazione post-laurea	_____
Diploma scuola elementare	6,0%
Analfabeta	_____

Professione nel paese di origine:

Disoccupato	_____
Operaio con contratto a termine	_____
Libero professionista	4,5%
Studente	_____

 ## 4 *Vero o falso?*

Now indicate whether the following statements are true, false or uncertain by circling V (vero), F (falso) or N (non si sa). If they are not true, correct them.

1 Ci sono più immigrati che abitano con la propria famiglia di
  immigrati che da parenti e amici.   **V/F/N**
2 L'apparecchio più diffuso tra gli immigrati è il computer.   **V/F/N**
3 Avere un diploma di scuola media superiore è meno comune tra
  gli immigrati che avere una laurea.   **V/F/N**
4 Gli immigrati che avevano già un lavoro sono tanti quanto quelli
  che erano disoccupati.   **V/F/N**
5 La seconda ragione più importante per la quale gli immigrati
  lasciano il proprio paese è il conflitto familiare.   **V/F/N**

5 Carlton Myers

Read the interview with Carlton Myers (**Text 12.2**) and answer the following questions in Italian.

1   Qual è lo sport praticato da Myers?
2   Per quale iniziativa sportiva è stato prescelto come portabandiera?
3   Di dov'è il giocatore?
4   Cosa dice lo sportivo sull'Italia?

Text 12.2 **Il cestista sarà il nostro portabandiera**

Myers accusa: "L'Italia? Non è ancora multietnica"

Ressa di giornalisti e fotografi all'aeroporto, c'è l'Italia del basket. C'è Carlton Myers, 29 anni, madre riminese, padre inglese ma nato nei Caraibi, testimonial di successo per una multinazionale, stella della pallacanestro italiana e portabandiera azzurro nella cerimonia d'apertura dei Giochi Olimpici.

Giovanna Melandri, ministro della Cultura, ha detto: "Evviva, questa è un'Italia multietnica, ho molto apprezzato la scelta del Coni su Myers."

Fa una pausa lunga, poi risponde: "In questi mesi si è parlato tanto, troppo di me. Una cosa però voglio dirla: nel mio sport, nel basket, credo di aver fatto cose importanti. Io sono un atleta negro e il fatto di essere stato scelto è un messaggio, un segnale importante, chiaro e forte. Un messaggio che spero sarà recepito e digerito fino in fondo".

Digerito, in che senso?

"Nel senso che sarà capito bene. L'Italia non è ancora un paese multietnico nel senso pieno della parola: molti, moltissimi sono tolleranti, non tutti. Ho tanti amici che non sono stati accettati nel nostro paese e sono costretti a convivere con mille difficoltà. Sì, è vero sono stati fatti dei passi avanti, ma c'è ancora strada da fare."

Chi La vedrà in tv?

"Amici, mio figlio Joel. Joel non va a scuola in questi giorni, ma sta sempre a giocare con i suoi amici ..."

                                                Adapted from *La Repubblica*, 14 September 2000

6 Interview with Carlton Myers (free)

Work in pairs. Playing the part of either the interviewer or Carlton Myers, continue the interview above with three more questions. Write down both questions and answers.

GRAMMAR NOTES

Making comparisons

When we make comparisons between objects or people, or situations, we use terms such as **più** 'more', **meno** 'less' or **tanto** ... **quanto** 'the same as'. (See also Unit 6 'Preferences').

Più

Più 'more' can be used with either an adjective or an adverb:

Il tempo è *più caldo* in Campania che in Lombardia.
The weather is hotter in Campania than in Lombardy.

Gli italiani guidano *più velocemente* degli inglesi.
The Italians drive faster than the English.

Meno

Meno 'less' can be used with either an adjective or an adverb:

Roma è *meno bella* di Napoli. (adjective)
Rome is less beautiful than Naples.

Lui guida *meno attentamente* di me. (adverb)
He drives less carefully than me.

Tanto ... quanto, cosi ... come

Both of these pairs of comparisons can be used *either* with an adjective *or* with an adverb:

Perché devo lavare io i piatti? Sono *tanto* stanca *quanto* te.
Why do I have to wash the dishes? I'm as tired as you are.

Non sa scrivere *così* bene *come* sua sorella.
He doesn't write as well as his sister.

Irregular comparatives and superlatives

Some adjectives have their own particular form of comparative (and superlative), as well as the regular one with **più**. The irregular forms can have the same meaning or a slightly different (less literal) one:

buono – più buono/migliore	good – better
cattivo – più cattivo/peggiore	bad – worse
grande – più grande/maggiore	big – bigger
piccolo – più piccolo/minore	small – smaller

La tua pizza è *più grande* della mia.
Your pizza is bigger than mine.

Un problema *maggiore* è quello dei soldi.
A bigger problem is that of money.

The following adverbs have an irregular form of comparative:

bene – meglio	well – better
male – peggio	badly – worse
molto – più	much – more
poco – meno	little – less

Si mangia molto *meglio* in Italia che in Inghilterra.
One eats much better in Italy than in England.

Di or che?

English 'than' is translated by **di** or by **che** (see examples above) according to what two elements are being compared, and their position in the sentence:

Di

When comparing two nouns, proper names or pronouns, you almost always use **di** by itself or combined:

Gli inglesi sono meno estroversi *degli* italiani.
The English are less extrovert than the Italians.

Carolina è meno bella *di* Alessandra.
Carolina is less beautiful than Alessandra.

Lei guida meglio *di* lui.
She drives better than him.

Questo cornetto è più caldo *di* quello.
This croissant is hotter than that one.

La mia macchina è meno economica *della* tua.
My car is less economical than yours.

Che

When comparing two adjectives, two nouns that refer to the *same person* or *thing*, or when comparing two verbs directly, use **che**:

Simonetta è più furba *che* intelligente.
Simonetta is more cunning than intelligent.

La casa è più rudere *che* rustico.
The house is more of a ruin than a cottage.

Spendere è più facile *che* risparmiare.
Spending is easier than saving.

Phrases of time and place

When comparing *adverbs* of time/place, use **di**:

Ora mi stanco più *di prima*.
Now I get more tired than before.

But if the adverbs are next to each other, use **che**:

Sono più depressa *adesso che prima*.
I am more depressed now than before.

When one or more of the terms of comparison is a prepositional phrase of time or place, use **che**:

Si usa il telefonino molto *di più* oggi *che* dieci anni fa.
People use the mobile much more today than ten years ago.

I turisti si divertono *di più* al mare *che* in montagna.
Tourists enjoy themselves more at the seaside than in the mountains.

It's much easier just to remember this simple rule: when 'than' comes ***directly between*** the two elements compared, it is *always* translated by **che**, as the examples above show.

Comparing with expectations

To compare an actual state of affairs with what you expected or imagined beforehand, use **di quanto** or **di quel che** with the imperfect indicative (e.g. **pensavo**).

In formal speech or written Italian, the imperfect subjunctive is sometimes used instead of the imperfect. (See Unit 16 Subjunctive.)

Il corso d'italiano era più facile *di quel che pensavo*.
The Italian course was easier than I thought.

Superlatives: **il più**, **il meno**

Superlative adjectives ('the most', 'the least') are formed by the comparative proceded by the definite article:

I bambini italiani sono *i più viziati* di Europa.
Italian children are the most spoilt in Europe.

Lunedì è il giorno *meno faticoso* della settimana.
Monday is the least tiring day of the week.

The superlative form can be used with ordinal numbers (**primo**, **secondo**) in league tables etc.:

Milano è la seconda città *più grande* d'Italia.
Milan is the second biggest city in Italy.

When no comparison is being made, we simply say that something is the best/most overall or simply 'very' (good/expensive, etc.):

Il caffè era *fortissimo*.
The coffee was really strong.

Often Italians prefer to use a simple qualifying adverb such as **molto**, **tanto**, **così**, or an adverb such as **estremamente**, **veramente**:

Sono *tanto stanca*.
I'm so tired.

Le sono *estremamente grato*.
I'm extremely grateful to you.

But advertisers like these **-issimo** forms and use them a lot, for nouns as well as adjectives:

Offertissima!
Scontissimo!

Diminishing (**poco**)

To 'diminish' or deny the qualities in question, use the adverb **poco**:

Ha usato una strategia *poco intelligente*.
He used a not very intelligent strategy.

To express only moderate intensity, use the adverbs **piuttosto** and **abbastanza**:

Trovare una casa per le vacanze è *piuttosto difficile*.
Finding a house for the holidays is quite difficult.

Siamo *abbastanza* contenti della casa.
We are quite happy with the house.

Adverbs: superlative

The superlative of adverbs can be expressed in different ways:

Parla *il più correntemente* di tutti gli studenti.
She speaks the most fluently of all the students.

Ha fatto *il meglio possibile*.
He's done as well as he could.

Cammina *molto attentamente* sul ghiaccio.
She walks very carefully on the ice.

The opposite effect can be conveyed by use of the word **poco**:

Ha seguito *poco attentamente* la lezione.
He didn't follow the lesson very attentively.

Often Italian uses an adverbial phrase – rather than an adverb   containing **con** (...)
or **in maniera** (...). In this case the intensity can be expressed using **poco, molto, tanto**
or **più ... possibile**:

Studia il pianoforte *con tanto impegno*.
He studies the piano with great commitment.

Ha fatto tutto *nella maniera più facile possibile.*
She did everything in the easiest way possible.

Il preside ha parlato *con poca convinzione.*
The chairman spoke with little conviction.

 ## 7 Comparatives

Match each adjective in column A with its comparative in column B.

A	B
buono	minore
cattivo	maggiore
grande	migliore
piccolo	peggiore

8 Put in the correct order

The sentences below all contain comparatives or superlatives. Put the words in the correct order. The first word in each sentence is correct!

1 Questo più quelli teatrale spettacolo è il visto entusiasmante tra che ho.
2 Gli di più architettura studenti molti di negli sessanta adesso sono che anni.
3 Lavorare uffici comune fabbrica immigrati pubblici è tra meno in gli che lavorare in.
4 La è la più Lombardia popolata regione dagli prima stranieri.
5 L'affermazione dei degli regioni diritti povere nelle avviene ricche tanto quelle più quanto in più extracomunitari.
6 Devi il lentamente possibile, bucare macchina altrimenti più rischi andare di la della ruota.

9 *Di* or *che?*

Di or *che*? Choose the right preposition, either simple or combined, for each sentence.

1 Il numero degli immigrati clandestini è meno _____ 40%.
2 Gli imprenditori del Lazio sembrano più preoccupati _____ arrabbiati dalla decisione del governo.
3 Essere in regola con la legge è diventato meno importante _____ comprare un computer portatile.

4   Sono molto più soddisfatta _____ prima.
5   Con il treno vado molto più veloce _____ con la macchina.
6   Questa proposta è molto meno attraente _____ quella.

🔍 10 Superlatives

Complete the following sentences using the words below; each sentence will need a verb, an adjective, and the name of the item compared. The first one is done for you.

Verbs:	**bere imparare leggere mangiare vedere visitare**
Adjectives:	**affascinante appetitoso bello forte interessante pauroso**
Items:	**la grappa** *L'Esorcista* **il cinese** **la pasta carbonara** **la Patagonia** *Gli Italiani*

1   Il posto più bello che ho visitato è la Patagonia.
2   Il liquore _____
3   La lingua _____
4   La pasta _____
5   Il film _____
6   Il libro _____

🔍 11 Absolute superlatives

Giorgia è esagerata su tutto! Let's guess her comments on everything. The first one is done for you.

1   "Questo cappello è costoso." "Non è costoso, è costosissimo!"
2   "Questa pizza è davvero buona." "Non è buona, è _____!"
3   "Questo vino è gustoso." "Non è gustoso, è _____!"
4   "I tuoi occhiali sono divertenti." "Non sono divertenti, sono _____!"
5   "La gatta di Giuseppe è cattiva." "Non è cattiva, è _____!"
6   "L'amica di Marco è simpatica." "Non è simpatica, è ___   !"
7   "Quella bambina è molto intelligente." "Non è intelligente, è _____!"
8   "Sei stanca?" "Non sono stanca, sono _____!"

12 Making comparisons

Choose the correct ending for each sentence by ticking or circling the correct option.

1 La macchina di mio padre è più potente
di quella del tuo.
di quella del tuo padre.

2 Queste cartoline sono sicuramente meno turistiche
di quelle.
delle quelle.

3 Sembri meno affamata
che me.
di me.

4 Mangia
il più rapidamente possibile perché ho fretta!
più rapido possibile perché ho fretta!

5 Il giudice è meno tollerante
che severo.
quanto severo.

6 Pretendiamo un servizio rapido più adesso
tanto prima.
che prima.

7 I genitori di Paola sono
così pazienti che i genitori di Giorgio.
tanto pazienti quanto comprensivi.

13 Complete the sentences

Read the article **I sogni degli immigrati (Text 12.1)** again and complete the following sentences.

1 Andare in affitto è più comune _____ .
2 Il numero di immigrati senza casa è _____
3 Lasciare il proprio paese per problemi familiari è meno diffuso _____ .
4 Gli immigrati che hanno il telefono cellulare sono più di quelli _____ .
5 Nell'istruzione gli stranieri che hanno specializzazioni post-laurea sono meno

_____ .

6 La percentuale di persone con un lavoro fisso è più alta _____ .

14 Konrad's details

Look at this photo and guess some informa- tion about Konrad. Write down your answers below.

Nazionalità: _____

Età: _____

Stato civile: _____

Lavoro: _____

Now listen to the first part of the interview with Konrad (**Audio 12.1**) and tick the answers above if you guessed right!

15 All about Konrad I

Listen to the tape again (**Audio 12.1**) and indicate whether these statements are true, false or uncertain by circling V (vero) or F (falso) or N (non si sa). If they are false, correct them.

1   La moglie di Konrad è partita per l'Italia prima di lui e dopo un
    anno è arrivato Konrad.   **V/F/N**
2   In Polonia Konrad era disoccupato.   **V/F/N**
3   Il primo lavoro di Konrad è stato quello di lavare i vetri delle
    macchine ai semafori.   **V/F/N**
4   I figli di Konrad sono arrivati in Italia da soli dopo due anni.   **V/F/N**
5   Ora la famiglia di Konrad vive a Formello.   **V/F/N**
6   La moglie di Konrad lavora nella cucina di un ristorante.   **V/F/N**

16 All about Konrad II

Listen to the first part of the interview again (**Audio 12.1**) and fill in the gaps in the transcript of the interview below:

(D = Domanda, R = Risposta)

D: Sposato con tre figli, Konrad è arrivato dalla Polonia giovanissimo a soli 27 anni cinque anni fa e si è _____ nella capitale, dove ha fatto un po' di tutto. Ma Konrad, cominciamo dall'inizio, come hai deciso di _____ in Italia?

R: Lavoravo come falegname per una ditta polacca che però è _____. Allora, mio cugino, che abita in Italia da cinque anni e lavora come lavavetri, mi ha detto di venire qui e di _____ la casa e _____ con lui. Così sono partito e ho lasciato mia moglie e i miei tre figli in Polonia. Ho pensato: prima vado io, poi mi _____ loro quando ho un lavoro.

D: E quando ti hanno _____?

R: Purtroppo all'inizio è stato _____: io non avevo un lavoro _____ e volevo aspettare prima di farli venire in Italia. Sono arrivati solo dopo tre anni.

D: E qual è stato il tuo primo lavoro?

R: Ho fatto il _____, come molti polacchi. Ore e ore ai semafori per cercare di guadagnare due soldi e _____ abbastanza denaro per _____ due stanze, una per me e mia moglie e una per i miei figli.

D: E per quanto tempo hai fatto il lavavetri?

R: Per i primi tre anni. Poi ho fatto venire la mia famiglia e un mese dopo ho avuto la fortuna di trovare un lavoro come _____ per una famiglia italiana che abita a Formello, a mezz'ora da Roma. Mi hanno subito _____ e così le cose sono cambiate.

D: E vi siete trasferiti tutti insieme?

R: Si, siamo andati a vivere tutti insieme a casa della famiglia dove ancora lavoro. Mia moglie aiuta in cucina ed io faccio le pulizie e i lavori di casa.

D: E i tuoi figli?

R: Vanno in una scuola della zona. Hanno imparato l'italiano, anzi il più piccolo parla anche il dialetto locale.

 17 Summary of interview with Konrad

Now listen to the second part of the interview with Konrad (**Audio 12.2**), find six mistakes in this summary of the interview, underline and then correct them:

Konrad è contento di vivere in Italia, anche se ci sono lati negativi dei quali parla nella sua intervista. Secondo Konrad la vita è più facile in Polonia, perché ci sono più opportunità di lavoro. Konrad ha avuto però una esperienza molto positiva degli italiani: sono disponibili e generosi, sono comprensivi e sempre pronti a darti una mano. Konrad non sembra essere molto soddisfatto del sistema scolastico e per lui è meglio se i suoi figli tornano in Polonia a completare gli studi.

Konrad è riuscito a conoscere gente di tutto il mondo. Ha più amici italiani che polacchi e ne è molto felice. Tutta la famiglia sta imparando l'italiano ed i figli lo vogliono parlare anche a casa. Konrad vuole smettere quindi di parlare il polacco. Per quanto riguarda la religione è più difficile praticarla in Italia, anche se sono cattolici, perché non ci sono chiese con la messa nella loro lingua.

18 Comparisons

In pairs and following the example of the interview with Konrad (**Audio 12.1–2**), write some questions and answers for each of the people described below. In your answers, you should include some comparisons based on the information provided. Where there is a plus sign use più and where there is a minus sign use meno.

Example
Il lavoro è più facile da trovare in Italia che in Russia.
C'è più libertà di stampa in Italia che in Polonia.
La famiglia è meno unita in Italia che in Ecuador.
C'è meno rispetto per la diversità di religione in Italia che in Brasile.

A   Sanjay Kumar
India
È in Italia (Verona) da 10 anni
Commesso in un negozio di calzature
Sposato con tre figli
In Italia:
    + opportunità di lavoro in Italia
    + libertà di movimento
    – contatti familiari
    – feste religiose e diversità di religione

B   Mercedes Garrido
Ecuador
È in Italia (Roma) da tre mesi
Collaboratrice domestica
Sposata con due figlie
In Italia:
    + assistenza sociale
    – attenzione alla famiglia

C   Moussa Aidara
Senegal
È in Italia (Crotone) da cinque anni
Venditore ambulante

Sposato con un figlio (il figlio vive in Senegal)
In Italia:
+ sicurezza economica
– pericoli di guerre civili
– intolleranza religiosa

D   Hsien-Wen Chang
Cina
È in Italia (Bologna) da due anni
Neurochirurgo
Celibe
In Italia:
+ lavoro negli ospedali
+ libertà di fare carriera
– sovvenzioni dello stato

19 Pen-portrait

Now sketch a brief pen-portrait of each of the characters described above, using as an
example the summary of the interview with Konrad (Activity 17).

20 Fill in the gaps

Complete the following sentences using the appropriate tense of the verbs in the box.
See the example.

> **stabilirsi   trasferirsi   raggiungere   mettere da parte**
>
> **affittare   integrarsi   dare una mano   smettere di   fallire**
>
> **mettere in regola   dividere**

Example
Sono davvero contenta. Il mio capo mi _____ .
Sono davvero contenta. Il mio capo mi ha messo in regola.

1 Mi puoi _____ a finire di scrivere queste lettere?
2 La signora Pisciotta è andata in un centro antifumo e in due settimane
   _____ fumare.

3 Giorgia e Giulio il prossimo anno _____ in Messico perché Giulio ha trovato lavoro lì.

4 Quando eravamo in vacanza, _____ le spese per il mangiare e per i trasporti.

5 La mia azienda familiare _____ . È stato un disastro, mio padre era davvero avvilito.

6 Se voi andate al mare sabato, poi noi vi _____ domenica mattina.

7 Il bambino filippino _____ in classe: ha cominciato ad andare d'accordo con tutti.

8 Ti ricordi la casa al mare vicino alla spiaggia? La voglio _____ per il mese di agosto.

9 Robert _____ a Roma da cinque anni e non ha nessuna intenzione di ritornare in Inghilterra.

10 Quanti soldi _____ (tu) per comprare la macchina nuova?

 ## 21 Match the definitions

Match the words and the expressions in A with the correct definitions in B.

	A		B
1	lavoro fisso	a	La persona che è a capo dell'azienda e alla quale i dipendenti devono rispondere.
2	lavoro precario	b	La persona che per lavoro pulisce i vetri delle macchine ai semafori delle grandi città.
3	lavavetri	c	Una occupazione regolare a tempo pieno con i contributi per la pensione e per le malattie.
4	collaboratore domestico	d	Una persona che lavora per un'altra persona.
5	disoccupato	e	Una persona che non sa né leggere né scrivere.
6	senza fissa dimora	f	Un impiego temporaneo che non garantisce totale sicurezza alla persona impiegata.
7	analfabeta	g	Una persona senza lavoro.
8	dipendente	h	Una persona che non ha una casa dove abitare.
9	datore di lavoro	i	Una persona che aiuta una famiglia nei lavori di casa.

22 Synonyms

Replace the expressions underlined in the sentences below with those used in Activity 18, when you compared Italy with other countries. The first one is done for you.

1 Alcuni sacerdoti sono molto tolleranti verso <u>le differenze di fede</u>. (la diversità religiosa)
2 In molti casi sono <u>i rischi di un conflitto armato</u> che spingono la gente ad emigrare.
3 Per alcune persone <u>la possibilità di un avanzamento professionale</u> è la cosa più importante.
4 In Italia <u>i rapporti con i propri cari</u> sono spesso considerati come l'aspetto più significativo della vita di un individuo.
5 <u>I sussidi che dà il governo</u> variano a seconda delle circostanze.
6 Ogni paese deve garantire ai cittadini <u>un appoggio provvidenziale</u>.
7 <u>Le occasioni lavorative</u> che offre la Germania sono fantastiche.
8 Grazie alle leggi della Comunità Europea, c'è molta più <u>indipendenza negli spostamenti</u>.
9 <u>L'intransigenza verso un diverso credo religioso</u> in alcuni paesi è davvero preoccupante.
10 Lo stato dovrebbe incoraggiare un maggiore <u>interesse per il proprio nucleo familiare</u>.

 ## 23 The multi-ethnic society – positive and negative

Multi-ethnic Italy, what does it mean? Discuss with a partner and find at least three positive and three negative aspects of the multi-ethnic society.

 ## 24 Match the headlines

Now match the headlines in the left-hand column with the sub-headings in the right-hand column.

1 Clandestini in Italia? Solo un immigrato su cinque.

  a Sempre più stranieri nelle classi della capitale.

2 Italia in crescita, merito dei nuovi italiani!

  b Aumento degli immigrati al Nord, anche se la capitale rimane il centro principale dell'immigrazione.

3   Immigrazione, la mappa del fenomeno in Italia.

c   Gli stranieri sono solo il 2.2 per cento della popolazione.

4   La religione degli immigrati non ci preoccupa.

d   Più del 50 per cento degli immigrati sono cristiani. Trenta per cento musulmani.

5   Scuola multirazziale.

e   Nessun diritto politico agli stranieri in Italia.

6   Voto negato agli immigrati.

f   La popolazione è aumentata di mezzo milione in quattro anni grazie agli stranieri residenti nel territorio nazionale.

 25 Complete the grid

What further information can you get from the headlines in Activity 24? List the information gathered under each of the headings shown below.

Quanti?	Dove?	Scuola?	Religione?	Diritti?

Discuss the results with a partner and compare what happens in Italy with what happens in your country.

 26 Priorities

Qual è la cosa più importante quando si cambia paese?

Look at the following issues and prioritise them according to what you believe are the most important aspects of life in a different country. Write the issues in order of priority and then compare your ideas with your partner's. Which issues are the most important for you and for him/her? When comparing use phrases such as:

Per me è più/ meno importante . . . che . . .

Lavoro sicuro	Ricongiungimento del nucleo familiare
Diritto di voto	Possibilità di viaggiare
Casa di proprietà	Diritto allo studio
Libertà di religione	Sicurezza di una vita senza guerre
Sicurezza economica	Libertà di parola e pensiero

KEY VOCABULARY

extracomunitario (m.) non-EU citizen
This word, while theoretically applying to anyone who is not an EU citizen, is generally taken to refer to immigrants from North Africa or Asia but can also be used for immigrants from Eastern Europe, e.g. Kosovo, Poland, etc.

lavavetri (m.)   windscreen washer
This compound word refers to people (normally men or children) who wait at traffic lights hoping to be paid to wash the windscreens of cars which have to stop at a red light.

vu' compra' (m.)   street seller
Vu' compra' – not used in this unit – refers to the immigrants who sell articles on the beach or on city streets. Since the first phrase of pidgin Italian many of them learnt was **Vu compra'?** 'Do you want to buy . . .?', the phrase became a generic term for any immigrant selling items.

Unit 13
AAA Affittasi appartamento

FUNCTIONS	• Focusing on the action
	• Explaining how something is done
GRAMMAR	• *Si passivante*: **si affitta, si vende (affittasi, vendesi)**
	• Prepositions relating to location
	• Dates (centuries): **in un palazzo del 500**
	• Dates and phrases: **il 1º settembre, per brevi periodi**
	• Dimensions: **metri quadri (m²), ettari**
VOCABULARY	• Features of a house
	• Types of house
	• Technical vocabulary relating to property

1 *Tipi di case*

Which types of house are illustrated in the photos below?

1

2

3

4

2 *La casa italiana*

Fill in the gaps in the words below to show:

What are the essential rooms in an Italian house?

1   il b_____o
2   le _____ da letto
3   la c_____a
4   il s_____o
5   la _____ da pranzo
6   il s_____o (optional)

What are the 'optional extras'?

1 il g_____o
2 il g_____e
3 il c_____o
4 la c_____a
5 la t_____a/il t_____o)
6 il p_____o
7 La v_____ chiusa (con vetrata)
8 lo s_____o
9 il p_____o

🖉 3 *Appartamenti in affitto a Roma*

Find in the advert below (**Text 13.1**) a synonym for the following.

1 la posizione	5 varie, differenti
2 il soggiorno	6 economico
3 un regalo	7 bisogni
4 vicino a	

Now find in the advert the Italian equivalent for:

8 facility	11 upmarket
9 light	12 further (information)
10 to offer	

Text 13.1 **Appartamenti in affitto a Roma**

Benvenuti nel nostro sito: Appartamenti in affitto per brevi periodi a Roma – Welcome to Rome

Siamo un gruppo di amici, proprietari di splendidi appartamenti a Roma, che offriamo in affitto per brevi periodi. Tutti i nostri appartamenti in affitto a Roma sono ubicati nel centro storico, la zona più bella e prestigiosa di Roma. Gli appartamenti sono completi di ogni comfort, in ottimo stato, luminosi e tranquilli.

Affittare un appartamento è una comoda e conveniente alternativa in grado di soddisfare le più svariate esigenze di soggiorno a Roma. I nostri appartamenti in affitto vi attendono per una indimenticabile vacanza romana!

L'atmosfera di questi appartamenti fa rivivere il piacere della casa, secondo la più antica tradizione della accoglienza e della ospitalità romana.

Potete scegliere per la vostra permanenza a Roma un appartamento in Piazza di Spagna o affittare per la vostra vacanza un appartamento presso la Fontana di Trevi o soggiornare in un appartamento a S. Pietro o a Campo dei Fiori o presso i Musei Vaticani.

Vi presentiamo:

- deliziosi appartamenti in affitto a Roma per brevi periodi
- informazioni su Roma
- mappe con l'ubicazione degli appartamenti in affitto a Roma
- servizi di assistenza per la vostra vacanza romana
- proposte di appartamenti in affitto "last minute"
- booking on line
- link interessanti per il vostro soggiorno a Roma
- un omaggio per ricordarvi il piacere dell'accogliente atmosfera dei nostri appartamenti
- come nasce l'idea di proporre appartamenti in affitto a Roma per brevi periodi

Ulteriori informazioni su Roma e sugli appartamenti in affitto per brevi periodi, le troverete al seguente indirizzo: www.homesinrome.com.

Buona navigazione e benvenuti in un angolo di paradiso: Roma

Adapted from www.homesinrome.com

4 House terminology

Read all the property adverts in this unit (**Texts 13.1–13.6**) and find the correct term for the places described below. The first one is done for you.

1   un posto dove ci si lava (il bagno)
2   un posto dove si lavano i vestiti
3   un posto dove si cucina e si mangia
4   un posto dove si dorme
5   un posto dove si sta all'aria fresca
6   un posto dove si cucina la carne alla griglia
7   il posto dove si entra in casa
8   il posto dove si mettono molte cose

5 *La casa per le vacanze I*

You and your family/friends are looking for a holiday flat or house to rent near the seaside for the summer. Read the adverts in **Text 13.2** for affitto estivo (summer rental) and discuss them with your family/friends. Make a list (mental or written down!) of the advantages and disadvantages of each one. Look up any words you don't know. You and your classmate(s) should act out one of the following situations, each taking different parts.

- You, your boyfriend/girlfriend and two other friends.
  You'd like one double room and one twin room, though your friends *might* be willing to sleep on a sofa bed (divano letto) in the sitting-room. You're going in August for two weeks.

- Family (you and your two children) and granny's coming too.
  Ideally, single rooms for you and granny, and a twin room for the children, but other options might be possible. You'd like to go in July and rent for three weeks.

- House swap: just you and your partner, looking for a romantic hideaway. One double room will be enough. Any period of the summer is OK but you only have 10 days' holiday.

Text 13.2 **Offerte di affitto estivo**

1 La piccola Casa Lotti ristrutturata in pietra naturale di alabastro, si trova in collina a ca. 5 km dal centro di Casale Marittimo in posizione tranquilla. Accesso tramite ca. 1.300 m di strada sterrata curata. La grande proprietà di 3 ha è composta da uliveti, alberi da frutto, mandorli, pini e cipressi. Il proprietario viene una volta alla settimana per la cura del grazioso giardino con lavanda, oleandri, rosmarino e ginestre. Ampio prato e terrazza attrezzata. Grill. Parcheggio coperto alla casa. Giochi per bambini con casetta, scivolo e altalena. Una bellissima vista sulle dolci colline fino al mare (ca. 15 km) e alle isole d'Elba, Capraia, Gorgona e Corsica. Arredamento nuovo e accogliente in legno chiaro. Soffitti a travi e pavimenti in cotto, finiture artistiche in pietra (cucina, porta, finestra a mezzaluna). La casa è particolarmente adatta per 2 persone (con bambini grandi). I due piani non sono divisi da una porta. Riscaldamento centralizzato. Toscana Immobile Rif CMT 180

2 Montesilvano spiaggia (Pe) affittasi appartamento in villetta con minigiardino per 4 o max 5 posti letto solo per vacanze estive. Tel tra le 18.30 e le 22 ai numeri 0854.454731 o 349.8744891. merc29@tin.it

3 Affittasi per giugno, luglio e settembre appartamento sito in Montesilvano (PE) a 40m dal mare composto da soggiorno, cucina, camera, cameretta, bagno con 5 posti letto. Tel. 03292.180139

4 Abruzzo – Alba Adriatica (TE) – Fittasi a 150 metri dal mare, giugno luglio e settembre, appartamento ammobiliato 5 posti letto, soggiorno, due camere, servizi, balconi, garage, anche per 15 giorni o settimana. Tel. 0861.89341 cardo@ciaoweb.it

5 Affittasi villetta indipendente a soli 18 km dal mare (costiera ionica, Soverato) per i mesi di luglio, agosto, settembre a prezzi vantaggiosissimi. barga@libero.it. Telefono: 0967–91614

6 *La casa per le vacanze II*

Work in pairs. Once you have decided which of the holiday houses would best suit your needs, call the landlord or owner of the property for details. Student A will play one of the parts described in Activity 5 above, while Student B will play the part of the person who placed the advert and should have all the information ready, even inventing a few more details where necessary!

 7 Turn adspeak into normal text

Read the adverts for house rentals and sales (**Text 13.3**). Transform the 'adspeak' into 'normal' text following the example given.

Adspeak

> Montesilvano spiaggia (Pe) affittasi appartamento in villetta con minigiardino per 4 o max 5 posti letto solo per vacanze estive. Tel tra le 18.30 e le 22 ai numeri 085.4454731 o 349.8744891. merc29@tin.it

Normal text

> A Montesilvano (Pescara) si affitta un appartamento in una villetta con un piccolo giardino per quattro o al massimo cinque posti letto, solo per le vacanze estive. Telefonare tra le 18.30 e le 22.00 ai numeri 085.4454731 o cellulare 349.8744891. E-mail: merc29@tin.it

---

Text 13.3 **Piccoli annunci: Affitti e compravendita**

---

1   Vendo abitazione di mq 92 con garage di mq 18 lavanderia mq 50 con ampio terreno da adibire ad orto o eventuale ampliamento dello stabile sita in Mezzogoro (FE) Via Indipendenza al prezzo di €75.000 trattabili. Disponibile a qualsiasi dimostrazione, previo appuntamento allo 0533.95464 o cell. 338.3507597

2   Gallarate in stabile medio signorile con giardino condominiale affittiamo piano alto salone cucina abitabile tre camere doppi servizi ripostiglio loggia balcone cantina box.

3   Fitto appartamento a Napoli per studenti/esse perfettamente arredato. Rupa1@supereva.it Telefono: 0982.6056

4   Tartini Via, privato affitta, fine
    maggio, ottimo monolocale, cucinotto
    abitabile, anticamera, bagno,
    riscaldamento, ben arredato, a singola
    persona referenziata, lavoro sicuro,
    no agenzie.

5   Affittasi x giugno, luglio e settembre
    appartamento sito in Montesilvano
    (PE) a 40m dal mare composto da
    soggiorno, cucina, camera, cameretta,
    bagno con 5 posti letto.
    Tel.03292.180139

8 *Offerte di affitto a Milano*

You are relocating to Milan with your wife and one small child for a year. You want to rent an apartment. Look at these adverts and compare them. Which would suit you best? Discuss with your partner.

Text 13.4 **Offerte di affitto a Milano**

---

1   Gallarate in stabile medio signorile con giardino condominiale affittiamo piano alto salone cucina abitabile tre camere doppi servizi ripostiglio loggia balcone cantina box.

2   MM Piola: in stabile epoca signorile appartamento mq. 150 composto da 3 camere, soggiorno, studio, cucina abitabile, doppi servizi e giardino privato di 100 mq €1.500 libero 01/09/04 Rif.A431R

3   Via Pantelleria affittasi appartamento non arredato composto da tre locali, cucina, bagno, terrazzo. €650.000

9 *Appartamento in Via Pantelleria I*

Listen to the phone conversation (**Audio 13.1**) about the apartment and answer the questions below.

> Via Pantelleria affittasi appar-
> tamento non arredato composto
> da tre locali, cucina, bagno,
> terrazzo. €650 mensili

1   What is the name of the owner?
2   How many bedrooms does the apartment have?
3   How big is the terrace?
4   How far is it to the metro station?

10 *Appartamento in Via Pantelleria II*

Listen to the phone conversation (**Audio 13.1**) again and fill in the blanks in the passage below.

Pronto, Signora Casini? Sono _____ Sebastio. Le telefono a proposito dell'appartamento in Via Pantelleria. Posso chieder_____ alcune cose?

Certo, certo. Che _____ Le servono?

Beh, primo, vedo che ci sono tre _____. Sono due camere e un soggiorno, vero?

Si, due camere e soggiorno. Di quante _____ ha bisogno Lei?

Guardi, noi siamo in tre: io, mio marito, e nostro _____di 14 anni. Quindi è essenziale per noi avere due camere. Senta, _____ è grande? Si potrebbe mettere una tavola?

Come no! Tavola, sedie, anche qualche _____ sdraio.

Ah. Senta, mio marito lavora in centro. Quanto _____da Via Pantelleria alla stazione a piedi?

Mah, dipende. A piedi ci vogliono forse 10 minuti, non è _____.

Signora, grazie delle informazioni. Ne parlo con mio marito e La chiamo magari domani per _____ _____, per venire a vedere la casa.

11 *Scambio di casa*

After reading lots of adverts for house exchanges, you decide to write an advert for your own house in the UK. Use the Italian adverts as a model. In your advert, specify where and when you would like to go to Italy:

Text 13.5 **Annunci scambi di casa**

1   Scambio appartamento a Parigi (40 m²) con appartamento a Roma (2–3 settimane – periodo luglio-agosto) margueritenoelfr@yahoo.fr Telefono: 0033.664.449035

2   Scambio appartamento a Firenze, pressi Duomo, appena ristrutturato con appartamento a Londra zona 1 o 2 nei mesi di agosto e settembre. 4 posti letto camera matrimoniale. sandrodigra@yahoo.it Telefono: 347.8540485

3   Scambio casa indipendente a Calagonone (Sardegna Golfo di Orosei) seconda quindicina di luglio, con casa in montagna (ad altitudine minima 1200 m) Telefono: 070.475581 E-MAIL: gianni.marconi@tin.it

4   Scambiamo mansardina al mare di 80 mq in località Lavinio (15 km da Anzio e Nettuno e 35 km da Roma). Carinissima, 4 posti letto, camera matrimoniale, una per ragazzi, saloncino, cucina, bagno, terrazzino e posto macchina privato coperto. Periodo agosto 2004. Scambiamo con appartamento a Praga o Salisburgo, o altre destinazioni estere da valutare. Telefono: 0696.371453. E-mail: elide.giannini@tin.it

5   Scambio casa a Venezia (2 stanze, 1 sala con pianoforte, cucina, bagno e giardino), con appartamento a New York o a San Francisco. Un mese da concordare nel periodo compreso tra luglio 2004 e maggio 2005. E-mail: ds.ferrari@tin.it

12 *La casa in Toscana*

Work in pairs. You and your partner have won the lottery and finally you can buy that dream house in Tuscany. But you disagree on all the adverts you have seen. Each of you has a set of adverts and each of you finds something positive to say about your own adverts and something negative to say about the other's. Would it be a good idea to use an agency, such as Toscana Immobiliare? You have about €500.000 to spend but would be prepared to spend more, if the house offers some possibility of an income, e.g. rental income, holiday homes. Take into consideration the following points in your argument.

*   Bisogna ristrutturare la casa?
*   È vicino al mare?
*   È in montagna/in campagna?

- Il giardino è grande/piccolo?
- Ci sono poche camere o molte camere?
- Si può ampliare?
- C'è una terrazza o no?
- È già arredato o bisogna comprare i mobili?
- C'è un panorama splendido?
- Ci sono dei negozi vicino o no?

Text 13.6 **La casa in Toscana**

Chi siamo?

Toscana Immobiliare è una moderna agenzia che opera su Siena e Arezzo, nel centro della Toscana e nel cuore della Valdichiana dove nascono gli inimitabili paesaggi immersi nella quiete dei tesori d'arte. Siamo al servizio di chi desidera acquistare un casale o trascorrere una vacanza in una casa caratteristica toscana. Vi aspettiamo!

Student A's choices

La Bucaccia

In una posizione ineguagliabile per tranquillità, bellezze naturali, autentica simbiosi uomo-natura, sorge "La Bucaccia". Rustico ristrutturato nelle tranquille colline aretine. Ideale per vacanza tranquilla e distensiva. Giardino incantevole ricco di piante e fiori dai colori variopinti. Proprietà completamente recintata con ampio spazio boschivo e ruscello a disposizione. Parcheggio esterno. 1.000 mq di terreno. Superficie mq 300. PIANO TERRA: scale esterne, piccolo soggiorno, grande sala da pranzo con camino all'interno della veranda chiusa con vetrata (possibilità di 2 posti letto), cucina, 1 studio con accesso alla terrazza, 1 bagno. 1° PIANO: Salotto con camino dal quale è possibile accedere al giardino, 2 camere matrimoniali, salottino, 1 bagno, corridoio con accesso al giardino. MANSARDA: 1 camera con 2 letti singoli. Mobilio buono. In vendita: €440.000.

Elba (mare)

Comune di Rio nell'Elba, località Baia di Nisporto. Splendida villa singola di recente costruzione, posizione incredibile a soli 50 mt dal mare composta da due appartamenti più giardino privato. Piano terra: mq 150 circa composto da 2 camere matrimoniali – 2 bagni – cucina abitabile – soggiorno – cantina – pergolato – mq 700 circa giardino cintato.
Completamente arredato e corredato. Piano primo: mq 45 circa composto da 1 camera – bagno – soggiorno con angolo cottura – terrazzo 100 mq circa – completamente arredato e corredato. €650.000.

Radda in Chianti

Posizione panoramica, ben ristrutturata, mq 300 su tre livelli. Immersa in un bellissimo bosco di querci e olivi. €500.000.

Student B's choices

Chianti Casale Vigna

Casa colonica di particolare bellezza e posizione – immersa nei vigneti del chianti classico – 40 km da Firenze – magnifica veduta – mq 300 su due livelli – con tripla – soggiorni – patio – giardino d'inverno – perfettamente ristrutturata anche arredata €2.000.000.

Casale Fornaci

Il casale Fornaci, posto sulle pendici che si affacciano a sud-ovest verso la valle dell'Ambra, presenta la classica planimetria a "C", con la colombaia. Sulla corte chiusa si affacciano al piano terra tre archi, mentre al primo piano c'è un ampio loggiato con due pilastri. Fanno parte di Fornaci anche due capanne indipendenti dal resto del fabbricato, dove è possibile realizzare due appartamenti. Il casale può essere acquistato intero con la possibilità di realizzare fino a cinque appartamenti, di cui 3 nel fabbricato principale e 2 nei due annessi. La superficie commerciale è di mq 923. Il terreno di pertinenza è di oltre 2 ettari. €700.000.

Casale Apparita

Situata vicino all'ingresso principale della tenuta, ma in posizione appartata, l'Apparita gode di un'incomparabile vista verso sud, con il campanile del Duomo di Siena e la Torre del Mangia sullo sfondo. Dal punto di vista architettonico, l'Apparita è il classico casale a corte, con una loggia di tre archi, sovrastata dalla torre colombaia. L'Apparita già ristrutturata, mantiene l'indirizzo originario di casa unifamiliare per quanto riguarda il fabbricato principale, con una superficie commerciale di mq 498. Nell'annesso è stato realizzato un appartamento con una superficie commerciale di mq 88. Il terreno di pertinenza è di circa 7 ettari. €485.000.

Adapted from www.toscana immobilare.it

GRAMMAR NOTES

Prepositions

Prepositions relating to the position of property include:

al terzo piano	on the third floor		**al pianterreno**	on the ground floor
al piano terra	on the ground floor		**nel centro storico**	in the old town
in centro	in the centre		**in collina**	in the hills
in periferia	on the outskirts		**in campagna**	in the countryside
in montagna	in the mountains		**al mare**	at the seaside

There are 20 Italian regions. They are used with the preposition **in**, whether referring to staying *in* or to going *to*. With towns and cities, on the other hand, use the proposition **a** for either 'to' or 'in':

a Roma	in Rome		**in Toscana**	in Tuscany

Regions that have masculine singular form prefer **nel** to **in**.

nel Lazio	in Lazio		**nell'Alto Adige**	in the Alto Adige
nel Veneto	in the Veneto		**nell'Abruzzo**	in the Abruzzo

Other prepositional phrases relating to property include: **in affitto** 'rented'.

Periods and centuries

Note how the centuries commonly knock 1000 years off their age:

il Quattrocento	**quindicesimo secolo**	fifteenth century
il Cinquecento	**sedicesimo secolo**	sixteenth century
il Seicento	**diciassettesimo secolo**	seventeenth century
il Settecento	**diciottesimo secolo**	eighteenth century
l'Ottocento	**il diciannovesimo secolo**	nineteenth century
il Novecento	**il ventesimo secolo**	twentieth century

un palazzo del Cinquecento   a sixteenth-century building

Finally, this current century is known as **il Duemila (ventunesimo secolo)**.

Dimensions

Apartments in Italy are always described by size, in **metri quadri** 'square metres' abbreviated as **m²** or more commonly **mq**. Land is described in **ettari** 'hectares' abbreviated as **ha**.

Si affitta, si vende (affittasi, vendesi)

When advertising a place for rent, owners often invert the phrase **si affitta** ('one rents') as in **affittasi appartamento** which allows them to get their advert near the beginning of the alphabetical list! They also sometimes add the letters A.A.A. **Affitto** 'I rent' is occasionally shortened to **fitto**.

Si passivante/si impersonale

The **si impersonale** (English 'one') and the **si passivante** (the **si** that makes the verb passive) are a way of focusing on the action rather than the person doing it.

What's the difference?

Although the **si passivante** is *not* exactly the same as the **si impersonale**, the meaning is very similar. The **si impersonale** is *only* used with a singular verb and the verb can be intransitive (i.e. does not take an object):

D'estate *si va* al mare.
In the summer one goes (people go) to the seaside.

The **si passivante** can be formed with a singular or plural verb but the verb must be transitive (i.e. takes an object). If the person or object having the action 'done' to them is singular, the verb will be *singular*:

***Si affitta* un appartamento al centro di Londra.**
There is a flat for rent in the centre of London.

If there is more than one person or object involved, the verb must be *plural*:

***Si affittano* degli appartamenti a Palermo.**
There are apartments for rent in Palermo.

Ci and si

When a reflexive verb such as **si alza** 'he/she gets up' is used with **si impersonale** 'one gets up', it forms the combination **ci si alza**:

***Ci si alza presto* per andare a scuola.**
One gets up early to go to school.

The **si** constructions are often used in the press, because they sound impersonal and formal, rather than personal and possibly biased, so they are covered again in Unit 20.

13 Periods and centuries

Say (in Italian) which century these dates belong to, and how you would normally refer to them in Italian:

1458   _____ _____
1568   _____ _____
1645   _____ _____
1775   _____ _____
1945   _____ _____

14 Towns and regions

Your friends have all bought holiday houses. Say where they all are, adding the preposition a or in or nel:

_____ Grosseto | _____ Alto Adige
_____ Campania | _____ Lombardia
_____ Lazio | _____ Veneto
_____ Venezia | _____ Siena
_____ Castellamare del Golfo | _____ Sicilia

15 Singular or plural?

Here is a selection of houses or apartments for sale (vendere) or rental (affittare). Choose the correct form of si impersonale and the most suitable style.

Example
Affittasi appartamento in centro.
Si affitta una bellissima casa in campagna

1   _____due appartamenti attigui. Ideale per gruppi di amici. (for rent)
2   _____monolocale a Via Bari, libero 20/9/2004. (for rent)
3   Villetta a schiera _____ a Bergamo, periferia. (for sale)
4   _____ appartamenti in vecchio casolare toscano. (for rent)
5   _____ bellissima villetta isola di Elba, stupenda vista sul mare. (for sale)

16 Infinitive to *si passivante*

Recipes are often given using *si passivante* but sometimes writers use the infinitive, as in the example below. Change the recipe below (**Text 13.7**), using the *si passivante* instead of the infinitives shown in bold, for example:

Preparare i pomodori ▶ Si preparano i pomodori

Text 13.7 **Ricetta**

Penne (o spaghetti) prosciutto e ricotta

Ingredienti per 5 persone:

gr. 700 di penne o spaghetti, gr. 70 di ricotta, gr. 150 di prosciutto crudo a dadini (oppure fette a pezzi), sale e pepe

Far cuocere le penne in acqua bollente e salata. Nel frattempo, **prendere** la ricotta, **aggiungervi** qualche cucchiaio di acqua bollente della pasta e **lavorarla** bene con un cucchiaio di legno fino ad ottenere una densa crema. **Scolare** le penne al dente, **rimetterle** in pentola assieme alla crema di ricotta e cuocere per tre o quattro minuti a fuoco lento mescolando in continuazione e aggiungendo il prosciutto e una spolverata di pepe.

KEY VOCABULARY

Types of houses

appartamento (m.)	apartment
attico (m.)	(chic) attic apartment
casa (f.)	house (generic term)
casale (m.)	old house in the country, restored or not
casolare (m.)	old house or farm building, restored or not
casetta (f.)	cottage, small house
condominio (m.)	communal block of apartments
fabbricato (m.)	building
mansarda (f.)	attic, loft
monolocale (m.)	one-room apartment, bedsit
palazzo (m.)	apartment block
palazzone (m.)	big (ugly) apartment block
residence (f.)	development of houses, often holiday houses
rustico (m.)	house in the country, sometimes in ruins
villa (f.)	independent villa with grounds
villa a schiera (f.)	linked villa, usually in a development
villetta (f.)	small independent house/villa

Rooms and other features

armadio (m.)	cupboard, e.g. for clothes
bagno (m.)	bathroom
bagno padronale	master bathroom (generally off main bedroom)

barbecue (m.)	barbecue		**lavanderia** (f.)	laundry
box (m.)	garage		**parcheggio** (m.)	car park
camera (f.)	room, particularly bedroom		**pergolato** (m.)	pergola covered terrace
camere (f.pl.) da letto	bedrooms		**posto macchina** (m.)	parking space
			ripostiglio (m.)	cupboard (general purpose)
caminetto (m.)	fireplace		**sala** (f.) **da pranzo**	dining room
cantina (f.)	cellar		**salone** (m.)	sitting-room (more formal)
cucina (f.)	kitchen			
cucina abitabile	eat-in kitchen		**saloncino** (m.)	little sitting-room
cucinotto (m.)	small kitchen, kitchenette		**salotto** (m.)	living room
dispensa (f.)	cupboard, e.g. for food		**soggiorno** (m.)	living room (more informal)
doppi servizi (m.pl.)	two bathrooms		**studio** (m.)	study
garage (m.)	garage		**terrazza** (f.)	terrace (generally large)
giardino (m.)	garden		**terrazzo** (m.)	terrace
giardino condominiale	communal garden		**veranda** (f.)	balcony
			veranda chiusa	covered balcony

Unit 14
La vita italiana

FUNCTIONS
- Reading Italian literary passages or newspaper articles
- Reading more complex texts

GRAMMAR
- Conditional mood *(condizionale)*
- Non-finite verb forms: infinitive, gerund, participle
- Past historic *(passato remoto)*
- Pluperfect *(trapassato)*

VOCABULARY
- Aspects of Italian life
- News items (crime coverage)

1 *Sono un italiano vero*

Read the article from the online newspaper *Qui Italia* (**Text 14.1, Audio 14.1**). Write or say something about each aspect of the writer's life and how it is tied up with the Presidente del Consiglio (Berlusconi).

Example
Casa
Mario vive in un palazzo costruito dal Presidente del Consiglio.

1 Automobile
2 Lavoro
3 Spesa
4 tv
5 Spot pubblicitari
6 ISP (Internet Service Provider)
7 Calcio (football)
8 Cinema
9 Lettura (libri, giornali)
10 Risparmi

Text 14.1 **Sono un italiano vero**

Quando si può dire "grazie" a un solo uomo

Salve, mi chiamo Mario Rossi e vivo a Milano, in un palazzo costruito dall'attuale Presidente del Consiglio. Lavoro in un'azienda dove l'azionista principale è ... il Presidente del Consiglio.

Anche l'assicurazione dell'auto con cui mi reco al lavoro, è del Presidente del Consiglio.

Mi fermo tutte le mattine a comprare il giornale, di cui è proprietario il Presidente del Consiglio.

Al pomeriggio, esco dal lavoro e vado a far spesa in un supermercato del Presidente del Consiglio, dove compro prodotti realizzati da aziende del Presidente del Consiglio.

Alla sera, quasi sempre guardo le tv del Presidente del Consiglio, dove i film (spesso prodotti dal Presidente del Consiglio) sono continuamente interrotti da spot realizzati dall'agenzia pubblicitaria del Presidente del Consiglio.

Allora mi stufo e vado a navigare un po' in Internet con il provider del Presidente del Consiglio. Soprattutto, guardo i risultati delle partite, perché faccio il tifo per la squadra del Presidente del Consiglio.

Una volta a settimana più o meno vado al cinema, nella catena del Presidente del Consiglio, anche lì vedo un film prodotto dal Presidente del Consiglio, e gli spot iniziali sono realizzati dall'agenzia del Presidente del Consiglio.

La domenica rimango a casa, leggendo un libro, la cui casa editrice è di proprietà del Presidente del Consiglio.

Naturalmente, giustamente, come in tutti i paesi democratici anche in Italia è il Presidente del Consiglio che fa le leggi, che vengono approvate da un parlamento dove la maggioranza è saldamente in mano al Presidente del Consiglio. Che ovviamente governa nel MIO esclusivo interesse.

Mario

p.s. Mi scordavo, i miei risparmi sono investiti in una banca del Presidente del Consiglio.

Adapted from Qui Italia www.quitalia.it

GRAMMAR NOTES I

Conditional mood (present tense)

The conditional mood (present tense) was introduced briefly in Unit 10, as a 'courtesy' form. Frequently verbs of wishing are expressed in the conditional form ('I would like', etc.) since it is a more gentle form of request than the straightforward indicative. It is called 'conditional' because the statement will only become fact *on condition that something happens.* The forms of the Italian *condizionale,* a verb mood, vary little from verb to verb. (For past conditional, see Unit 22.) It is used to express the following common functions:

a   to express a wish:

Vorrei un panino con pomodoro e mozzarella.
I would like a tomato and mozzarella sandwich.

b   to express a request more politely:

Le _dispiacerebbe_ passarmi la giacca?
Would you mind passing me my jacket?

Potrei venire domani dopo cena?
Could I come tomorrow after dinner?

Mi _farebbe_ una cortesia?   (un piacere, un favore)
Could you do me a favour?

c   to make a statement sound less categorical:

Non _saprei_ dire.
I wouldn't be able to say.

***Dovrei* fare i compiti.**

I ought to do my homework.

Compare this last sentence with the less hesitant:

***Devo* fare i compiti.**

I must do my homework.

d   to express rumour or report:

The conditional is often used in the press to talk about an event that is *alleged* to have happened. It is translated by a straightforward present indicative in English (see also Units 20 and 21).

Secondo la stampa, il Presidente *sarebbe* contrario all'accordo.
According to the press, the president *is* against the agreement.

Secondo la mia amica, Carmela *avrebbe* più di 50 anni.
According to my friend, Carmela *is* over 50.

e   when a condition is implied or stated:

You use the conditional when an action is dependent on certain conditions being fulfilled; sometimes these conditions are stated; sometimes they are just implied.

***Andrei* in vacanza (ma non ho soldi).**
I would go on holiday (but I don't have any money).

Io *partirei* subito.
I'd leave straightaway.

(An *if* condition is implied – such as if I were you, if I were able.)

¶   2   What would you do?

Say what *you* would do in each of these different situations, using the present conditional. In some cases there is more than one answer suggested.

Example
Il gatto è scappato da casa. (andare in giro a cercarlo/chiedere ai vicini di casa)
Io andrei in giro a cercarlo/Io chiederei ai vicini di casa.

1   Tuo figlio va male a scuola. (andare a parlare con la maestra)
2   Sei ingrassata e non entri più nei vestiti. (mettersi a dieta/comprare una taglia più grande)
3   Ti fa male un dente. (andare dal dentista/telefonare al dentista)

4   Vuoi andare in vacanza e hai pochi soldi. (cercare un albergo economico/cercare un lavoro per guadagnare soldi)

5   I tuoi amici bevono il vino ma tu devi guidare. (bere solo analcolici)

6   Hai fame. In casa ci sono solo uova e patate. (fare una frittata)

7   La casa è molto sporca e stasera arrivano i tuoi. (pulire la casa al più presto)

8   Hai comprato dei cornetti e non vuoi dividerli con nessuno. (tenerli tutti per te)

9   Vai a Milano per lavoro e vuoi avere informazioni sugli alberghi. (leggere una guida/cercare in Internet)

GRAMMAR NOTES II

Verb forms: infinitive, participle or gerund?

The 'non-finite' verb forms (those which do not conjugate) may have different uses, for example Italian may use the infinitive **-are**, **-ere**, **-ire** form (English 'to do') where English uses the gerund form ('-ing').

Infinitive

Insiste per *aprirmi* la porta.
He insists on *opening* the door for me.

Gerund

The Italian *gerundio* ('gerund') is only used when its subject is the person who is carrying out the main action. Often it is used where the English has the meaning of 'by' doing something or 'while' doing something:

Hanno risparmiato *licenziando* tutto il personale.
They've saved money by sacking all the staff.

Participle

There are two participle forms: the present participle and the past participle. (See Unit 8 for the forms of the past participle.) The present participle is normally formed by adding **-ante** or **-ente** to the verb stem: **cantare – cantante** 'singing', **contenere – contenente** 'containing', with some minor variations. It has limited uses, often in set phrases (**volente**, **nolente** 'willy nilly') or in bureaucratic language (railway announcements!), as below. It has often turned into a noun (**cantante**) or adjective (**seguente**).

L'interregionale *proveniente* da Reggio Calabria è in arrivo al binario 22.
The inter-regional train (coming) from Reggio Calabria is arriving at platform 22.

Warning!!!

Don't use the participle with **stare** to express the present progressive – use the gerund:

Sto *arrivando.*
I'm just coming.

Don't use the gerund where Italian requires the infinitive, e.g. where the '-ing' form is seen as a concrete concept:

Cosa significa *vivere* all'estero?
What does *living* abroad mean?

Don't use a preposition with the gerund, as you do in English:

È diventata ricca *sposando* un miliardario.
She became rich *by* marrying a millionaire.

 ## 3 Infinitive, gerund or participle?

Choose the correct verbal form: infinitive, gerund or participle?

1   La domenica rimango a casa *leggendo/a leggere* un libro.
2   *Fumare/fumando* fa male alla gola.
3   Preferisco *mangiare/mangiando* cioccolatini.
4   Mi sono fermata *a comprare/comprando* il giornale.
5   Ho smesso *di comprare/comprando* il giornale, costa troppo.
6   È uscita dalla stanza *piangendo/piangere*.
7   Era *seduta/sedendosi* davanti alla finestra.
8   Stavo *scrivendo/scrivere* una lettera al mio amico.

4 Gerund

In this text about **Il Chocoholic (Text 14.2)**, change the main verbs in bold into a gerund form, (**-ando, -endo**), so that the sentence still makes sense. The first one is done for you.

Example
Il chocoholic maschio si fa di fondente, sceglie marche raffinate, sperimenta molto.
Il chocoholic maschio si fa di fondente, scegliendo marche raffinate, sperimentando molto.

Text 14.2 **Il Chocoholic**

Nuovo tipo di ubriaco – il "Chocoholic"

Il chocoholism, l'alcolismo da cioccolato, è uno dei pochi campi in cui gli uomini restano più avanzati e sofisticati delle donne. Il chocoholic maschio si fa di fondente, **sceglie** marche raffinate, **sperimenta** molto. Guarda male anche la chocoholic femmina perché preferisce il cioccolato al latte.

La media cioccolatista italiana non solo non ama troppo il fondente, è anche una consumatrice compulsiva e seriale di cioccolata a grande diffusione. A seconda dell'età, ha cominciato con "cioccolatino per bambini" con riso soffiato, o "più latte meno cacao" e non se ne è mai allontanata. Tuttora, nei momenti più difficili, ne tiene in borsa, ne mangia al lavoro, ne usa come aperitivo che l'aiuti ad affrontare deprimenti serate davanti alla tv.

Ma anche le donne chocoholic sono divisibili in due sottotipi: la Segretista e la Liberata. La Segretista, spesso con tendenze bulimiche, mangia la sua cioccolata di nascosto. Nei casi blandi aspetta di tornare a casa e si abbuffa, stesa davanti al televisore. Nei casi disperati esce dall'ufficio, compra barrette al bar, e **le divora** fra vicoli e cortili; oppure tiene "Baci Perugina" in macchina, **li mangia** ai semafori, **rischia** un incidente per leggere la frase d'amore sul bigliettino. Perché la chocoholic è una ragazza sentimentale.

La Liberata, invece, è convinta di aver risolto le sue tendenze bulimiche. Ha letto tutte le notizie sugli effetti antidepressivi del cioccolato. Perciò gira sempre carica di tavolette barrette e cioccolatini, **li tira** fuori in ogni momento, **li offre** per condividere la sua colpa, **si fa** odiare da tutti i chocoholic semidisintossicati, perché **li induce** continuamente in tentazione. Al bar, da ottobre ad aprile, tenta di ordinare cioccolata calda con panna.

I chocoholic etero dei due sessi non si mettono quasi mai insieme. Hanno troppo poco in comune, anche d'estate. Gli uomini vanno a cercare, in gelaterie piccole e lontanissime **dove fanno** mezz'ora di fila, gusti cioccolato amaro rarissimi. Le donne, se Segretiste, tengono bidoncini cremosi in freezer, di quelli formato famiglia, e **ne mangiano** uno intero ogni volta; se Liberate, vanno al bar dieci volte al giorno **a comprare** qualunque cosa, cornetti, biscotti ripieni; e **li divorano** al grido di "tanto è quasi tutta aria".

Adapted from Qui Italia, www.quitalia.it

Passato remoto (past historic)

One verb tense common in literature is the *passato remoto* ('past definite' or 'past historic'). In central and southern Italy, the *passato remoto* is also used in spoken Italian to speak about past events, while in northern Italy the *passato prossimo* ('present perfect') is more common. The *passato remoto* is a simple perfect tense of one word *(passato semplice)* while the *passato prossimo* is a compound perfect tense formed of two words *(passato composto)*. Here are examples of the two different past tenses:

***È arrivata* la settimana scorsa.**   *(passato prossimo)*
***Arrivò* la settimana scorsa.**   *(passato remoto)*
She arrived last week.

***Hai conosciuto* il suo fidanzato?**
***Conoscesti* il suo fidanzato?**
Have you met her fiancé?

The difference between the two sets of examples is *not* one of *time*, as suggested by traditional Italian grammars, which talk about the *passato remoto* as 'far-off' or 'historic' past, and the *passato prossimo* as 'near' past.

The main function of the *passato remoto* is to represent events in the past which have *no connection with the present*. So, when talking about the date someone was born, the *passato remoto* is normally used if that person is no longer alive:

Gianni Agnelli *nacque* nel 1921. *Diventò* Vice-Presidente della FIAT nel 1946 e Presidente nel 1966.
Gianni Agnelli was born in 1921. He became Vice-President of FIAT in 1946 and President (Chairman) in 1966.

However, if we want to stress the relationship of Agnelli with the present, in other words his continuing influence on the company, his heirs, we use the *passato prossimo*:

Gianni Agnelli *è nato* nel 1921. *È diventato* Vice-Presidente della FIAT nel 1946 e Presidente nel 1966, mantenendo il controllo dell'azienda familiare fino all'età di 75 anni. Dopo la sua morte nel 2003, l'azienda è andata in crisi e non è forte come prima.
Gianni Agnelli was born in 1921. He became Vice-President (Deputy Chairman) of FIAT in 1946 and President (Chairman) in 1966, retaining control of the family company until the age of 75. After his death in 2003 the company went into a crisis and is not as strong as before.

For most learners of Italian, the *passato prossimo* is the only tense you are likely to want to use. You should however be able to recognise the *passato remoto* when you hear it in spoken Italian in central or southern Italy or when you meet it in written Italian, e.g. in literature or newspaper reporting.

5 *Passato remoto* ▶ *passato prossimo*

In this extract from the novel *Sostiene Pereira* by contemporary writer Antonio Tabucchi (**Text 14.3**), change the verbs in the past tense used in literary writing (*passato remoto*) into the past tense normally used in conversation, the *passato prossimo*.

Text 14.3 Extract from *Sostiene Pereira*

Si recò al Café Orchidea, che era lì a due passi, dopo la macelleria ebraica, e **si sedette** a un tavolino, ma dentro il locale, perché almeno c'erano i ventilatori, visto che fuori non si poteva stare dalla calura. **Ordinò** una limonata, **andò** alla toilette, **si sciacquò** mani e viso, si **fece** portare un sigaro, **ordinò** il giornale del pomeriggio e Manuel, il cameriere, gli **portò** proprio il 'Lisboa'.

Adapted from Antonio Tabucchi, *Sostiene Pereira* (Feltrinelli 1994)

GRAMMAR NOTES IV

Pluperfect (**trapassato prossimo**)

When to use

The pluperfect tense is used to describe an action or event which had already taken place *before* another event or action in the past. Its name means 'more than perfect', in other words 'one tense back from the perfect'.

Abbiamo invitato anche Luca ma *aveva* già *cenato*.
We asked Luca to come too but he had already eaten dinner.

***Eravamo* appena *arrivati* in montagna quando mio figlio è caduto e si è rotta la gamba.**
We had just got to the mountains when my son fell and broke his leg.

It can also be used without explicit reference to any event it precedes:

La mia amica non *aveva* mai *visto* Napoli. Infatti non *era* mai *stata* in Italia.
My friend had never seen Naples. In fact she had never been to Italy.

Io invece *ero stata* a Napoli molte volte.
I on the other hand had been to Naples many times.

The pluperfect is often used with one of the following phrases of time:

appena	as soon as, no sooner (had . . .)
dopo che	after
già	already
non . . . mai	never
non . . . ancora	not yet
prima	earlier, before
quando	when
siccome	since

How to form

The pluperfect tense (English: 'I had eaten' etc.) is formed by combining the imperfect of the verb **avere** (**avevo** etc.) and the *past participle* of the appropriate verb:

(io) avevo mangiato	**(noi) avevamo mangiato**
(tu) avevi mangiato	**(voi) avevate mangiato**
(lui) aveva mangiato	**(loro) avevano mangiato**
(lei) aveva mangiato	
(Lei) aveva mangiato	

The pluperfect of verbs that use **essere** combines the imperfect tense of **essere** (**ero** etc.) with the *past participle* of those verbs. The past participle then has to agree with the number and gender of the subject:

(io) ero arrivato/a	**(noi) eravamo arrivati/e**
(tu) eri arrivato/a	**(voi) eravate arrivati/e**
(lui) era arrivato/a	**(loro) erano arrivati/e**
(lei) era arrivata	
(Lei) era arrivato/a	

Using the imperfect tense and **da**

Da (see Unit 4, **da** and present tense expressing the past) can be used with the imperfect to express the pluperfect, i.e. what you had been doing, if you were *still doing it* at the time of the second action:

Stavo a Oxford *da* pochi mesi quando ho conosciuto Mark.
I had only been in Oxford for a few months when I met Mark.

6 *Neonato accoltellato*

All the past tenses in this news item **Neonato accoltellato** (**Text 14.4**) have been replaced by verbs in the infinitive. Can you find the correct past tenses – imperfect, perfect or pluperfect – and write them back in? The first sentence is done for you.

Example
Nessuno tra i familiari sapeva della gravidanza.

Text 14.4 **Neonato accoltellato**

Mantova: nessuno tra i familiari (**sapere**) della gravidanza.
Partorisce una bimba e la uccide a pugnalate.
La ragazza, aiutata dalla madre, (**tentare**) di nascondere il corpicino.

Anna Talò

(**Morire**) così, ieri mattina, senza un nome, senza nemmeno (**aprire**) gli occhi. Appena partorita, la mamma, o forse la nonna, l'(**uccidere**) e (**tentare**) anche di nascondere il cadavere. Ma poi un'emorragia (**costringere**) Rosa Abruzzese, 28 anni, originaria di Torre del Greco, ma al Nord da quindici anni, ad andare in ospedale a Suzzara, in provincia di Mantova: i medici (**capire**) subito che (**avere**) un bambino. Insospettiti, allora, (**allertare**) i carabinieri di Gonzaga, dove vive la donna. I carabinieri (**andare**) a casa a controllare e (**trovare**) il cadavere nascosto sotto un cumulo di panni. Tre chili di bambina, nata all'ottavo mese di gravidanza, colpita 15 volte con un coltello.

Che cosa (**succedere**)? Nessuna delle due, fino ad ora, (**volere**) parlare. Rosa apparentemente (**accettare**) la gravidanza, pur nascondendola ai parenti: (**andare**) ai controlli, (**fare**) le ecografie, (**prenotare**) il parto in un ospedale delle vicinanze. Ma ieri quelle quindici coltellate su una bambina di tre chili. Forse il compagno di Rosa l'(**abbandonare**). Forse (**vedersi**) persa, questa donna, che da 15 anni (**vivere**) senza una sicurezza. Nessun appoggio familiare, dato che la madre (**dividersi**) fra due matrimoni, fra Gonzaga e Torre del Greco. Nessun appoggio economico, perché Rosa (**cambiare**) spesso lavoro, (**passare**) dalle pulizie, alle catene di montaggio delle aziendine. Non (**riuscire**), però, a mantenere un impiego per tanto tempo. Non si sa perché. L'ultima volta che (**chiedere**) aiuto, (**rivolgersi**) ai carabinieri del paese, che (**attivarsi**) per trovarle un'occupazione. Nessun aiuto neanche dai vicini. Non la conoscono, non (**accorgersi**) che (**essere**) incinta. Ora si attende l'autopsia per chiarire quei pochi istanti di vita della neonata.

Adapted from *La Repubblica*,
www.repubblica.it, 4 November 1999

7 Quali sono le differenze culturali?

Make the comparison between Italy and your own country, as appropriate, working with a partner or in a small group, talking about the differences between the two countries and their inhabitants and writing down some possible answers. The first example is done for you. In our examples we compare Italy and England.

Example
Q: Gli inglesi non sono molto eleganti. Preferiscono essere comodi.
    E gli italiani?
A: Per gli italiani invece è più importante fare bella figura.

1   Gli inglesi vanno in giro senza scarpe. E gli italiani?
2   Gli inglesi sono molto amanti degli animali, forse più che dei bambini. E gli italiani?
3   I ragazzi italiani tendevano a rimanere in casa fino a quando si sposano, mentre nel nostro paese i ragazzi andavano via all'università. E adesso? È cambiata la situazione?
4   In Italia si cucina con olio d'oliva (al sud) o con burro (al nord). E nel vostro paese?
5   In Italia si mangia molta pasta (al sud) e molto riso (al nord). E nel vostro paese?
6   Nelle case italiane, c'è sempre il bidet nel bagno. E da voi?
7   In Italia tutti hanno il "telefonino" (cellulare). E nel vostro paese?
8   In Italia la cucina è molto importante. E nel vostro paese?

 ## 8 Pictures of Italy

Here are some images of Italy (see facing page), with some features perhaps not very commonly found in your own country. Discuss these with your partner, say what they are and how they are used.

Example
Questa è una scarpiera. È un armadio dove si mettono le scarpe. Nelle case italiane; c'è quasi sempre una scarpiera. A volte si trova nel bagno di servizio o nel ripostiglio.

 ## 9 Riti e cerimonie

Important moments in the life of most Italians are la prima comunione 'first communion' and il matrimonio 'wedding'. The story of Rebecca and Luca's wedding (**Text 14.5**), the invitation for which you can see on p. 250 is related here by Rebecca's friend Naomi. See if you can fill in the gaps with the correct past tense, whether *passato prossimo* or imperfect, of the verbs in the boxes on p. 250. Some verbs may be used more than once.

Luca
e
Rebecca
annunciano
il loro matrimonio
Luca Stalatile
Rebecca Jones
che sarà celebrato
nella Parrocchia S. Marco al Molo
Via del Molo, 18 - Zona Porto Antico
26 Luglio 2003
ore 15

Nos 1–13:
andare   conoscere   decidere   dovere   essere   fare   fidanzarsi
innamorarsi   lavorare   seguire   sposarsi   uscire

Nos 14–28:
affacciarsi   arrivare   ballare   conoscere   decidere   fare   mandare
organizzare   scegliere   svolgersi   tradurre   venire

Text 14.5 **Il matrimonio di Rebecca e Luca**

La settimana scorsa _____ (1) al matrimonio dei miei amici Rebecca e Luca. Rebecca ed io _____ (2) studenti insieme all'università dove _____ (3) un corso di lingue e commercio. Come parte del corso, _____ (4) fare uno stage di lavoro in Italia, e noi _____ (5) a Genova. _____ (6) spesso insieme. Una sera _____ (7) a mangiare la pizza e Rebecca _____ (8) Luca. Lui _____ (9) a Genova a fare il servizio militare e quella sera _____ (10) di uscire con gli amici a mangiare. Si _____ (11) subito e dopo due anni si _____ (12). La settimana scorsa si _____ (13)!

Al matrimonio _____ (14) molti amici dall'Inghilterra e da molti altri paesi del mondo. Rebecca e Luca _____ (15) le partecipazioni alcuni mesi prima ma non tutte le partecipazioni_____ (16)! Le poste . . .! Rebecca _____ (17) tutto, e _____ (18) anche il testo della cerimonia. _____ (19) insieme il menù per la cena che _____ (20) in un bellissimo albergo a Pegli, che _____ (21) sul mare. Gli ospiti _____ (22) la sera prima e _____ (23) a mangiare tutti insieme. Anche quelli che non si _____ (24) prima _____ (25) subito amicizia e _____ (26) tutti. Dopo cena, _____ (27). Alcuni ospiti _____ (28) anche di fare un bagno in piscina!

✍ 10 L'Italia e gli italiani

Read the statistics relating to Italy and the Italians (**Text 14.5**) and write a mini report based on these figures. Include the figures that seem most significant and suggest some reasons why. Percentages in Italian are expressed with a *singular* verb.

Example
La percentuale di famiglie estese è abbastanza bassa. Solo il 5,3% delle famiglie italiane è definito come "esteso".

Text 14.5 **L'Italia e gli italiani: statistiche**

Le famiglie, il matrimonio, il divorzio, la convivenza

From Multiscopo *Aspetti della vita quotidiana* del 1999

Formato delle famiglie

Numero medio di componenti	2,7 individui per famiglia
Famiglie di una sola persona	22,8% del totale
Famiglie con 5 o più componenti	7,7% del totale
Famiglie "estese"	5,3% delle famiglie totali
Coppie con figli	60,5% delle famiglie totali
Coppie senza figli	28,2% delle famiglie totali
Genitori soli con figli	11,3% delle famiglie totali
Coppie conviventi	2,1% delle coppie italiane
Famiglie ricostituite (coniugate e non coniugate)	4% delle coppie

Rapporti con la famiglia d'origine
Persone sposate di età compresa fra i 18 e i 64 anni:

Vive insieme alla madre	5,1%

Abita in un altro appartamento dello stesso caseggiato	10,9%	
Vive a meno di 1 km dalla casa materna	28,3%	
Risiede nello stesso comune a più di 1 km di distanza dalla madre	19,9%	
Fra le persone che non abitano insieme alla madre:		
La vede una o più volte alla settimana:	77%	
Le telefona una o più volte la settimana	70,6%	

La casa

Abitano in una casa di proprietà (comuni con meno di 10 mila abitanti)	70,0%
Possiedono l'abitazione principale (nei centri dei grandi agglomerati)	57,3%

Informatica	*1997*	*1999*
Diffusione di telefoni cellulari	27,3%	55,9%
Segreterie telefoniche	12,4%	14,5%
Fax	3,8%	6%
Personal computer	16,7%	20,9%
Abbonamenti ad Internet	3,5%	7,6%

Televisioni, automobili, videoregistratori	*1999*
Possiede la lavatrice	96,1%
Possiede il televisore a colori	96,4%
Possiede almeno un'automobile	78%
Possiede due auto o più	32,3%
Possiede il videoregistratore	63,7%
Possiede l'impianto hi-fi	50,1%
Possiede una videocamera	20%

KEY VOCABULARY

Types of chocolate, etc.

barretta (f.)	bar of chocolate
bidoncini (m.pl.)	tubs (of ice-cream)
blando	mild
cioccolato (m.)	chocolate
fondente	dark (chocolate)
al latte	milk (chocolate)

riso soffiato (m.)	puffed rice
farsi di	to drug oneself (not literally in this case)

Unit 15
Scuola e università

FUNCTIONS
- Expressing causes and reasons
- Expressing result and effect

GRAMMAR
- Conjunctions
- Forming complex sentences
- Using gerunds (**sbagliando si impara** . . .)
- Clauses, phrases and verbs of cause and reason
- Clauses, phrases and verbs of result and effect

VOCABULARY
- School, university
- Phrases expressing reason and cause

1 *Università, guida ai nuovi corsi di laurea*

Before reading the article **Università, guida ai nuovi corsi di laurea** (**Text 15.1**), look at the picture on this page.

1 From the picture, what do you think is the theme of the article?
2 Write down six words you think you will find in the article. Then compare them with your partner's choice of words.
3 What do you know about Italian universities?

2 *I nuovi corsi di laurea I*

Now read this article on the reform in Italian universities (**Text 15.1**). What are the new types of degrees offered? Which one would you choose? Discuss it in pairs.

Text 15.1 **Università, guida ai nuovi corsi di laurea**

Biotecnologie e Internet. Immigrazione e turismo. Moda e ambiente ... Parte la riforma e gli atenei moltiplicano l'offerta. Tra globalizzazione e localismo. Inseguendo il mercato.

Dimenticate le vecchie e grigie lauree in legge, economia e commercio, lettere e scienze politiche. Tra tre anni, infatti, si farà largo una nuova generazione di dottori. In Storia delle donne, Economia di Internet, Scienze e turismo alpino, Lingue moderne per il web e, addirittura, in Coordinamento delle attività di protezione civile. Saranno i primi laureati partoriti dall'università post-riforma che, dopo due anni di gestazione e polemiche, vedrà finalmente la luce il prossimo autunno. Con l'inizio dell'anno accademico 2001–2002, infatti, tutti i corsi di laurea dureranno tre anni. Chi vorrà proseguire gli studi potrà conseguire una laurea specialistica biennale. E poi ancora un master e un dottorato. È l'ormai celebre "tre + due", una formula adottata dagli atenei italiani per uniformarsi al quadro normativo europeo. Ma anche per decongestionare facoltà sovraffollate di fuori corso e, almeno in teoria, per rendere più semplice l'ingresso dei futuri dottori nel mondo del lavoro.

Uno dei punti cardine della riforma è l'autonomia didattica degli atenei. Nei mesi scorsi tutte le università italiane hanno proposto al Ministero dell'Università e della Ricerca Scientifica e Tecnologica, l'istituzione di nuovi corsi di laurea: innovativi, indispensabili, talvolta bizzarri. C'è chi, per ideare un'offerta formativa originale e attraente per le matricole, si è ispirato ai grandi temi dell'attualità: dall'immigrazione all'agricoltura biologica, dalla cooperazione nei paesi in via di sviluppo alle biotecnologie. Ma c'è anche chi ha preferito valorizzare le realtà locali, inventando lauree radicate al territorio: dalla cultura della Sardegna alle tecniche vivaistiche, dalla scienza delle Alpi al marketing dell'industria tessile.

Non sono mancate le critiche all'eccessiva frammentazione e specializzazione delle lauree. Si è parlato persino di "licealizzazione" dell'università: un alleggerimento dei contenuti accompagnato dalla scomparsa del temutissimo esame. Al suo posto tante "verifiche in itinere", versioni accademiche del compito in classe. Gli attacchi più duri sono arrivati dall'Ordine degli ingegneri che ha voluto mettere in guardia gli italiani dalla riforma dell'università; sostenendo che tre anni di studio non sono sufficienti per fornire agli studenti le stesse competenze di un tempo. E la laurea specialistica biennale? Anche quella servirà a poco. Chi sceglierà il "tre + due" non avrà comunque le basi di matematica e fisica di chi si è laureato prima della riforma.

Nonostante queste critiche e le incognite sull'atteggiamento del governo rispetto all'impianto della riforma, gli atenei italiani procedono spediti. Con qualche eccezione.

L'Università di Genova, per esempio, pur avendo preparato i nuovi corsi, ha bloccato la campagna pubblicitaria. A Trieste, invece, partiranno le lauree triennali, ma non ci saranno novità sostanziali rispetto al vecchio ordinamento. Per il resto, tutta la Penisola è stata uno sbocciare di nuove lauree.

 ## 3 *I nuovi corsi di laurea II*

Explain what evidence there is in the article above (**Text 15.1**) for the statements you find below.

1   Le lauree del futuro saranno più brevi.
2   Globalizzazione ma anche localismo sono i punti cardine della nuova università.
3   I corsi di laurea dal prossimo anno accademico si diversificano e permettono maggiore flessibilità nella scelta della sospensione del corso.
4   La flessibilità è stata decisa per rendere le università italiane meno affollate e per garantire più sbocchi lavorativi.

 ## 4 *I nuovi corsi di laurea III*

Summarise (either speaking or writing) the main aspects of the reforms in Italian universities from what is written in the article above (**Text 15.1**).

1   durata?
2   lauree offerte?
3   possibilità dopo i primi tre anni?
4   rapporti con il Ministero?

 ## 5 *I nuovi corsi di laurea IV*

What are the negative comments on the reform? Read again the last part of the article (**Text 15.1**) and choose the correct ending for each statement below.

1   Licealizzazione vuol dire
    a   aumentare gli anni del liceo.
    b   rendere più facili i corsi universitari.

2   L'esame viene sostituito con
    a   tante verifiche durante l'anno.
    b   compiti da fare a casa.

3   Per gli ingegneri tre anni
    a   sono insufficienti per un corso completo.
    b   danno le stesse competenze del passato.

4   Matematica e fisica
    a   sono le materie che gli studenti di ingegneria studieranno meno dopo la
        riforma.
    b   sono le discipline che verranno più valorizzate dopo la riforma.

 6 *I nuovi corsi di laurea* V

In the article you read (**Text 15.1**) there are many words associated with the structure
of the university. Identify those that could replace the expressions underlined in the
following statements.

1   Ci sono moltissime opportunità per le persone laureate.
2   Il cambiamento all'interno dell'università porterà grandi benefici per studenti e
    docenti.
3   Per gli studenti interessati a continuare ci sono master e corsi di ricerca da fare
    dopo il master.
4   La nuova formula dei tre anni più i due di specializzazione permette più
    flessibilità.
5   L'indipendenza dei docenti potrebbe diversificare ulteriormente le università.

 7 *Maestrosauri bocciati in Web* I

What does the phrase Maestrosauri bocciati in Web mean? Try and guess with a
partner. Then read what some Italian students say about their teachers and the use of
computers.

Text 15.2 **Maestrosauri bocciati in Web**

Paolo: «A scuola sono pochissimi quelli che fanno lezione in classe con Internet, **perché**
abbiamo computer vecchissimi e **siccome** per il preside non sono importanti, non vengono
sostituiti».

Michele: «**Visto che** quelli che ti sanno veramente insegnare qualcosa con il computer e
che navigano facilmente sono gli insegnanti di informatica e matematica, gli altri
professori non si interessano per niente di aggiornarsi».

Giorgio: «Il vero problema sono gli insegnanti. **Dato che** oggi superano i cinquant'anni d'età, sarà molto difficile che i più anziani si rimettano a studiare Internet e le nuove tecnologie. Gli altri forse, chissà!!».

Patrizia: «Una volta il professore di storia ci stava facendo lezione, nel laboratorio di informatica con un CD Rom. All'improvviso l'ho visto sbiancare, **per il fatto che** il mouse non funzionava più. Fortunatamente, grazie ad un compagno, che ha risolto il problema, abbiamo potuto continuare la lezione».

Gianluca: «La tecnologia a scuola non entrerà mai, **dal momento che** per i professori non è una cosa rilevante. **Poiché** in classe non abbiamo computer, non riusciamo nemmeno a far vedere ai professori, quanto potrebbero essere utili!».

Alessandra: «Il nostro preside è stato messo sul giornale locale per aver usato Internet durante una lezione!!!!! Fantascienza! Tutto questo è assurdo, **considerato che** su Internet si potrebbe fare di tutto, dal leggere i giornali all'imparare le lingue».

Adapted from *L'Espresso*, www.espressonline.it, 16 October 2000

8 *Maestrosauri bocciati in Web II*

Now try to complete the following sentences according to the information provided by the students in the article above (**Text 15.2**).

1   Dato che ci sono computer vecchissimi, _____
2   Un insegnante ha dovuto interrompere la lezione perché _____
3   Siccome gli insegnanti sono di età avanzata, _____
4   Un preside è diventato famoso poiché _____
5   Considerato che gli insegnanti più all'avanguardia sono quelli di informatica e matematica, _____
6   Visto che in molte classi non ci sono i computer, _____

9 *E alla vostra scuola?*

Do you agree with the Italian students? Try to describe the same issues in your school or university, by completing the following sentences.

1   Visto che _____
2   Siccome _____
3   Dal momento che _____
4   Considerato che _____
5   Poiché _____

Now compare them with your partner's answers.

10 Matching definitions

Read the article **I nuovi corsi di laurea** (**Text 15**.3), then choose a definition for each statement from the words in the box. This extract is adapted from *L'Espresso*, www.espressonline.it, 28 June 2001.

> **verifica   preiscrizione   autonomia   stages**
>
> **classi di laurea   laurea specialistica   credito formativo**
>
> **laurea triennale**

Text 15.3 **I nuovi corsi di laurea**

1   Grazie a ciò, i singoli atenei possono creare nuovi master e corsi di laurea.

2   Sono i contenitori all'interno dei quali devono ricadere tutte le nuove lauree. Per i corsi triennali ne sono state individuate 42: dalle biotecnologie al disegno industriale. Le lauree specialistiche invece sono state divise in 104.

3   Unità di misura usata in tutta Europa per valutare le conoscenze degli studenti universitari. È un punteggio che si acquisisce frequentando le lezioni e superando le verifiche didattiche. Uno corrisponde a 25 ore.

4   È la nuova laurea di primo livello e sostituisce i vecchi diplomi universitari. Per ottenerla bisogna aver accumulato 180 crediti.

5   È il biennio di specializzazione che segue il triennio.

6   Sarà obbligatoria per gli studenti dell'ultimo anno delle superiori. Aiuterà le facoltà a programmare le attività dell'anno accademico.

7   Sono parte integrante del corso di laurea. Della durata massima di un anno, metteranno in contatto gli studenti col mondo del lavoro.

8   L'esame tradizionale viene sostituito da questi controlli didattici "in itinere". Permetteranno di valutare il livello di frequenza delle lezioni e di rilasciare i crediti formativi.

11 Word pairs

Match a word in group A with a word in group B which has the same meaning.

A	B
allievo	proposta
insegnante	imparare
offerta	studioso
apprendere	studente
sbocco	docente
ricercatore	possibilità futura

 ## 12 Verb pairs

Now match a verb from group A with a suitable noun from group B to make up a pair, adding a preposition + article where needed. The first one is done for you.

iscriversi all'università

A	B
iscriversi	esame
insegnare	esame di abilitazione
frequentare	materia
passare	fuori corso
andare	università
essere bocciati	corso di laurea

 ## 13 Using new words

Now use all the new words from Activities 11 and 12 in the following sentences.

1 Ho appena iniziato a _____ il _____ in architettura e mi piace moltissimo.
2 Quali sono gli _____ professionali per il corso di laurea in scienza dell'alimentazione?
3 L'anno scorso per la prima volta _____. È stata l'esperienza peggiore della mia vita!
4 Ho appena ricevuto una _____ di lavoro straordinaria. Non ci posso davvero credere! È fantastico! Se accetto, posso iniziare subito e partire per l'Australia per due mesi!

5 Era la prima volta che _____ quella _____ e non è stato facile per niente.

6 Pensavo di non avere _____ niente da quel corso, invece ora mi ricordo tantissime cose.

7 Il mio _____ di geologia mi ha detto di non preoccuparmi, perché l'esame è andato davvero bene.

8 Per gli ingegneri la vita non è proprio facile, visto che dopo un corso di laurea complesso devono anche _____ per diventare membri dell'Albo degli Ingegneri.

9 Mario deve ancora _____ e siamo già a settembre. Speriamo bene.

10 Se penso a tutti i miei anni di insegnamento, Alessandro è stato sicuramente il mio _____ preferito.

11 Non sono sicura se voglio davvero continuare a studiare il prossimo anno, perché ho passato ormai troppi anni all'università e se _____ ancora un anno _____, devo pagare delle tasse altissime.

12 Paolo è stato sicuramente efficiente nella sua carriera universitaria. Non solo è stato un bravissimo insegnante, ma anche un ottimo _____.

14 *Riordiniamo l'università!*

Try to put a bit of order in the university. Sort the words below into two lists Persone and Struttura universitaria. There are exactly twice the number of words in the category Struttura universitaria as in Persone.

numero chiuso	corso biennale	iscrizione
laureando	corso triennale	diploma universitario
laureato	ricercatore	ateneo
matricola	frequenza obbligatoria	professore
dipartimento	sede universitaria	facoltà
campus	preside	insegnamento
centro linguistico	assistente	stocco professionale

15 *La formula tre + due*

Listen to the interview with these two students (**Audio 15.1**) about the recent changes in Italian universities and summarise the reasons for their points of view.

1   Massimiliano
     A favore o contrario alla riforma?
     Perché?

2   Francesca
    A favore o contraria alla riforma?
    Perché?

 ## 16 *Vero o falso?*

Now listen to the interview again (**Audio 15.1**) and complete the columns by saying whether the statements correspond to what Massimiliano and Francesca said. Indicate by putting V (vero) or F (falso) under each name.

		Massimiliano	Francesca	Tu
1	È giusto che gli studenti facciano un esame di ammissione prima di entrare all'università.			
2	I corsi universitari devono essere molto brevi per mettere gli studenti in competizione con quelli degli altri paesi.			
3	Gli insegnamenti universitari devono essere aggiornati.			

 ## 17 What about you?

Now complete the Tu column in the activity above by putting V (vero) if you agree with the statement and F (falso) if you don't. Then discuss with a partner the reasons why. You can use the following questions as a starting point:

*   Per quali ragioni/motivi . . .?
*   Che ragioni hai per . . .?
*   Perché . . .?
*   Come mai . . .?

18 Match the figures

Try to match the figures shown below with the statements about the Italian university.

un terzo	1 per 38	3%	38	6800	20%

1   La percentuale di donne impiegate nel corpo docente di scienze. _____
2   Il numero di studenti stranieri che frequenta il corso di medicina e chirurgia
    rispetto alle altre facoltà universitarie italiane. _____
3   Il numero di università italiane dove si può conseguire una laurea in medicina e
    chirurgia. _____
4   La percentuale di studenti italiani che partecipano al Progetto Erasmus e vanno
    a studiare in un paese straniero. _____
5   Il rapporto tra docente e numero di studenti nella facoltà di architettura.
    _____
6   Il numero degli iscritti alle tre facoltà di beni culturali esistenti in Italia.
    _____

🎧 19 Figures for Italian universities

Now listen to the interview (**Audio 15.2**) with Alba Salvatore, editor of the publication
The Yearbook of Italian Universities, and check whether you were right.

🎧 20 Italian universities I

Listen to the interview again (**Audio 15.2**) and tick all the verbs meaning 'to cause' used
in the interview from the list below:

causare	prevenire	produrre	spartire
ragionare	suscitare	portare a	provocare
stimolare	motivare	spiegare	dovere

🎧 21 Italian universities II

Listen to the interview again (**Audio 15.2**) and this time note how the verb dovere is
used. Fill in the gaps in the text below.

1   Prima di tutto le cose sono molto cambiate negli ultimi trent'anni e _____ al
    grande impegno delle donne se oggi possiamo vantare anche in un settore
    prevalentemente maschile, come quello scientifico, un 20% di donne impiegate
    nel corpo docente.
2   È davvero così alto e a cosa _____?
3   Credo _____ alla grande notorietà che alcuni dei nostri corsi hanno all'estero.
4   Questo _____ alla grande professionalità dei nostri professori in campo medico
    e chirurgico.

GRAMMAR NOTES

Complex sentences

When you have progressed in a language, you start to use more complex sentences consisting of two or more clauses.

A complex sentence might have two or more clauses of equal weight/importance, which can be joined by a coordinating or negative word such as **e**, **ma**, **o** or else **anche**, **anzi**, **dunque**, **inoltre**, **né**, **neanche**, **neppure**, **però**, **tuttavia**. Either one of the two clauses can stand on its own:

Domani finiamo la scuola *e* andiamo in vacanza.
Tomorrow we finish school and we are going on holiday.

Noi andiamo in macchina, *ma* i nostri amici vanno in treno.
We go by car but our friends go by train.

Andate al cinema *o* restate a casa?
Are you going to the cinema or are you staying at home?

A complex sentence might, however, comprise a main clause and dependent clause(s). The main clause would make sense standing on its own but the secondary or dependent clause (or clauses) would not. There are different types of dependent clauses, each introduced by a particular conjunction. Some require the *indicative* mood, others the *subjunctive* mood.

This unit looks particularly at clauses of cause and effect, and result. Other dependent clauses include the following:

*   Relative (*relative*): introduced by words such as **che, cui, il quale, dove**.
*   Interrogative (*interrogative*): an indirect question introduced by words such as **che cosa, chi, come, dove, perché, quale, quando, se**.
*   Purpose (*finali*): introduced by words such as **perché, affinché**, etc.
*   Conditional (*condizionali*): introduced by words such as **a meno che, se**.
*   Concessive (*concessive*): introduced by words such as **anche se, benché, sebbene**.
*   Comparative (*comparative*): introduced by words such as **più di quanto**.
*   Time (*temporali*): introduced by words such as **quando, mentre**.
*   Contrast (*avversative*): introduced by **mentre**.

Causes and reasons

Prepositional phrases

If cause can be attributed to just one person, thing or event, you can use one of the following prepositional phrases:

grazie a	thanks to
a causa di	because of
per via di	because of

È *grazie al* **Professor Giannini che mio figlio è ancora vivo oggi.**
It's thanks to Professor Giannini that my son is still alive today.

A causa degli **scioperi, i passeggeri sono rimasti bloccati a Napoli.**
Because of the strikes, the passengers were stuck in Naples.

Per via del **traffico, siamo arrivati con due ore di ritardo.**
Because of the traffic, we arrived two hours late.

Causal clause, introduced by perché, siccome, *etc.*

If the cause is a situation or combination of factors, you can use a causal clause introduced by a conjunction or similar phrase. The most common of these is:

perché	because

Other conjunctions and phrases include: **poiché** 'since', **siccome** 'since', **considerato che** 'considering that', **dato che** 'given that', **visto che** 'seeing as', **in quanto** 'inasmuch as', **per il fatto che** 'for the fact that', **per il motivo che** 'for the reason that', **dal momento che** 'since'.

Per or **per il fatto di** and an infinitive (usually past) can only be used where the same person is the subject of both actions (e.g. **Il Presidente del Consiglio** in the example below):

Il Presidente del Consiglio è stato criticato *per aver licenziato* **i suoi critici.**
The Prime Minister was criticised for having sacked his critics.

Clauses introduced by **perché** come after the main clause:

Sono arrivata in ritardo *perché* **ho perso il treno.**
I arrived late because I missed the train.

Clauses introduced by other conjunctions or phrases come either before or after the main clause:

Poiché / siccome **non avevamo tempo per organizzare il convegno, abbiamo deciso di rimandare fino all'anno prossimo.**
Since we didn't have time to organise the conference, we decided to put it off until next year.

Dato che **i ragazzi erano stanchi, abbiamo deciso di tornare a casa.**
Since the children were tired, we decided to go home.

In informal spoken language, **che** on its own can be used with a causal meaning:

Non aspettarmi, *che* **ho ancora delle cose da fare.**
Don't wait for me, because I've still got things to do.

Visto che, **considerato che**, **in quanto** are used in more formal language.

Visto che **è tardi, concludiamo le nostre discussioni per oggi.**
Since it's late, let's conclude our discussions for today.

Le ferrovie sono responsabili *in quanto* **non hanno mantenuto i binari.**
The railways are responsible in that they did not maintain the tracks.

Gerund

The gerund (present or past) can also be used to express cause or reason, but only if the same person is the subject of both gerund and main verb. Alternatively it must be mentioned explicitly, as in the last example:

Sapendo **che cenavamo tardi, abbiamo fatto un pranzo abbondante.**
Knowing that we were dining late, we had a big lunch.

Avendo **già** *chiesto* **indicazioni, sapevamo come arrivare alla casa.**
Having already asked for directions, we knew how to get to the house.

Essendo **chiuso** *il cinema,* **siamo andati al bar.**
Since the cinema was shut, we went to the café.

(For further uses of the gerund, see Unit 5.)

Past participle

The past participle can express a reason or cause. The subject of the participle must be the same as the subject of the main verb, or must be specifically expressed, as in the second example:

Laureato **con il massimo dei voti, Giorgia ha trovato subito un posto.**
Having graduated with top marks, Giorgia found a job straightaway.

Partiti **i genitori, i ragazzi hanno invitato tutti gli amici a casa.**
With their parents gone, the children invited all their friends to their house.

Nouns: **il motivo, la causa, la ragione**:

Che ragioni **avevano per fare una cosa del genere?**
What reasons did they have to do something like this?

Per quale motivo **si deve pagare per fare un bagno?**
Why does one have to pay to have a swim?

The type of reasons can be specified, for example:

per ragioni familiari	for family reasons
per motivi economici	for economic reasons

Verbs: **causare, portare a, produrre, provocare, stimolare, suscitare**:

Molte volte la stanchezza *causa* **gli incidenti automobilistici.**
Often tiredness causes car accidents.

La sua malattia *era provocata* **dallo stress.**
His illness was caused by stress.

Dovere

The verb **dovere** can have the meaning 'to be due to':

Si deve **al tuo impegno se abbiamo finito per la data prevista.**
If we finished on time, it's due to your commitment

Le code sull'autostrada erano *dovute* **all'esodo di Ferragosto.**
The queues on the Autostrada were due to the exodus for Ferragosto
(15 August holiday).

The imperfect used to express reason

Sometimes the *imperfect* tense supplies the background to an action or event:

Sono andata a casa. (*perché) Ero stanca.*
I went home. (because) I was tired.

Asking questions

***Come mai* non sei venuto stasera?**
How come you didn't come tonight?

***Perché* non mi rivolge la parola?**
Why isn't she speaking to me?

***Qual è il motivo* della sua gelosia?**
What is the reason for her jealousy?

***Qual è la spiegazione* di questo comportamento?**
What is the explanation for this behaviour?

***Come si può spiegare* questo fenomeno?**
How can one explain this phenomenon?

 22 Causes and reasons

Choose the correct sentence out of each pair.

1   a   Un professore universitario è stato licenziato per aver bocciato ingiustamente uno studente ad un esame.
    b   Un professore universitario è stato licenziato visto che aver bocciato ingiustamente uno studente ad un esame.

2   a   I docenti hanno deciso di scioperare per il fatto di non andare avanti la riforma universitaria.
    b   Poiché la riforma universitaria non sembra andare avanti, i docenti hanno deciso di scioperare.

3   a   Per il fatto di dover rifare l'esame, mia cugina ha dovuto passare tutta l'estate a Roma.
    b   Perché rifare l'esame, mia cugina ha dovuto passare tutta l'estate a Roma.

4 a Per quella ricerca, l'assistente è stato criticato in quanto responsabile del
      dipartimento di fisica.
   b Per quella ricerca, l'assistente è stato criticato visto che responsabile del
      dipartimento di fisica.

5 a Ho rinviato l'esame per il fatto di essere molti libri da studiare.
   b Siccome c'erano molti libri da studiare, ho rinviato l'esame.

6 a Il motivo per cui Federico ha scelto architettura è la possibilità di lavorare
      nello studio del padre.
   b Il motivo che Federico ha scelto architettura è la possibilità di lavorare nello
      studio del padre.

 23 *Dovere*

Replace the expressions underlined with the verb dovere in the present tense (si deve)
or in the past participle (dovuto) according to the context. You may have to alter the
preposition that follows. See the example below.

Example
<u>È grazie alla</u> sua professionalità che abbiamo potuto firmare il contratto con la nuova
azienda. (*Si deve alla . . .)*

1 Ho avuto molti problemi <u>causati</u> dal malfunzionamento del computer.
2 La difficoltà di trovare lavoro in Italia <u>dipende dalla</u> poca flessibilità del mercato.
3 La malattia di Federica <u>è causata dalla</u> allergia alle piante.
4 <u>È per lei</u> che siamo riusciti ad organizzare questa bellissima cerimonia.
5 I Rosati hanno avuto difficoltà a venire <u>causate</u> dagli scioperi degli aerei.

 24 *Come mai?*

Find the right questions for the following answers. Use some of the expressions
suggested in the box below. See the example.

Come mai . . .?   Perché . . .?   Qual è il motivo di . . .?

Qual è la spiegazione di . . .?   Come si può spiegare . . .?

Example

Come mai non siete arrivati in orario alla presentazione?

Perché abbiamo trovato difficile parcheggiare la macchina davanti all'università.

1 _____ ?

Perché ho deciso di partire domani sera.

2 _____ ?

Si può spiegare grazie allo sciopero degli autobus.

3 _____ ?

Perché non volevo disturbare la lezione.

4 _____ ?

Non c'è proprio nessun motivo!

5 _____ ?

Perché le sue lezioni mi annoiano.

6 _____ ?

Perché mi hanno bocciato all'esame.

7 _____ ?

Si può spiegare con il tipo di istruzione che lui ha ricevuto.

⚲ 25 Gerund or participle?

Choose the correct verb part to complete the following sentences. In some cases you may use either. See the example below.

Example

Essendo la segreteria già chiusa, abbiamo deciso di fare l'iscrizione via Internet.
Essendo/Stata

1 _____ con un voto altissimo, Filippo era sicuro di trovare lavoro immediatamente.
Laureandosi/Laureatosi

2 _____ l'università per andare in pensione, il professor Tacconi aveva già deciso di partire per il Brasile.
Lasciata/Lasciando

3 _____ già il prezzo del corso di francese, Marisa si era resa conto che non poteva pagarlo tutto da sola e doveva parlarne con i genitori.
Avendo chiesto/Chiesto

4 _____ la bella notizia, Domenico ha deciso di festeggiare organizzando una cena per tutta la famiglia.
Sapendo/Saputa

5 _____ in ragioneria, Simone ha preso subito un lavoro nell'ufficio dello zio.
Diplomandosi/Diplomatosi

26 *L'università ideale*

Here are some statements made by Italian students. See whether you agree or disagree and discuss it with your partner.

1 Lo studente è la figura più importante nell'ambito universitario.
2 Gli studenti non devono essere sottoposti ad esami e non devono ricevere voti, ma giudizi.
3 I docenti non possono bocciare gli studenti al primo anno di università.
4 Ogni facoltà deve avere l'obbligo di insegnare due lingue straniere.
5 Tutti gli studenti devono avere il diritto di studiare in una università di un altro paese europeo.
6 L'università deve essere gratuita per tutti.

27 What do you think?

Now complete the following sentences and see whether your partner agrees with you.

1 L'università funziona male per via di _____.
2 Gli studenti spesso cambiano corso di laurea a causa di _____.
3 Il progetto Erasmus funziona grazie a _____.

28 Finding accommodation at university

One of the main problems about being at university is finding the right accommodation. Look at the following problems Italian students have and compare them with students from your country and explain why. Work in pairs.

	Italia	Il tuo paese
Tipo di alloggio	Pubblico: pensionato, casa dello studente Privato: affitto privato	
Problemi principali per l'alloggio pubblico	Pochi appartamenti; pessime condizioni; strutture di supporto inefficienti	
Problemi principali per l'alloggio privato	Ampia richiesta; canoni altissimi; diffusa illegalità; posizione lontana dall' università	

 29 Accommodation solutions

Read the following passage (**Text 15.4**) and discuss in pairs the advantages and disadvantages for both parties involved, and also whether you would like to do it yourself!

Text 15.4 **Dividere la casa con un anziano**

L'alternativa al pensionato universitario o all'appartamento da dividere con altri studenti è quella di dividere la casa con un anziano, il quale pur essendo autosufficiente, deve risolvere ordinarie esigenze, quali fare la spesa, andare alla posta, pagare le bollette e avere una compagnia per la notte. Lo studente che trova troppo costoso il mercato degli affitti privati può ricevere un alloggio gratuito per un anno in cambio di una serie di piccoli favori da offrire ad un anziano.

30 Unscramble the letters

Giorgio has written two letters: one is to an estate agency and the other to a university friend. Unfortunately the sentences in each letter are in the wrong order. Can you sort them out?

1 Letter to estate agent

L'appartamento mi sembra in buone condizioni e le informazioni che il signor Verdi ci ha dato sono molto importanti.

Innanzi tutto vorrei sapere se il prezzo dell'affitto è confermato per €750 mensili, da dare a voi direttamente il primo di ogni mese.

Essendo la ragazza con la quale dovrò dividere l'appartamento spagnola e non potendo lei visitarlo, volevo assicurarmi di una serie di cose.

Ho visitato l'appartamento con l'agente della Sua agenzia, il signor Verdi, la settimana scorsa.

La ringrazio cordialmente e rimango in attesa di una Sua risposta. Giorgio Danesi

Le sarei grato, infine, se potesse mandarmi alcune foto dell'appartamento che vorrei far vedere alla mia amica.

Gentile signora Solvini, Le scrivo a proposito dell'appartamento in Corso Garibaldi che volevo affittare per il prossimo anno accademico.

Come seconda cosa, vorrei sapere se sarebbe possibile installare un'altra linea telefonica, visto che la mia amica chiamerà molto spesso la Spagna ed userà spesso Internet.

Inoltre mi interessava sapere se eventuali problemi dovuti all'uso del garage come studio di registrazione sono da riportare a voi o direttamente al padrone di casa.

2 Letter to friend

La prima notizia è buona: l'affitto è sceso a €700 perché i proprietari erano d'accordo sul problema dell'acqua calda.

Ti mando un bacio e aspetto tue notizie! Giorgio

Purtroppo la cattiva notizia è che dovremo litigarci il telefono: la signora ha rifiutato la possibilità di installare un'altra linea visto che il nostro contratto dura solo nove mesi.

Tu, mi raccomando, fammi sapere esattamente quando arrivi in Italia e da quando hai intenzione di trasferirti nell'appartamento.

Questa volta però ho una scusa buona: ho dovuto aspettare la risposta dell'agenzia immobiliare per darti le ultime notizie.

Cara Carmen, scusa se sono sempre in ritardo con le mie lettere.

Ho ricevuto una lettera dalla signora Solvini, che mi ha fatto sapere tutte le informazioni necessarie sul nostro appartamentino. Come puoi immaginare, sono molto entusiasta!

La tua preoccupazione riguardo il garage e il gruppo rock che lo affitta per le registrazione dovrebbe essere risolto, considerato che non è nostra responsabilità.

Ti allego alcune foto che mi hanno dato dall'agenzia.

✍ 31 Reply to the letters

Now pretend you are the person replying to Giorgio's letters. Write a letter following these instructions.

a   For the reply from the estate agency, just answer the questions in Giorgio's letter.
b   For the reply from Carmen, add some recent news, confirmation that she's still happy to share the flat with Giorgio and details of her arrival in Italy.

KEY VOCABULARY

ateneo (m.)	university (more formal term derived from Greek)	**dottore** (m.)	doctor, graduate
		dottoressa (f.)	doctor, graduate (female)
		laurea (f.)	degree
docente (m./f.)	university lecturer	**laureando** (m.)	someone graduating or about to graduate
dottorato (m.)		**laurearsi**	to graduate
All Italian first degrees give the title **dottore/ dottoressa** to all graduates. (**dottorato di ricerca** is used to indicate PhD)		**laureato/a** (m./f.)	graduate

Unit 16
Innamorarsi su Internet

FUNCTIONS	• Expressing an opinion • Asking an opinion • Agreeing, disagreeing
GRAMMAR	• Introduction to the subjunctive • Present subjunctive • Verbs of opinion: **pensare**, **mi sembra** followed by **che** and subjunctive • Agreement: **essere d'accordo**
VOCABULARY	• Chatroom/e-mail slang • Internet terminology

1 *Parliamone*

What, in your opinion, are the most revolutionary inventions of the twentieth century? Discuss in pairs with your partner and put the inventions listed below in order according to their importance, giving your reason. The first one is done for you.

Here are some phrases you might want to use:

- Per me
- Secondo me . . .
- E secondo te?
- E secondo Lei?
- A mio parere

Example
Secondo me l'invenzione più importante di questo secolo è Internet perché permette di ricevere informazioni da tutte le parti del mondo.

1   Internet
2   telefono cellulare
3   computer
4   televisione
5   satellite
6   videotelefono
7   CD

 2 *Interviste*

Five people have been interviewed by RAI 1 to find out what, according to them, are the most revolutionary inventions of the last century. Listen to the interviews (**Audio 16.1**) and write down for each person which inventions they think are most important (in order of importance).

	Elisabetta	Carola	Paolo	Letizia	Marco
1	computer				
2				satellite	
3			telefono cellulare		
4		CD			video-telefono

🎧 3 Gap filling

Listen to the interviews (**Audio 16.1**) again and complete the following sentences.

Elisabetta: Secondo me sicuramente il computer. _____ l'invenzione del computer _____ la rivoluzione del secolo. Dopo il telefono, _____ ci _____ essere la televisione.

Carola: Io _____ l'invenzione meno rivoluzionaria _____ il CD. L'invenzione del secolo è Internet. _____ proprio che Internet _____ di accedere ad informazioni da tutto il mondo. Al secondo posto _____ proprio che _____ il satellite, seguito dal telefono cellulare, che ormai _____ che _____ parte della vita quotidiana, almeno in Italia!

Paolo: _____ che Carola _____ ragione a mettere il telefono cellulare al terzo posto. Io al primo posto _____ che _____ la televisione. Al secondo posto _____ che ci _____ Internet.

Letizia: _____ Internet _____ rivoluzionato il sistema di comunicazioni a livello mondiale.

Marco: _____ che al secondo posto _____ la televisione, seguita da Internet, senza il quale _____ proprio che la gente non _____ a vivere!

🔍 4 Find the verb

Which verbs do these subjunctive forms come from? Work out with your partner what the infinitives of these verbs are. See the example below.

Example
sia ▶ essere

1 debba
2 permetta
3 vada
4 abbia
5 riesca
6 faccia

GRAMMAR NOTES

Expressing an opinion or belief

A mio parere, secondo me, per me

The phrases **a mio parere**, **secondo me**, **per me** convey the fact that you are expressing a personal opinion. The *conditional* is sometimes used in place of the normal indicative verb when you are less certain of the truth of the statement:

A mio parere, **il sistema scolastico è molto cambiato.**
In my opinion the school system has changed a lot.

Secondo mio padre **gli inglesi** *sarebbero* **tirchi.**
According to my father the English are mean.

Per me, **non ci sono altre possibilità.**
In my opinion there are no other possibilities.

There are many other ways of expressing your opinion or asking someone else's. Some require the subjunctive verb form, which is explained below.

Pensare, credere

The verb **pensare** can be used in three different ways to express an opinion:

with **di** and a noun:

Cosa *pensate di* **questo programma?**
What do you think of this programme?

with **di** and a verb infinitive:

Pensate di **arrivare prima delle sette?**
Do you think you'll arrive before seven?

with **che** followed by the subjunctive:

Gli amici *pensano che* **Marco sia molto in gamba.**
His friends think that Marco is very bright.

In the second two examples, **pensare** can be replaced by **credere**.

Parere, sembrare

The verbs **sembrare**, **parere** are used impersonally in the third person singular form ('it seems . . .') with an indirect object (**a Marco**) or with an indirect object pronoun (**mi, ti**, etc.) to express an opinion:

with the infinitive:

***Ti pare* giusto escludere Teresa?**
Do you think it's fair to exclude Teresa?

Non *mi sembra* utile studiare il congiuntivo.
I don't think it's very useful to study the subjunctive.

with **che** followed by the subjunctive:

***Ci sembra* che sia una iniziativa valida.**
It seems to us that this is a worthwhile initiative.

As well as this impersonal use ('*it* seems'), **parere** and **sembrare** can be used with a *person or thing* as a subject, to ask how he/she/it seems:

Come *ti sembra* il servizio?
What do you think of the service?

Come *ti sembro*?
How do I look to you?

***Mi sembri* stanca.**
You look tired to me.

Expressing agreement, disagreement

An important function in any language is to be able to express agreement or disagreement with a person or a statement. There are many ways of doing this in Italian, not all of them polite.

Simple expressions of agreement include:

essere d'accordo	(to be) agreed/in agreement
essere favorevole	to be in favour (of)
va bene	all right
è vero/è giusto	that's true/that's correct
Sono d'accordo con te.	I agree with you.

All of these expressions can be followed by **che** and the indicative:

Siamo d'accordo **che bisogna rinnovare il programma dei corsi.**
We agree that we need to renew the programme of courses.

È vero **che i ragazzi sono giovani.**
It's true that the children are young.

Other ways of expressing agreement, particularly in the spoken language, include:

Hai proprio ragione.	You're absolutely right.
naturalmente	naturally (of course)

Expressions of disagreement include:

sbagliare	to be wrong
per niente	not at all
non è vero	it's not true
non essere d'accordo con	to not agree
non condividere (una scelta)	to disagree with (a choice)

For example:

Non condivido **la tua scelta di musica.**
I don't agree with your choice of music.

Gli inglesi *non sono d'accordo* **sui vantaggi e sugli svantaggi dell'euro.**
The English are not in agreement over the advantages and disadvantages of the euro.

Sbagli. **Vincerà la Juventus, non la Lazio.**
You are wrong. Juventus will win, not Lazio. (football teams)

The phrase **non è vero** corrects a statement or denies an accusation. It is followed either by a subjunctive verb form, in formal or written language, or by the indicative, in less formal language:

Non è vero **che lui** *sia* **antipatico.**
It's not true that he's unpleasant.

Non è vero **che Marco è antipatico.**
It's not true that Marco is unpleasant.

Another way of expressing disbelief is:

Non ci credo per niente.
I don't believe a word.

The subjunctive

The subjunctive is a verb *mood* used in Italian to express a feeling or opinion, doubt or uncertainty. It has four tenses: present, imperfect, perfect and pluperfect. It is almost always used in a *subordinate* clause, i.e. a clause or part of a sentence which depends on the main part of the sentence, often following it. Usually the dependent part of the sentence is introduced by **che** or a conjunction. Look at these examples:

normal (indicative) form of verb:

Donatella è simpatica.

subjunctive form:

***Non penso che* Donatella *sia* simpatica.**

normal (indicative) form of verb:

Marco è antipatico.

subjunctive form:

***Mi pare che* Marco *sia* antipatico.**

Present subjunctive: regular verbs

Parlare

... **che** that

(io) parli	I speak	**(noi) parliamo**	we speak
(tu) parli	you speak	**(voi) parliate**	you speak (pl.)
(lui/lei) parli	he/she speaks	**(loro) parlino**	they speak
(Lei) parli	you speak (polite form)		

Mettere

.. **che** that

(io) metta	I put	**(noi) mettiamo**	we put
(tu) metta	you put	**(voi) mettiate**	you put (pl.)
(lui/lei) metta	he/she puts	**(loro) mettano**	they put
(Lei) metta	you put (polite form)		

Capire

. . . **che** that

(io) capisca	I understand	**(noi) capiamo**	we understand
(tu) capisca	you understand	**(voi) capite**	you understand (pl.)
(lui/lei) capisca	he/she understands	**(loro) capiscono**	they understand
(Lei) capisca	you understand (polite form)		

Partire

. . . **che** that

(io) parta	I leave	**(noi) partiamo**	we leave
(tu) parta	you leave	**(voi) partite**	you leave (pl.)
(lui/lei) parta	he/she leaves	**(loro) partono**	they leave
(Lei) parta	you leave (polite form)		

Present subjunctive: irregular verbs

Several verbs do not follow the regular pattern shown above. They can be checked in a book of verb tables. Sometimes all the forms are irregular; sometimes only the **io**, **tu**, **lui/lei** forms and the **loro** form are irregular, while the **noi** and **voi** forms are regular. Here is the present subjunctive form of some of the most common irregular verbs:

andare	to go	**che io vada**	**che noi andiamo**
avere	to have	**che io abbia**	**che noi abbiamo**
dare	to give	**che io dia**	**che noi diamo**
dire	to say	**che io dica**	**che noi diciamo**
dovere	to have to	**che io debba**	**che noi dobbiamo**
essere	to be	**che io sia**	**che noi siamo**
fare	to do	**che io faccia**	**che noi facciamo**
potere	to be able to	**che io possa**	**che noi possiamo**
sapere	to know	**che io sappia**	**che noi sappiamo**
stare	to be	**che io stia**	**che noi stiamo**
tenere	to hold	**che io tenga**	**che noi teniamo**
venire	to come	**che io venga**	**che noi veniamo**
volere	to want to	**che io voglia**	**che noi vogliamo**

5 Answer the questions

Look at the 'Inventions' grid showing the findings of the interviews (Listening Activity 2) and answer the following questions using the subjunctive. See the example below.

Example
Qual è l'invenzione più importante per Elisabetta?
Elisabetta pensa che il computer sia l'invenzione più importante.

1   In cosa sono d'accordo Elisabetta e Marco?
    Entrambi credono che _____

2   Perché Carola non condivide le idee di Elisabetta?
    Perché lei ritiene che _____

3   Chi è d'accordo con Carola? E perché?
    _____ è d'accordo con Carola perché pensa che _____

4   Cosa pensa Marco di Internet?
    Marco pensa che _____

6 Guess what these people are doing

Look at the pictures on p.284 and guess who these people are, what they do and where these places are. The first example is done for you.

Example
Credo che questa donna stia al telefono con sua madre.

Credo che in questa casa abiti una famiglia molto ricca . . .

Penso che sua madre sia arrabbiata con lei perché . . .

7 Brainstorming *Ho scritto t'@mo sul display* I

In pairs ask your partner the following questions.

Hai un computer a casa? Lo usi per studiare o per giocare?
Usi spesso la posta elettronica? Per quale motivo?
Hai un telefono cellulare? Quando lo usi?

8 Brainstorming *Ho scritto t'@mo sul display* II

In two groups, make lists as described below. When you have finished, compare your lists.

Group A: Fate una lista dei vantaggi della posta elettronica e del telefono cellulare.

Group B: Fate una lista degli svantaggi della posta elettronica e del telefono cellulare.

9 *Ho scritto t'@mo sul display* I

Read the title and opening paragraph of **Text 16.1 Ho scritto t'@mo sul display** and find a synonym for each of the following words:

1   display _____
2   e-mail _____
3   telefonino _____

4   @ _____
5   Internet _____

10 *Ho scritto t'@mo sul display* II

Read the first two paragraphs of the article **Ho scritto t'@mo sul display** (**Text 16.1**). Which of the following areas do you think will be dealt with in the article? Tick the boxes for the areas you've chosen.

- ☐ I vantaggi della posta elettronica.
- ☐ Innamorarsi via Internet.
- ☐ Cambiano i valori dei giovani italiani.
- ☐ Come fare una dichiarazione d'amore al telefono cellulare.
- ☐ Gli americani hanno creato la moda della comunicazione elettronica.
- ☐ È meglio incontrarsi di persona che tramite e-mail.
- ☐ A scuola nascono nuovi criteri di condotta.

Text 16.1 **Ho scritto t'@mo sul display**

Dalle e-mail su Internet ai messaggi via telefonino: si diffonde il nuovo modo di dichiarare i sentimenti. E nasce un inedito linguaggio dell'amore. Tutto da scoprire . . .

Tutto è cominciato con una 'chiocciola': @! In America sono migliaia le storie d'amore iniziate così, almeno a sentire i siti Internet specializzati in materia. E anche il nostro paese **si adegua**, basta pensare che oltre sei milioni di italiani utilizzano regolarmente la **posta elettronica**, e che il corteggiamento via Web è ormai forma diffusa tra i giovani che vivono la **Rete** come il luogo privilegiato per incontri, giochi e ricerca di informazioni. Non è tutto: anche **gli schermi** dei **telefoni cellulari** sono diventati luoghi di incontri virtuali grazie ai messaggi lanciati dall'Sms (Short message service) che, secondo gli ultimi **dati**, sono oltre quattro milioni al giorno.

Ed allora ecco migliaia di giovani, e meno giovani, che trovano più facile la strada telematica all'amore romantico: perché inviare un "Ti amo" sul telefonino sembra meno ridicolo che **declamarlo** con i fiori in mano; e scrivere una lettera appassionata inviandola tramite una @ dà l'impressione di farlo un po' per caso. E così migliaia di ragazzini si '**messaggiano**' sempre e ovunque, per strada o in discoteca. Perfino in classe, tanto che una professoressa, Roberta Carta, è **balzata agli onori** della cronaca per aver **bandito** i telefonini dalle sue ore di lezione.

Internet è senza dubbio la grande **palestra** dove è nato tutto. La Grande Rete è diventata il luogo di scambio di infinite confessioni e di incontri intimi. E di **chiacchiera** in chiacchiera si finisce per innamorarsi: all'indirizzo (http://paulnpaula.com) abitano Paul e Paula che si sono conosciuti in una chat, si sono innamorati via e-mail, conosciuti e poi sposati. La cosa è sembrata loro così fantastica che hanno aperto un sito per raccontare a tutti i **cybernaviganti** in cerca di partner come fare.

Che cos' è una **chat**? Un luogo virtuale dove i partecipanti si scambiano opinioni sugli argomenti più disparati. Al riguardo, Paula afferma: "Chattare in privato è una straordinaria opportunità di iniziare a conoscere veramente una persona. Si comincia a parlare dei propri gusti e si finisce nel giro di un paio d'ore con l'essere veramente intimi".

Così i cybernaviganti **danno libero sfogo** alle emozioni e all'istinto. La ragione di queste improvvise passioni la spiega William Harley, celebrato guru americano della sessuologia: "la gente si innamora perché su Internet incontra i propri **bisogni** emotivi, bisogni di onestà, sincerità, dialogo e affetto. Una storia d'amore vissuta sulla Rete ha pure molti vantaggi: il principale è che gli amanti hanno la possibilità di godere dell'attenzione totale dell'altro. Persino una serata davanti al caminetto ha più distrazioni di una serata passata a dialogare attraverso il Web".

Poi però chiede il dottor Harley: "Sarete ancora in grado di **condividere** le vostre emozioni più profonde quando vi incontrerete?" Allora lui suggerisce una serie di **accorgimenti**: come pianificare del tempo insieme e passare almeno 15 ore alla settimana a dialogare e conoscersi via computer prima che dal vivo. Ma al tempo stesso il sessuologo ricorda come molte storie d'amore su Internet hanno anche rovinato molti matrimoni. E allora se volete incontrare il vostro amante telematico fatelo pure ma per salvare il matrimonio – consiglia il guru americano – non lasciate che la relazione vada oltre lo scambio elettronico. Ma anche così c'è il rischio che il vostro partner possa usare l'adulterio cybernetico contro di voi. E negli Stati Uniti esiste già una giurisprudenza sui casi di divorzio intentati da coniugi traditi virtualmente. Gli avvocati portano in giudizio **il carteggio** come prova ed affermano che ha più valore di un testimone a carico perché fornisce una prova di prima mano dei sentimenti dell'adultero. Commenta Monica Fraticelli, avvocato matrimonialista: "In Italia ancora non **si sono verificati** casi di questo genere. E non credo che sarebbero possibili perché la produzione in giudizio di messaggi di posta elettronica potrebbe non essere accettata dal giudice in quanto rappresenterebbe **una violazione** della legge sulla privacy".

Adapted from *L'Espresso*, 10 June 1999

 ## 11 *Vero o falso?*

After reading the article again (**Text 16.1**) decide whether the following statements are true, false or uncertain by circling V (vero), F (falso) or N (non si sa). If they are false, correct them.

1 Sono più di sei milioni le persone che ogni giorno in Italia fanno uso dell'e-mail. **V/F/N**

2 Per migliaia di giovani è più facile corteggiarsi attraverso la posta elettronica che di persona. **V/F/N**

3 Una professoressa italiana ha permesso l'uso dei telefonini durante le sue lezioni. **V/F/N**

4 Paul e Paula hanno aperto un sito per consigliare a tutti i naviganti come evitare gli incontri via Web. **V/F/N**

5 La chat è uno spazio virtuale dove si possono fare nuove amicizie. **V/F/N**

6 Il dottor Harley consiglia ai naviganti innamorati di conoscersi subito di persona. **V/F/N**

7 In America esiste già una legge che si occupa di chi viene tradito virtualmente. **V/F/N**

8 In Italia leggere gli e-mail di un'altra persona è contro la legge sulla privacy. **V/F/N**

12 Guessing game

Try to guess, together with a partner, the meaning of the following words taken from
Text 16.1 Ho scritto t'@mo sul display.

> **adeguarsi   declamare   messaggiare   la chiacchiera   il bisogno**
>
> **condividere   il carteggio   verificarsi   violazione**

Now check your answers in your dictionary.

 ## 13 Who said it?

Who do you think could have said these things? For each statement, identify the right
person among those interviewed in the article (**Text 16.1**).

1   Le persone che si innamorano via Internet sono alla ricerca di un amore onesto e
    totale.
2   Non credo sia possibile accusare il proprio marito di tradimento via posta
    elettronica! Non siamo ancora arrivati ai casi americani!
3   È fantastico chattare via Rete! Ti sembra che tutto vada in modo straordinario e
    scopri tutto del tuo partner!
4   Non ritengo sia giusto consentire a questi ragazzi di usare il cellulare in qualsiasi
    situazione. È anti-educativo!

 ## 14 Answer the questions

Read the last paragraph of the article (**Text 16.1**) again and answer the following
questions.

1   Il sessuologo consiglia di passare almeno 15 ore a settimana dialogando via
    computer. Credi che questo basti per conoscere una persona? Quali altri
    suggerimenti daresti tu al suo posto?
2   Quali sono le conseguenze negative degli amori via Internet?
3   Come mai, secondo te, in America esiste già una legislazione che tutela le
    persone tradite via cavo?

15 Discussion

What do *you* think? Discuss in small groups the following questions.

1   Come è cambiata la vita delle persone con l'invenzione della posta elettronica?
    E con quella del telefonino?
2   In che modo pensi che la privacy sia infranta dalla posta elettronica e dal
    telefonino?
3   Dove e in quali occasioni dovrebbe essere vietato l'uso del telefono cellulare?
4   Ci sono informazioni sufficienti sulle controindicazioni del telefonino?
5   Come credi che possa trasformarsi la nostra società in futuro grazie a tutte
    queste invenzioni? Credi ci siano differenze a seconda dei paesi?

 ## 16 Presenting a proposal

Split into four groups, each group representing a department in a company. Each group
has to put a proposal to the managing directors of the company and persuade them
that it should be implemented immediately. Prepare your proposal, according to the
guidelines given below, and present it to the other groups, using some of the expressions learnt in this chapter. When each group has presented its proposal, the board
can discuss which one should be implemented.

Gruppo A
L'azienda non ha ancora iniziato ad usare Internet ed il tuo gruppo vuole convincere i
dirigenti dell'importanza di essere 'in Rete'!

Gruppo B
Il tuo gruppo lavora per l'azienda ma viaggia in tutta Italia e volete fare pressione sui
direttori per ottenere un telefono cellulare pagato dall'azienda, che sveltirebbe sicuramente molte fasi del vostro lavoro.

Gruppo C
Il tuo gruppo è responsabile dell'ufficio stampa dell'azienda e avete urgente bisogno
di accedere alle televisioni straniere attraverso il satellite. Convincete i dirigenti di
questa spesa!

Gruppo D
L'azienda utilizza un sistema di posta elettronica interna che vi permette solo di
comunicare con i colleghi. Il vostro gruppo vuole convincere l'azienda ad installare
l'e-mail.

17 *Cliccami stupido!*

Fill in the gaps in the article **Cliccami stupido!** (**Text 16.2** below), using the words in the box.

almeno   basta pensare   ovunque

al riguardo   persino   pure   nel giro di

Text 16.2 **Cliccami stupido**

Il linguaggio elettronico dell'amore

Sul display dei telefonini come _____ (1) sulle e-mail di Internet corre un nuovo linguaggio. _____ (2) molti studiosi di computer e di linguistica hanno cominciato ad elaborare diverse teorie. Così _____ (3) pochi anni si è sviluppato un vero e proprio vocabolario utilizzato _____ (4). È un linguaggio che bisogna conoscere _____ (5) in parte, per entrare in questo mondo e fare amicizia, conoscersi e _____ (6) corteggiarsi. Il vocabolario elettronico dell'amore è diffusissimo: _____ (7) a come queste espressioni vengono usate ormai nel linguaggio comune. Qui di seguito ecco un assaggio di questa lingua fatta di inglese, un po' di italiano, molto slang giovanile e tanti simboli nati nel cyberspazio!

Adapted from *L'Espresso*, 10 June 1999

---

18 *Il linguaggio elettronico*

Try to guess the meaning of the following words and expressions used in Internet chatrooms (1–9) and find the matching explanation from those listed below (a–i):

1   scambiamoci i nick
2   ti forwardo uno smack
3   cliccare
4   banniamo il gruppo
5   ti cestino

6   tvb
7   privpliz
8   ti kikko fuori
9   ti droppo

a   Rispondo no alla tua richiesta.
b   Ti mando un bacio.

c   In privato, please. Dialoghiamo in privato.
d   Usciamo dal gruppo della chat.
e   Presentiamoci con i soprannomi usati nella chat.
f   Ti voglio bene.
g   Ti lascio.
h   Ti strizzo l'occhio o ti faccio un sorriso.
i   Ti sbatto fuori e faccio saltare il collegamento.

19 What did they say?

Go back to the article **Ho scritto t'@mo sul display** (**Text 16.1**) and summarise in Italian
the opinions expressed by each of the three people interviewed:

a   Paula
b   William Harley
c   Monica Fraticelli

KEY VOCABULARY

balzare agli onori della cronaca	to be reported in the press	Many Internet or computer terms come straight from English or are straight translations; others are original.
dare libero sfogo	to give free rein to	
di prima mano (**di seconda mano** 'second-hand')	fresh, new	

dare l'impressione di	to give the impression of	**chat** (f.)	chatroom
dati (m.pl.)	data, facts and figures	**chattare**	to talk on the net
date (f.pl.)	dates (as in calendar)	**chiocciola** (f.)	(*lit.* snail) the @ sign on the keyboard
telefonino (m.)	mobile phone, cellphone	**cybernavigante** (m.)	Internet surfer
(telefono) cellulare (m.)	cellphone, mobile phone	**navigare**	to surf (*lit.* sail)
		posta elettronica (f.)	e-mail
		rete (f.)	Internet, also 'network'

Unit 17
Gli italiani? Pizza e mafia

FUNCTIONS	• Expressing belief, certainty, uncertainty • Expressing concession • Expressing exception and reservation • Expressing condition
GRAMMAR	• Subjunctive after **sapere**, **non sapere**, **pensare**, **(non) è vero che** • Clauses and phrases of concession • Clauses and phrases of reservation and exception • Clauses of condition • Imperfect subjunctive
VOCABULARY	• The regions • The linguistic minorities • Italian stereotypes

1 Warm-up exercise

Discuss the following stereotypes of Italy and the Italians with your classmate(s) in Italian and say whether they are true. Base your arguments on anything you know already about Italy.

Examples
Secondo me, in Italia si parla solo italiano.
Sì, è vero. No, non è vero.

1   In Italia si parla solo italiano.
2   Gli italiani hanno famiglie grandi.
3   Gli italiani guidano male e fanno molti incidenti.
4   Gli italiani sono sempre molto eleganti.
5   Gli italiani sono tutti cattolici praticanti.
6   Gli Italiani sono tutti mafiosi.
7   Gli italiani mangiano solo la pizza.
8   Gli italiani mangiano spaghetti al pomodoro tutti i giorni.

2 Gli stereotipi

Now compare your views with those of other foreigners, as reported in the article **Gli italiani? Pizza e mafia** (**Text 17.1** below). Find the information in the article and complete the sentences below. In some cases you can use pensare and the subjunctive (see Unit 16) to express people's views.

Example
Solo il 13,7% pensa che l'Italia sia un paese in cui si vive bene.

1   La parola italiana più conosciuta è _____
2   L'82,5% pensa che_____
3   Nessuno pensa che l'Italia _____
4   250 mila stranieri _____
5   Le città italiane più note sono _____
6   Gli italiani più famosi sono _____
7   Ogni anno un milione di persone_____
8   Il rapporto è stato presentato da_____
9   Furio Colombo ha proposto_____
10 Quali sono i motivi per cui si impara l'italiano?

Text 17.1 Gli italiani? Pizza e mafia

Sondaggio tra 100 mila stranieri: il Belpaese visto come "un grande museo"

I nostri vocaboli più conosciuti nel mondo

ROMA. La nostra immagine non cambia. Costruiamo satelliti, Formula 1 da primi posti, due milioni di auto all'anno, quasi tutte le montature per occhiali, esportiamo premi Nobel, ma per gli stranieri l'Italia è ancora racchiusa in quelle tre parole: pizza, mafia e spaghetti. Anche arte e cultura, certo. Storia e tradizione, sicuramente. Ma gli stereotipi sono duri a morire.

È questo il risultato di un sondaggio effettuato dal Cnel e dalla Società Dante Alighieri che conta 250 mila frequentatori dall'Asia all'America, dall'Oceania all'Africa. "Vivere italiano, il futuro della lingua" è il titolo dell'indagine presentata ieri, che ha potuto contare sulle risposta di centomila stranieri sparsi in tutto il mondo.

"Pizza" è la parola italiana più conosciuta con il 67% delle risposte, seguita da "mafia" con il 41% e da "spaghetti" con il 26%. L'immagine dell'Italia nel mondo, per fortuna, ha altre conferme, non solo sul versante culinario: Roma, Firenze e Venezia sono le città più note; Sophia Loren, Marcello Mastroianni e Papa Giovanni XXIII restano al top della notorietà mondiale. E il Belpaese nel suo complesso viene percepito come un grande museo, depositario di un immenso patrimonio d'arte, cultura e storia (82,5%). A distanza (13,7%) segue la valutazione di "un Paese in cui si vive bene". Nemmeno una risposta ha indicato l'Italia come uno Stato dalle istituzioni salde ed efficienti.

Se è vero che "pizza", "mafia" e "spaghetti" sono, nell'ordine, le parole più conosciute, è pure vero che è la nostra lingua quella che – a pari merito con la spagnola – ha dato il maggior numero di vocaboli in prestito all'angloamericano. L'interesse per l'italiano, e per la nostra cultura, viene dimostrato dal milione di persone che ogni anno si iscrive, fuori Italia, a corsi di italiano. Buona parte lo fa per finalità pratiche (come commercio e turismo) di alto livello, molti per interessi artistici o cultura generale.

Relatori del rapporto ("Vivere italiano: il futuro della lingua") sono stati Furio Colombo e Tullio De Mauro, mentre il dibattito è stato presieduto dai presidenti del Cnel, De Rita, e della Società Alighieri, Bottai. Colombo ha sottolineato le finalità concrete di chi studia l'italiano all'estero e ha proposto un doppio canale di intervento: uno che si occupi della cultura italiana e uno che affronti in maniera realistica l'insegnamento della lingua. Ha sottolineato che sono pochi gli imprenditori che hanno capito la relazione fra la diffusione della cultura italiana e l'aumento di vendite dei nostri prodotti all'estero.

Adapted from *La Repubblica*, www.repubblica.it, 31 March 1999

3 Facts and figures

Now go back to your original warm-up exercise (Activity 1) and remember what you and your partner thought about Italy and the Italians. Compare your views on four key aspects with the reality, as shown in **Texts 17.2–17.5** below. You can use the imperfect subjunctive in the clauses introduced by che and È vero che, so che 'I know' followed by the indicative, or Non è vero che 'I don't know', followed by the subjunctive. (See Unit 16.)

Example
Pensavo che gli italiani mangiassero solo gli spaghetti.
Ora so che al nord mangiano molto riso.

Text 17.2 **Le lingue nazionali e regionali in Italia**

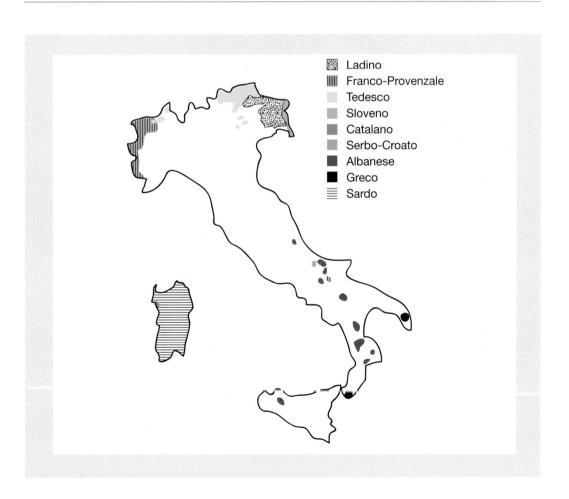

In Italia oltre alla lingua italiana e alle lingue regionali si parla un totale di otto lingue nazionali. Ci sono delle minoranze linguistiche importanti, tra cui indichiamo le seguenti:

Tedesco	300.000	Alto Adige, altre regioni alpine
Franco-Provenzale	200.000	Val d'Aosta, Piemonte
Sloveno	120.000	Friuli-Venezia Giulia
Albanese	120.000	Calabria, Basilicata, Molise, Puglia, Sicilia, Campania
Francese	91.000	Val d'Aosta
Greco	40.000	Calabria, Puglia
Catalano	30.000	Alghero (Sardegna)
Ladino	20.000	Trentino-Alto Adige

Text 17.3 **La famiglia italiana**

Numero medio di componenti	2,7	individui per famiglia
Famiglie di una sola persona	22,8%	del totale
Famiglie con 5 o più componenti	7,7%	del totale
Famiglie "estese"	5,3%	del totale
Coppie con figli	60,5%	del totale
Coppie senza figli	28,2%	del totale
Genitori soli con figli	11,3%	del totale

From Multiscopo, *Aspetti della vita quotidiana*, 1999

Text 17.4 **Gli incidenti stradali**

Statistiche per incidenti rispetto al numero dei veicoli che circolano

Paese	% di incidenti come percentuale del numero dei veicoli	No. dei veicoli	No. di incidenti
UK	0,8 per cento	29.638.976	242.118
Germania	0,7 per cento	51.351.875	382.950
Italia	0,6 per cento	37.836.000	211.940
Spagna	0,4 per cento	23.283.538	101.730
Francia	0,3 per cento	34.291.275	121.220

Adapted from *International Road Traffic and Accident Database
2000 statistics*, April 2002

Text 17.5 **Quanti sono i cattolici praticanti in Italia?**

L'alta partecipazione ai matrimoni religiosi o alle prime comunioni non significa molto; sono sostanzialmente riti di passaggio, celebrati per tradizione. Secondo i dati ufficiali dell'ISTAT i matrimoni in municipio in Italia sono in costante crescita; nelle ultime statistiche relative all'anno 1996 in Italia il **20,3%** dei matrimoni si è svolto con rito civile. I preti sanno per esperienza che in genere qualche anno dopo la prima comunione i giovani abbandonano la pratica religiosa.

Franco Garelli, che ha curato un'indagine per la conferenza episcopale, prova a definire quanti sono veramente i cattolici nell'Italia di oggi. «I credenti militanti» – spiega – «coloro che fanno parte di gruppi, associazioni, movimenti sono circa un **10 per cento**. I praticanti assidui sono un altro **15–20 per cento**. Sommando entrambi i gruppi si arriva ad un 30 per cento di credenti regolari». E la stessa cifra è riferibile ai praticanti abituali della messa domenicale che rappresenta il centro del culto cristiano. Fra i giovani la partecipazione è naturalmente al ribasso: solo il **20–22 per cento**, dice Garelli, frequenta la chiesa la domenica.

Adapted from website of UAAR (Unione degli atei e degli agnostici razionalisti),
www.uaar.it/documenti/archivio2001/2001-07-16bhtml

4 Un Posto al Sole I

Read this description of the Italian soap opera *Un Posto al Sole* (**Text 17.6**) and answer the following questions in English:

1   Which TV channel broadcasts this soap?
2   Which part of Naples is it set in?
3   How many families feature in it?
4   Where do they all meet up?
5   What kind of problems do they have?

Text 17.6 *Un Posto al Sole*

Un Posto al Sole, prima soap opera *Made in Italy*, che Raitre manda in onda nella fascia preserale, è riuscita a superare le più rosee aspettative.

Ambientato a Napoli nella suggestiva e romantica cornice della collina di Posillipo, racconta delle vicende degli inquilini di Palazzo Palladini e del loro simpatico portinaio, Raffaele: Giò, Franco, Assunta, Guido che abitano nella Terrazza, la famiglia Poggi, i fratelli Palladini, la dottoressa Ornella Bruni e sua figlia Viola, il perfido Riccardo Ferri e Silvia, proprietaria del bar Vulcano, l'abituale ritrovo dei protagonisti e dei turisti di passaggio, con suo marito Michele, ogni giorno alle prese con le gioie ed i dolori legati alla convivenza, ai rapporti generazionali, alla disoccupazione, alle cattive compagnie, ai fantasmi del passato e ai piccoli segreti e compromessi che la vita ci riserva per rendere gli uomini partecipi di un gigantesco giuoco delle parti.

Adapted from www.scanner.it/tv.un posto al sole/874.php, 4 January 2003

 5 *Un Posto al Sole II*

Listen carefully to the interview with the director of the Italian soap opera *Un Posto al Sole* Andrea Serafini (**Audio 17.1**) from the Education Guardian website and answer the following questions in Italian.

1   Cosa significa fare la regia di una soap opera?
2   È duro questo lavoro?
3   Da quale *soap* australiana ha copiato il formato?
4   Dov'è ambientato *Un Posto al Sole*?
5   Quali sono i fattori che hanno contribuito al successo di questa *soap*?
6   Descrivete tre attività svolte dai personaggi di questa *soap*.
7   Dove in particolare viene girato?
8   È molto diverso dal lavoro nel cinema?

6 *I Soprano*

Read **Text 17.7** about the American series *The Sopranos* and answer these questions in English.

1 Has *The Sopranos* been successful in the USA? What is the evidence for this statement?
2 How many people in Italy watched the pilot episode?
3 Why is *The Sopranos* considered by some to be politically incorrect?
4 What do the fans get for their $30 guided tour?
5 Why has it got a cult following among psychoanalysts and psychologists?
6 What are the Italo-Americans' concerns?
7 What is the image of Italians propagated by films and TV programmes?
8 What is Marge Roukema's view?

Text 17.7 *I Soprano*

I Soprano: segreti della «famiglia» più vista in tv

Arrivano i soprano

"The Sopranos" sbarcano in Italia: dopo l'assaggio dell'episodio pilota, seguito da oltre un milione di spettatori, il telefilm va in onda con regolarità da sabato alle 23,30 su Canale 5.

La polemica degli italo-americani

Su questa serie straordinariamente sceneggiata, girata e interpretata ma anche – secondo alcuni – "politicamente scorretta" sono stati versati fiumi di parole. Giudicata da molti critici come uno dei migliori prodotti della recente televisione americana, superpremiata agli Emmy e ai Golden Globe, la serie ha suscitato accese polemiche da parte della comunità italo-americana, preoccupata di vedere ripetuti i soliti stereotipi sugli "italiani mafiosi".

Ascolti record

Con Sopranos, Hbo, la tv via cavo presente in più di trenta milioni di famiglie americane ha raggiunto livelli d'ascolto sorprendenti e in continua crescita: tre milioni e mezzo di spettatori per la prima stagione (8,3% di rating), sei milioni e mezzo per la seconda (13,6%), per concludere con nove milioni di persone inchiodate davanti allo schermo quest'anno (17,3%). Insomma, per tante ragioni, i Sopranos hanno smesso di essere una semplice fiction da prima serata, e sono diventati un fenomeno sociale e di costume, di cui si discute sui giornali, nei convegni e nelle università.

Fan e psicanalisti

Gli appassionati di Sopranos sono pronti a pagare trenta dollari per la visita guidata nelle location del New Jersey dove è girata la serie – con i cannoli siciliani compresi nel prezzo. Psicologi e psicoanalisti, invece, secondo il *New York Times*, hanno eletto il telefilm a "culto professionale" perché la trama è incentrata sulle confessioni del "boss" alla sua analista. E non mancano naturalmente i cyber-fan, che tengono aggiornati decine di web-sites dedicati alla famiglia Soprano.

I detrattori

Dalla parte dei detrattori e di coloro che si sono sentiti offesi dalla serie televisiva, sono in prima linea molte associazioni di italo-americani, come la National Italian American Foundation, che ha organizzato a New York un convegno dal titolo "The Sopranos e altri stereotipi: quanto sono dannosi?". Molti italo-americani non perdonano al compatriota David De Cesare – in arte David Chase, creatore e sceneggiatore del telefilm – d'aver rinforzato i vecchi pregiudizi, che descrivono gli italiani come mafiosi o come rozzi pizzaioli che masticano un inglese primitivo. Una ricerca condotta dall'Italic Studies Institute su oltre mille film girati dal 1928 ad oggi rivela che il 73% di essi dipinge i personaggi italiani in una luce negativa, come bigotti e per lo più coinvolti nel crimine organizzato. La deputata repubblicana Marge Roukema ha presentato una risoluzione anti-Soprano al Congresso sostenendo che la serie contiene stereotipi etnici che, se rivolti contro gli Afro-americani o gli Ispanici, avrebbero causato proteste nelle strade.

Massimo Scaglioni, adapted from *Il Corriere della Sera*,
15 January 2002

 7 I Ladini

Read **Text 17.8 I Ladini** and answer the following questions in English.

1   Where do the Ladin population live?
2   What significant event took place in 15 BC?
3   What kind of language is 'Ladino'?
4   What are its origins?

Text 17.8 **I Ladini**

I Ladini delle Dolomiti abitano nelle cinque valli intorno all'imponente massiccio del Sella: Val Badia, Val Gardena, Val di Fassa, Livinallongo, Colle Santa Lucia e Ampezzo. Nel 15 a.c. le Alpi vennero conquistate dai Romani. Il ladino ('retoromanzo') è una lingua neolatina, nata con la romanizzazione delle Alpi, quando la popolazione retica adottò il latino volgare, cioè il latino popolare. La lingua ladina è l'evoluzione diretta del latino parlato dalla popolazione delle Alpi verso la fine dell'impero romano.

📚✍ 8 Write to Stefan

Read the letter from Stefan, the student from the Ladino area (**Text 17.9**). Now write him a letter saying you are learning Italian at university and would like to correspond with him in Italian. Tell him you are from Wales and speak Welsh. Talk about the similarities between your two situations.

Text 17.9 **Lettera da un ragazzo ladino**

Stefan Tessaris, Ladin

str. Torino
39036 BADIA (BZ)
Alto Adige
Stefan_tessaris@hotmail.com
ITALIA

Ho 22 anni e studio giurisprudenza all'Università di Innsbruck, Austria. Sono molto interessato in lingue e culture straniere e ho sempre cercato di sviluppare uno spirito e una convinzione "europea" senza essere però costretto a rinunciare alle proprie origini. Nel mio tempo libero mi piace sciare e giocare a tennis, fare jogging, leggere e viaggiare.

Sono membro della comunità ladina nelle Dolomiti (cosiddetti Ladini del Sella). Da quando i Romani conquistarono l'area alpina il ladino è stato la lingua in questa zona e oggigiorno ca. 35.000 persone nelle valli ladine parlano ancora questa antica lingua retoromanica. **Nonostante** l'area delle Dolomiti **si componga** di cinque valli con differenze in dialetto e tradizioni, abbiamo sviluppato uno spirito di comunità che ci distingue dalle culture vicine.

GRAMMAR NOTES I

Concession 'although', 'even if', 'despite'

Using a clause or phrase of concession means that we are *conceding* the existence of a factor which can alter circumstances, but saying that the event or action expressed in the main clause will take place despite it. See this example from **Text 17.9 Lettera da un ragazzo ladino**.

Nonostante l'area delle Dolomiti *si componga* di cinque valli con differenze in dialetto e tradizioni, abbiamo sviluppato uno spirito di comunità.
Despite the Dolomites area being composed of five valleys with differences of dialect and traditions, we have developed a community spirit.

Conjunctions and phrases indicating concession

The following conjunctions or phrases indicate concession and are normally followed by the subjunctive:

anche se	even if
benché	although
con tutto che	with all that
malgrado	in spite of
nonostante	despite
per quanto	however
quantunque	however (much)
sebbene	although

Benché faccia **caldo, lei va a correre tutte le mattine.**
Although it's hot, she goes running every morning.

Sebbene **lui non mi conosca bene, mi ha invitato alla sua casa al mare.**
Although he doesn't know me well, he invited me to his house at the seaside.

Malgrado **io** *lavori* **tutte le sere fino a tardi, non ho ancora finito di scrivere il libro.**
Although I work every evening until late, I haven't yet finished writing the book.

Per quanto **possa essere cara, la vacanza val sempre la pena.**
However expensive it may be, a holiday is always worthwhile.

Nonostante is most commonly used without **che**:

Nonostante (che) sia **ancora giovane, è già affermata nel mondo della musica.**
Despite still being young, she is already known in the world of music.

Malgrado, **nonostante** can be used simply as prepositions, followed by a noun:

Malgrado **la brutta esperienza, torneremo a Napoli l'anno prossimo.**
Despite our bad experience, we will go back to Naples next year.

Nonostante **tutto, è sempre una cara amica.**
Despite everything, she's still a dear friend.

Anche se can be followed by either the indicative *or* the subjunctive, depending on how real or certain the situation is. If the situation actually exists, use the indicative. (For sentences using **anche se** and the subjunctive, see Unit 22.)

Anche se **tu guidi da tanti anni, non capisci come funziona il motore della macchina!**
Even though you've been driving for many years, you don't understand how the car engine works!

Anche se, benché can be used just with an adjective:

Anche se **stanca, voleva venire con noi.**
Even though tired, she wanted to come with us.

Benché malato, **ha insistito per accompagnarci.**
Although ill, he insisted on coming with us.

Con tutto che is also usually followed by the indicative:

Con tutto che **abbiamo la lavatrice, passo ancora tante ore a fare il bucato.**
Despite us having a washing machine, I still spend hours doing the washing.

Gerund pur essendo, pur avendo

A gerund can also be used with a concessive meaning, preceded by **pur** 'although'. The subject of the concessive clause has to be the same as that of the main verb:

Pur essendo **sposata, Mariangela flirtava sempre con i clienti.**
Although married, Mariangela always flirted with the customers.

Negative expressions

Manco, nemmeno, neanche, neppure can all be used to express concession. They are followed by **se** and a verb (normally subjunctive) or by **a** and an infinitive. The main clause has to be a negative statement.

Manco a **pregarlo in ginocchio, non ti farà mai entrare.**
Not even if you beg him on bended knee, he will never let you in.

Io non andrei mai in aereo, *neanche se* **tu mi pagassi.**
I'd never go on a plane, even if you paid me.

Exception and reservation 'except', 'unless'

Eccetto che, fuorché, salvo che, tranne can be followed by an infinitive:

Mio figlio ha tempo di fare tutto *fuorché* **aiutarmi.**
My son has time to do everything except help me.

Posso fare tutto quello che vuoi, *tranne* **cucinare!**
I can do anything you want, except cook!

Eccetto, fuorché, salvo, tranne can be followed by a noun (object or person) or pronoun or other part of speech:

Non ho visto nessuno *tranne* la signora che fa le pulizie.
I haven't seen anyone except the lady who does the cleaning.

Finally, an event or circumstance may be true *except for* a particular detail ('exception'), or it may take place *unless* a particular circumstance or event prevents it ('reservation'). Conjunctions which express *exception* or *reservation* in Italian are:

a meno che (non)	unless
eccetto che	except that
fuorché	except
salvo (che)	save for, unless
se non che	except that
tranne che	except, unless

These conjunctions or phrases introduce a dependent clause (clause of exception); the verb is usually in the *subjunctive*, but can be in the indicative if it expresses a reality rather than a possibility:

È tutto pronto, *eccetto che* devo ancora fare la valigia. (Reality)
It's all ready, except that I still have my case to pack.

Chiamiamo il Consolato, *a meno che* il passaporto non arrivi domani. (Possibility)
We'll call the Consulate unless the passport arrives tomorrow.

Ti ci porterei io, *se non che* la mia macchina è rotta. (Reality)
I would take you myself, except that my car is broken.

A meno che is followed by **non**:

Domani mangiamo all'aperto *a meno che* non piova.
Tomorrow we will eat in the open air as long as it doesn't rain.

Condition

Conjunctions expressing condition include **purché** 'provided that', **se** 'if', **a condizione che** 'on condition that', **a patto che** 'on condition that' and are normally followed by the subjunctive:

Vado dal dentista *purché* la mia amica mi accompagni.
I'll go the dentist provided that my friend goes with me.

I ragazzi aiutano in cucina *a patto che* la mamma gli dia i soldi.
The children help in the kitchen on condition that their mother gives them money.

⚲ 9 Concession

Complete the sentences with the most appropriate word from those in the box.

benché   sebbene   anche se   nonostante

1 _____ ho sempre cercato di sviluppare uno spirito europeo, non voglio rinunciare alle mie origini.
2 _____ si pensi all'Italia come una sola nazione, in realtà è composta di venti regioni molto diverse fra di loro.
3 _____ i turisti vogliono mangiare solo pizza e spaghetti, la cucina regionale in Italia è molto varia.
4 _____ l'arrivo della televisione abbia incoraggiato la diffusione della lingua standard, le lingue regionali e i dialetti sono ancora molto presenti.
5 _____ "pizza", "mafia" e "spaghetti" sono le parole più conosciute, l'italiano ha dato il maggiore numero di vocaboli in prestito all'angloamericano.
6 _____ la pizza sia nata a Napoli, oggi viene mangiata in tutto il mondo.
7 _____ lo stereotipo della dieta italiana è tutta spaghetti e pomodoro, in realtà al nord si mangia più riso.
8 _____ gli studenti lavorino durante le vacanze, finiscono l'università pieni di debiti.

⚲ 10 Reservation and exception

Complete the gaps with the appropriate phrase or conjunction from those shown in the box. Some conjunctions may be used more than once. Change the verb form and the order of the sentence where necessary.

a meno che (non)   eccetto che   fuorché
salvo (che)   se non che   tranne (che)

1 Partirò domani _____ ci sia qualche problema.
2 Accompagno mia figlia a scuola _____ quando sono impegnata.
3 Volevamo andare in vacanza insieme _____ la mia amica non aveva i soldi.
4 Andiamo con la macchina _____ non preferiate andare a piedi?

5　Prendo il pullman delle 10.30 _____ l'aereo non faccia ritardi.
6　La lettera arriverà domani _____ ci sia sciopero delle poste.
7　I miei figli sono sempre fuori _____ all'ora di cena.
8　Farò gli esami il mese prossimo _____ i professori si presentino.

🔍 11 Condition

Link each pair of statements together with an appropriate conjunction from those in the box. Add or change words as necessary.

Purché　se　**a condizione che**　**a patto che**	

1　Ti presto la mia macchina fotografica digitale. Ma non la devi rompere.
2　Vengo con voi. Ma non voglio fare tardi.
3　Potete uscire. Ma dovete essere a casa prima di mezzanotte.
4　Allora vengo a cena da voi. Ma fammi portare qualcosa.
5　Andiamo in vacanza. Ma prima dobbiamo mettere da parte un po' di soldi.
6　Mio marito viene al cinema, ma solo se il film piace a lui.
7　Affittiamo la stanza ma solo se troviamo una persona simpatica.
8　Compriamo una casa in Toscana, ma non troppo cara.

GRAMMAR NOTES II

Imperfect subjunctive

Uses of the imperfect subjunctive

Generally in any combination of main clause and dependent clause, a main verb in the past is followed by an imperfect subjunctive in the dependent clause.

Concession clauses:

Benché *fossi* inammorata di lui, vedevo anche tutti i suoi difetti.
Although I was in love with him, I could also see all his defects.

Opinion, point of view:

Mi sembrava che *lui fosse* arrabbiato.
I thought he was angry.

Requesting, ordering and desiring:

Il mio capo voleva che io *andassi* alla banca per ritirare i soldi.
My boss wanted me to go to the bank to take out some money.

Expressing emotion:

Mia madre era veramente contenta che finalmente io *avessi* un fidanzato.
My mother was really happy that finally I had a boyfriend.

Expressing uncertainty:

Non sapevo che tuo fratello *fosse* medico.
I didn't know that your brother was a doctor.

Expressing necessity, importance:

Non c'era bisogno che tu *comprassi* la nutella – avrei mangiato la marmellata.
There was no need for you to buy nutella – I would have eaten jam.

The imperfect subjunctive is often used with a hypothetical meaning: e.g. 'what if . . .?':

Se *fossi* in te non le parlerei.
If I were you I wouldn't speak to her.

Gli parlava come se lo *conoscesse* bene.
She spoke to him as if she knew him well.

Forms of the imperfect subjunctive

The ending of the imperfect subjunctive in the three verb groups is the same for both first and second persons singular: **-assi, -essi, -issi**:

	-are verbs	*-ere* verbs	*-ire* verbs	*-ire* verbs
(io)	parl-*assi*	cred-*essi*	dorm-*issi*	fin-*issi*
(tu)	parl-*assi*	cred-*essi*	dorm-*issi*	fin-*issi*
(lui/lei)	parl-*asse*	cred-*esse*	dorm-*isse*	fin-*isse*
(Lei)	parl-*asse*	cred-*esse*	dorm-*isse*	fin-*isse*
(noi)	parl-*assimo*	cred-*essimo*	dorm-*issimo*	fin-*issimo*
(voi)	parl-*aste*	cred-*este*	dorm-*iste*	fin-*iste*
(loro)	parl-*assero*	cred-*essero*	dorm-*issero*	fin-*issero*

Common verbs whose imperfect subjunctive is formed differently include:

	essere to be	*dare* to give	*stare* to be
(io)	fos*si*	des*si*	stes*si*
(tu)	fos*si*	des*si*	stes*si*
(lui/lei)	fos*se*	des*se*	stes*se*
(Lei)	fos*se*	des*se*	stes*se*
(noi)	fos*simo*	des*simo*	stes*simo*
(voi)	fos*te*	des*te*	stes*te*
(loro)	fos*sero*	des*sero*	stes*sero*

The following three verbs have a contracted infinitive but the imperfect subjunctive is based on their non-abbreviated original form, shown in brackets:

	bere to drink (*bevere*)	*dire* to say (*dicere*)	*fare* to do (*facere*)
(io)	bevessi	dicessi	facessi
(tu)	bevessi	dicessi	facessi
(lui/lei)	bevesse	dicesse	facesse
(Lei)	bevesse	dicesse	facesse
(noi)	bevessimo	dicessimo	facessimo
(voi)	beveste	diceste	faceste
(loro)	bevessero	dicessero	facessero

KEY VOCABULARY

belpaese (m.) — the 'beautiful country' – Italy

cannoli siciliani (m.pl.). — Sicilian cakes filled with ricotta

cavo (m.) — cable (**TV via cavo** 'cable TV')

deputato/a (m./f.) — MP

livelli d'ascolto (m.pl.) — viewing figures

prese, alle — struggling with

preserale — early evening (slot)

rito di passaggio (m.) — rite of passage

rito civile (m.) — non-church wedding, civil wedding

superpremiato — having won lots of awards

(Use of the prefix **super** is typical of media language.)

Unit 18
Andiamo al cinema?

FUNCTIONS	• Expressing pleasure and satisfaction • Expressing regret, doubt, hope and fear • Expressing other emotions
GRAMMAR	• Subjunctive after verbs expressing emotion • Forms of the perfect subjunctive • Use of the perfect subjunctive
VOCABULARY	• Cinema, film terminology • Expressions of emotion • Expressions of liking and disliking • Exclamations

1 *E tu che ne pensi?*

With your classmate (compagno di classe) say what types of films you like best, using the following expressions.

mi/non mi   piacciono
                     interessano
                     annoiano
                     appassionano
                     innervosiscono
                     divertono
                     entusiasmano
                     fanno rabbia
                     fanno ridere/piangere
                     colpiscono
                     lasciano indifferenti

Generi	*Tu*	*Compagno*
Film drammatici		
Commedie		
Musical		
Balletti		
Film dell'orrore		
Opere liriche		
Cartoni animati		
Film gialli		

2 Italian films I

Look at the posters and the titles of these two films (p. 311) and work in pairs, trying to guess:

Film 1

La storia:
I protagonisti:
Il genere:
La fine del film:

Film 2

La storia:
I protagonisti:
Il genere:
La fine del film:

Use the expressions: credo che . . ., penso che . . .

3 Italian films II

Now match the posters with the plot of the two films described below (**Text 18.1**) and check if you guessed right.

Text 18.1 **Due film italiani**

Film 1

> Scritto e diretto da un giovanissimo regista, Gabriele Muccino, questo film è una commedia allegra e amarissima, come se ne facevano una volta. Racconta i turbamenti di due generazioni bloccate in un difficile passaggio d'età: i trentenni che non vogliono crescere e i cinquantenni che non sanno invecchiare. Il bacio a cui fa riferimento il film è quello che il protagonista dà ad una ragazza per dimostrare a se stesso di essere ancora libero. Il regista rinchiude i trentenni in un girone claustrofobico fatto di amori, disamori, gelosie, fughe, rientri e infinite chiacchiere sui sentimenti. Il film, costruito sulle emozioni dei suoi personaggi, è interpretato da Giovanna Mezzogiorno e Stefano Accorsi (i trentenni) e da una straordinaria Stefania Sandrelli (la cinquantenne in crisi).

Film 2

> Vincitore della Palma d'Oro al Festival di Cannes nel 2001, il film racconta il dolore di una piccola famiglia di Ancona quando il figlio muore in un incidente durante una immersione subacquea. Il regista Nanni Moretti interpreta anche il ruolo principale, come in molti dei suoi film, ed è uno psicanalista molto affermato, che dovrà mettere da parte il lavoro per trovare una soluzione al suo dolore. La madre, interpretata dalla bravissima Laura Morante, è una donna moderna che lavora nel settore dei libri e che ha un ottimo rapporto con i suoi figli, due studenti adolescenti. Il film è semplice, intenso e molto commovente ed illustra con grande eleganza la sofferenza che segue la scomparsa di un figlio e la rottura dei rapporti familiari, che si trasformano in triste solitudine.
>
> Adapted from www.kataweb.it

✍ 4 Fill in the missing information

Now complete the following information sheet with the missing information.

L'ultimo bacio

Regista: _____

Interpreti principali: _____

Genere: _____

La stanza del figlio

Regista: _____

Interpreti principali: _____

Genere: _____

Premi: _____

🎧 5 *All'uscita del cinema!*

Listen to these interviews recorded outside a cinema in Rome (**Audio 18.1–18.6**) and write down the information you get about different films from the people interviewed, using the headings shown below.

	Film visto	Genere	Trama	Giudizio
Giorgio				
Anna Maria				
Ivana				
Antonella				
Gianluca				
Andrea				

6 *All'uscita del cinema II*

Now listen to the interviews (**Audio 18.1–18.6**) again and write down all the comments on the films. There are 12; the first one is done for you.

1 Stupendo!

 ## 7 *All'uscita del cinema III*

Now listen to the first two conversations (**Audio 18.1, 18.2**) again and pick out the words which are explained below. Write down the word which best fits each definition below.

Example
I vestiti che gli attori portano in scena.
I costumi

1   Una breve parte del film
2   L'attore o l'attrice che recita nel film
3   La storia del film
4   Il ruolo inventato per l'attore
5   Le conversazioni che gli attori devono imparare
6   La persona che dirige gli attori e i cameraman
7   Il periodo in cui escono i film

 ## 8 Positive and negative

Sort the words in the box into two lists, Positive and Negative.

stupendo	interessante	fantastico	banale
prevedibile	noioso	commovente	deludente

9 *Giorgio I*

Giorgio has just completed the last year at the Scuola di Cinematografia in Cinecittà and he wants to become a film director (un regista). Listen to his fears, hopes and doubts about the profession (**Audio 18.7**) and write them down in Italian, using the headings shown below.

1 Paure
2 Speranze
3 Dubbi

 ## 10 *Giorgio II*

Which are the areas Giorgio has worked on? Try to rewrite these scrambled words correctly and then listen to the cassette (**Audio 18.7**) to check your answers.

1 ucli   _____
2 tefetif epcilsia   _____
3 gnotagmio   _____
4 cusima   _____
5 ogiatoraff   _____
6 eriga   _____
7 scutaregnegia   _____

11 *Giorgio III*

Listen to Giorgio again (**Audio 18.7**) and write down the expressions he uses to give his opinions, along with the correct verbs.

1 _____ questa esperienza non _____ essere apprezzata
   veramente nel mondo del lavoro.
2 _____ il mondo cinematografico _____ in considerazione solo
   nomi conosciuti.
3 _____ è di non riuscire a sfondare come regista.
4 _____ per alcuni aspetti di questo lavoro _____ molto facile
   andare avanti se non si ha un aiuto concreto.
5 _____ che _____ pochi gli aiuti dati dal governo ai nuovi registi.

12 Films you have seen

Work in pairs and ask your partner questions about a film s/he has seen recently. Here are some questions you may want to use. Make brief notes on each aspect e.g. la trama, i personaggi, i costumi, le scene, la musica.

1   Quale film hai visto di recente?
2   Di che cosa parla il film?
3   Quali sono i personaggi principali?
4   È un film d'epoca? Come sono i costumi?
5   La storia è a lieto fine?
6   Qual è la scena più significativa del film?
7   Come sono le musiche?
8   Che cosa vuole esprimere il regista?

13 Films you didn't enjoy

Now compare the film with one you have both seen which neither of you enjoyed. Use the following expressions to explain why you did not enjoy the films and talk about any aspects of it you did enjoy.

* Non sono rimasto soddisfatto/a di . . .
* Mi ha deluso . . .
* Mi sono entusiasmato . . .
* È stato interessante . . .
* Sono rimasto contento   . . .
* Mi sono appassionato/a . . .

14 I want to be famous!

You want to become an actor. Follow the example of Activity 9 and work in pairs. Your partner will play the part of the interviewer. Both take notes on your doubts, hopes and fears and then compare them with those of Giorgio who wants to become a film director (**Audio 18.7**). Are they the same? Try to use the same expressions used by Giorgio such as ho paura che, temo che, etc.

Attore	**Regista**
Paure?	Paure?
Dubbi?	Dubbi?
Speranze?	Speranze?

15 *Teatro, cinema o televisione?*

In Italy theatre has often been replaced by cinema and cinema by television. Is this a good thing? Work in groups of three. You are taking part in a TV chat show about the future of entertainment. Each of you has got a defined role. You need to give evidence for your opinions. Prepare your points by writing them down before you start talking.

A   Un produttore cinematografico
    You want to make sure theatre is not interfering with your work and obviously you support cinema instead of theatre.

B   Un regista teatrale
    You hate cinema and you want to get the audience back to the theatre. Explain how.

C   Il proprietario di un canale televisivo
    You want to make sure people know that the future of entertainment is television. Give your reasons.

 ## 16 *Quali sono i registi giovani del tuo paese?*

Discuss in pairs who are the most popular film directors and actors of your country and check whether your partner knows them. Do you both like the same actors/actresses?

 ## 17 *Muccino o Moretti? I*

Read the first part of the article **Cinema italiano: la grande sfida (Text 18.2)** and answer the following questions in English.

1   Do the two directors belong to the same generation?
2   Where and how did this debate on the two directors start?
3   Which TV programme was the only topic that generated more interest than this debate?
4   How did people communicate their opinions?

Text 18.2 **Cinema italiano: la grande sfida**

Sei per Muccino o per Moretti?
L'Italia si divide: grazie a due film, due registi, due generazioni. Splendidi quarantenni ed
eterni trentenni, in un duello all'ultimo ciak
di Mario Sesti

L'Espresso

"E voi siete Mucciniani o Morettiani?": l'interrogativo si pone nel vivace forum cinematografico di Kataweb, sito Internet dove si è aperto il dibattito: più di 150 link su
Muccino in meno di un mese, solo il "Grande Fratello" aveva prodotto un volume di
messaggi analogo. E dietro tanta domanda troviamo un dibattito che esplode tra opin-
ionisti, critici, spettatori appassionati, nei salotti intellettuali come nelle e-mail, sulle prime
pagine come nella posta dei lettori.

 18 *Muccino o Moretti? II*

Now read the second part of the article (**Text 18.3**):

Text 18.3 **Cinema italiano: la grande sfida** continued

Il successo dell'"Ultimo bacio" di Gabriele Muccino (oltre i 13 miliardi di incasso con 180
copie del film in giro per l'Italia) e l'uscita del film di Nanni Moretti, "La stanza del figlio",
hanno prodotto un confronto del tutto imprevedibile solo qualche mese fa. «Sono morettiano da sempre», dice il regista Enrico Vanzina che, per tradizione va a vedere ogni film
di Moretti il primo giorno di programmazione, al primo spettacolo, «però Muccino mi ha
profondamente colpito: è una sorta di Lelouch all'italiana». Cinematograficamente parlando, i due non potrebbero essere più diversi. Moretti si è fatto largo, all'inizio, insultando
la commedia, Muccino si ispira ad Ettore Scola e ama Germi. I giovani di Moretti pratica-
vano lunghi monologhi di fronte a telefoni a muro e dialogavano con le radio libere. Quelli
di Muccino devono vedersela con le gioie e i dolori della paternità e considerano il cellulare una protesi naturale. «"Ecce bombo" era forse più forte, più sorprendente», dice Mario
Monicelli, regista cinematografico, «ma Muccino sa raccontare molto meglio di Moretti.
Muccino mette a nudo i rapporti tra i personaggi, il comportamento dei maschi nei confronti delle donne, quanto di più nascosto c'è nei giovani di oggi».

«Per quanto io mi senta morettiano, vorrei difendere lo schieramento opposto», dice Paolo
D'Agostini che su "la Repubblica" è stato il primo a parlare di analogia tra il successo
giovanile dell'"Ultimo bacio" e quello degli esordi di Moretti: «Muccino ha il merito di

chiamare le cose con il loro nome, anche se sono sgradevoli». «Ho una gran stima di Nanni con il quale ho lavorato per "La messa è finita"», dice Enrico Lucherini, celebre professionista degli uffici stampa del cinema, «ma forse preferisco Muccino: mi sembra più sensibile, mi coinvolge di più». «"Bianca" è uno dei film per cui ho deciso di fare lo sceneggiatore», dice Ivan Cotroneo, «ma Muccino oggi mi colpisce di più».

Adapted from www.espressonline.it, 15 March 2001

 19 *Muccino o Moretti? III*

Here are some answers, found in the articles above (**Texts 18.2**, **18.3**). Can you supply the questions?

1 _____ ? Tredici miliardi.
2 _____ ? Centottanta.
3 _____ ? Qualche mese fa.
4 _____ ? Dal punto di vista cinematografico.
5 _____ ? Paolo D'Agostini.

 20 *Muccino o Moretti? IV*

Try to find out from the article above (**Text 18.3**) what certain people think about the two Italian directors.

1 Enrico Vanzina
2 Mario Monicelli
3 Enrico Lucherini
4 Ivan Cotroneo

21 *Muccino o Moretti? V*

Now let's summarise the main information we get from the text (**18.3**) about the two directors, their style and their films:

Gabriele Muccino
Nanni Moretti

22 Find the opposites

Some of the words below have been taken or adapted from the article (**Text 18.3**). Match each word in group A with its opposite in group B:

	A	B
1	prevedibile	elogiare
2	colpire	diverso
3	celebre	sgradevole
4	sensibile	dolore
5	simile	insensibile
6	insultare	maternità
7	monologo	sorprendente
8	gioia	dialogo
9	paternità	sconosciuto
10	gradevole	lasciare indifferente

 ## 23 Expressions of emotion I

Complete the table by inserting the relevant past participle (column 1), verb (column 2) or noun (column 3). The first line is done for you:

1	2	3
deluso	deludere	delusione
	divertirsi	
		rabbia
dispiaciuto		
	annoiarsi	
		sorpresa
appassionato		

24 Expressions of emotion II

Choose a suitable response to each statement from those in the box. The first one is done for you.

Che delusione!	**Meno male!**	**Pazienza!**	**Grazie al cielo!**
Non importa!	**Che disastro!**	**Che nervi!**	**Che rabbia!**

1   Non sono riuscita ad arrivare in tempo. Che rabbia!
2   "Oddio, mi sono dimenticata di comprarti le sigarette." "_____ Tanto sto cercando di non fumare!"
3   Mi aspettavo certo un film molto più bello. _____
4   Ho bruciato tutto l'arrosto ed ho sette persone a cena. _____
5   "Sono arrivato proprio in tempo." "_____ Avevo paura che perdessi l'inizio dello spettacolo".
6   _____ Possibile che ogni volta che faccio questa strada mi trovo in un traffico incredibile! Ed io non lo sopporto proprio!
7   "Stasera non posso proprio andare a prendere Letizia a scuola." "_____ Vorrà dire che andrò io, non ti preoccupare".
8   _____ sei arrivato! Ero proprio in pensiero.

25 Sort the words out

Sort the words below into the correct column in the table. There should be a maximum seven words in each column. The first row is done for you.

vivace	regista	girare un film
opinionista	primo spettacolo	spettatore
sgradevole	montare la pellicola	sorprendente
esordio	sceneggiatore	imprevedibile
protagonista	dialogo	apprezzare
ispirarsi	stroncare	interprete
raccontare	rassegna estiva	appassionante
inquietante	critico	recensione
improvvisare	sbiadito	programmazione

Persone	Aggettivi per descrivere un film	Verbi	Altre parole cinematografiche
regista	vivace	girare un film	programmazione

Expressing happiness/satisfaction

Contento, *felice*, *soddisfatto*

These adjectives can be followed either by **di** and the verb infinitive, by **che** followed by the indicative (informal context), or by **che** followed by the subjunctive (formal context). The subjunctive can be in any tense, depending on the tense of the main verb in the sentence.

I bambini erano *contenti di* andare al mare.
The children were happy to go to the seaside.

***Sono contenta che* vieni anche tu alla festa.**
I'm happy that you're coming to the party too.

***Siamo felici che* Lei possa venire al convegno.**
We are glad you can come to the conference.

Fare piacere

The phrase **fare piacere** (literally 'to make pleasure') can be used with a noun, an infinitive or **che** and the subjunctive, all acting as the subject of the sentence, as shown in the three examples below. The person affected by the event or action is indicated by a noun, name (preceded by **a**), or an indirect object pronoun **mi**, **ti**, **gli**, etc.:

Noi ci sposiamo! Questa notizia *farà* molto *piacere* a mia madre.
We're getting married! This news will make my mother very happy.

A Carolina *ha fatto piacere* sentire le vostre notizie.
Carolina was happy to hear your news.

Mi *fa piacere* che i ragazzi vadano bene a scuola.
I'm happy that the children are getting on well at school.

Expressing disappointment and displeasure

Che delusione!
How disappointing!

Che disastro!
What a disaster!

È *rimasto* veramente *deluso* del risultato.
He was really disappointed with the result.

Mi *ha* proprio *delusa*.
He's really disappointed me.

The verb **dispiacere** can be followed either by **di** and the infinitive or by **che** normally followed by the subjunctive, at least in a more formal context:

Gli *dispiace di* non aver visto Simone.
He's sorry he didn't see Simon.

Mi *dispiace che* tu non *possa* rimanere a cena.
I'm sorry you can't stay to dinner.

Mi *dispiace che* tu non *abbia avuto* tempo di vedere la casa.
I'm sorry you didn't have time to see the house.

For the forms of the present subjunctive, see Unit 16.

The perfect subjunctive

Forms

The perfect subjunctive is formed in the same way as the present perfect tense of the indicative (see Unit 8) but using the present subjunctive of **avere** or **essere** with the past participle:

Sono contenta che lui mi *abbia comprato* un regalo.
I'm happy he has bought me a present.

Mi fa piacere che *sia venuta* Mariangela.
I'm glad Mariangela has come.

When to use

The perfect subjunctive is used in dependent clauses, in a sentence where the main verb is in the *present*, *future* or occasionally *perfect* tense:

Speriamo che gli operai *abbiano finito*.
Let's hope that the workmen have finished.

Visiteremo i miei cugini a meno che non *siano andati* in vacanza.
We will visit my cousins unless they've gone on holiday.

26 Using the subjunctive

Re-write the following sentences, changing the subject of the action and the verb. The more formal context requires the use of the subjunctive. Use the name or person supplied in brackets as the new subject, followed by che and the correct subjunctive form. See the example below.

Example
Sono contento che vieni in vacanza con noi. (mia sorella)
Sono contento che mia sorella venga in vacanza con noi.

1   Siamo tutti felici che Maria si è sposata. (la signora Forsati)
2   Sono soddisfatto che hai finito il lavoro nei tempi stabiliti. (l'ingegner Santoro)
3   Siamo contenti che avete potuto girare quella scena con tutti gli attori giusti. (i registi)
4   Sono contento che puoi trasferirti a studiare in America. (lo studente)
5   Sono tutti felici che hai vinto la partita. (il Milan)
6   Giorgio è davvero felice che tu riscrivi quel dialogo per il film. (lo sceneggiatore)
7   Gli attori sono soddisfatti che noi abbiamo visto il film. (gli spettatori)
8   Mi dispiace che non sei venuta alla mia festa. (Lei)

27 Correct the errors

Correct the mistakes you find in the following sentences.

1   Mi ha fatto piacere a sentire le tue notizie.
2   I giovani di oggi non sono interessati per gli avvenimenti internazionali. Preferiscono le notizie del proprio paese.
3   Meno male che tu ti sia alzato presto.
4   Ci fa piacere che gli studenti sono stati tutti promossi.
5   Peccato che voi dovere rimanere all'estero per molto tempo.
6   Questo sceneggiato farà molto piacere per Marcella. È molto appassionata a questo tipo di spettacoli.
7   Siamo davvero insoddisfatti sulla rappresentazione teatrale. È stata noiosissima.
8   Per fortuna che il litigio sia finito subito senza problemi.

28 Fill in the gaps

Complete the sentences below using the expressions in the box.

sono appassionati	**essere entusiasti**
Le interessa	**mi sono entusiasmata**
sono entusiasti	**si è interessata**
sei interessato	**sono interessanti**

1 Signor Gennari, _____ il suo lavoro?
2 Bisogna davvero _____ per lavorare così sodo per sette mesi!
3 Gli inglesi _____ sempre _____ dell'opera italiana!
4 I film di Muccino _____, ma io preferisco Moretti.
5 Dopo tre settimane che lavoravo per il Festival di Teatro di Todi, _____ davvero _____ del mio ruolo nell'organizzazione.
6 _____ alla situazione politica del Medio Oriente, Maurizio?
7 Carola non _____ mai _____ del rendimento scolastico di suo figlio.
8 Gli spettatori italiani di oggi _____ di storie romantiche.

29 Write a review

You are a journalist and you have to write a review of a new film. Go back to Activities 12 and 13, use the material about a film you or your friend have seen and write about it in approximately 800 words.

30 Write a summary

Go back to the article from *L'Espresso* on Muccino and Moretti (**Text 18.2–18.3**) and write a summary in Italian of the text for your local Italian paper in about 200 words. You need to make sure you include:

a   information on the two directors.
b   the opinions of the people interviewed.

KEY VOCABULARY

interpretare	to interpret, play a role	**recensione** (f.)	review
		ruolo (m.)	role
protagonista (m./f.)	leading actor	**scena** (f.)	scene
personaggio (m.)	character	**trama** (f.)	plot

Unit 19
Pubblicità, promozione e prodotti

FUNCTIONS

- Expressing purpose (of object): **macchina** *da* **cucire**
- Expressing purpose involving subject only: **vado a Roma** *per* **imparare l'italiano**
- Expressing purpose involving someone/something other than the subject: **lo mando a Roma** *perché* **impari l'italiano**
- Expressing result of action

GRAMMAR

- Phrases expressing purpose: **per, da, a scopo di**
- Conjunctions expressing purpose: **perché, affinché**
- Phrases and conjunctions expressing result: **in maniera che, di modo che**
- Subjunctive in purpose clauses
- Combined pronouns
- Relative pronouns

VOCABULARY

- The language of advertising

1 Unscramble the slogans

The slogans for these products have got scrambled. Can you guess which slogan belongs to which and match them up?

1	Confort Morbido	a	per i viaggi importanti
2	Ragu Borroni	b	per la tua maglia di lana
3	Nuova Punto	c	per il mal di testa
4	Aspirina Viamal	d	per una cena tradizionale
5	le Dolomiti	e	per le tue vacanze

2 *Da* or *per*?

Anna has been on a shopping trip! Look at the list of things she has bought and complete it by adding either da or per, both of which express purpose, and the definite article (il, la) where necessary. The first one is done for you.

1 una macchina _____ da cucire
2 una macchinetta _____ caffè
3 una scatola _____ giocattoli
4 un barattolo _____ marmellata
5 una camera _____ letto
6 un costume _____ bagno
7 le scarpe _____ montagna
8 le scarpe _____ camminare
9 gli occhiali _____ sole
10 un ombrello _____ pioggia
11 un tappeto _____ salotto
12 una pentola _____ spaghetti
13 un'asciugamano _____ spiaggia
14 una bicicletta _____ corsa
15 una crema _____ viso

3 Expressing purpose

Here two possible reasons are supplied for each statement. See if you can work out which is the right one.

1 Mangio solo pane
   a   per risparmiare.
   b   per dimagrire.

2 Leggo *Oggi*
   a   per essere più informato.
   b   per rilassarmi.

3 Volo con "Easyfly"
   a   per spendere di meno.
   b   per arrivare prima.

4 Frequento il Tennis Club
   a   per conoscere gente per bene.
   b   per giocare a tennis.

5 Ho preso la Carta Blu
   a   per pagare più facilmente.
   b   per spendere di più.

6 Ho comprato dei funghi
   a   per fare un bel risotto.
   b   per fare un picnic.

7 Ho studiato i verbi irregolari
   a   per poter passare l'esame.
   b   per divertirmi.

8 Ho installato la tv a satellite
   a   per vedere la televisione italiana.
   b   per ascoltare la musica classica.

9 Ho fatto la dieta
   a   per dimagrire
   b   per ingrassare.

10 Ho comprato dei libri
   a   per studiare.
   b   per diventare famosa.

GRAMMAR NOTES I

Expressing purpose

Purpose of objects

There are many words where the purpose of the objects has become closely linked to the object itself, using **da**, *for* example:

una macchinetta da caffè	coffee machine
una macchina da cucire	sewing machine

Per can also be used to express purpose:

Preparo la lezione *per* la classe di stasera.
I'm preparing the lesson for tonight's class.

Clauses expressing purpose

Purpose can be expressed in a simple way using **per** or **allo scopo di** and the infinitive. This only works if the subject is the same in both parts of the sentence:

Sono andata a Perugia *per* imparare l'italiano.
I went to Perugia to learn Italian.

If two different subjects are involved, purpose can be expressed by using **perché** or **affinché** followed by the subjunctive:

Mandiamo i nostri studenti a Perugia *perché (affinché) imparino* l'italiano.
We send our students to Perugia so that they can learn Italian.

Abbiamo mandato i nostri studenti a Perugia *perché (affinché) imparassero* l'italiano.
We sent our students to Perugia so that they could learn Italian.

⚲ 4 *Per* ▶ *perché*

In the sentences given below, per and a simple infinitive are used. Change these sentences to involve another person, using the words in brackets, so that you have to use perché and the present subjunctive. You may have to alter the verbs or even use different ones. The first one is done for you.

Example
Compro Dash per avere vestiti più puliti. (i miei figli)
Compro Dash perché i miei figli abbiano vestiti più puliti.

1   Compro Dash per avere i vestiti più puliti. (i miei figli)
2   Compro caffè Lavazza per bere un caffè migliore. (i miei amici)
3   Scelgo una macchina tedesca per viaggiare più sicuro. (i miei passeggeri)
4   Scelgo le Dolomiti per rilassarmi quest'estate. (tutta la famiglia)
5   Vengo alla scuola di lingua Cursus per imparare di più. (mando i miei studenti)
6   Compro ragù Borroni per mangiare meglio. (perché i miei ospiti)
7   Uso la crema Ogay per avere una pelle più morbida. (perché la mia pelle)
8   Indosso i jeans Guest per essere invidiata da tutte. (perché le mie amiche/invidiose di me)
9   Compro i CD a Mondo della Musica per pagare di meno. (dico agli amici di comprare/perché . . .)
10 Leggo il Sole 24 Ore per essere più informato. (mettere in biblioteca/gli studenti)

⚲ 5 Change present ▶ past

Now change your answers for Activity 4 into the past tense, to say what you did or *used* to do.

Example
Compro Dash perché i miei figli abbiano vestiti più puliti.
Ho sempre comprato Dash perché i miei figli avessero vestiti più puliti.

GRAMMAR NOTES II

The language of advertising

Advertising language demonstrates some interesting characteristics. A typical printed advert might have one or more of a number of features.

Imperative forms

Scegliete la Grecia per trascorrere una vacanza in totale relax.

Rhymes

Più Tin – Più Win

Use of English

English is used a lot in Italian advertising, especially for products aimed at young people, business people and would-be 'jet-setters'. Short easy words are used to make the advert more accessible:

I feel, I feel good
Yesterday – Today – Tomorrow

Parallel structures

Tu ci porti il tuo vecchio stereo. Noi ti portiamo il cinema a casa.

Standard advertising vocabulary

Don't forget these important key words:

Conveniente
Economico

Superlative forms

Suffixes and prefixes such as **-issimo, arci-, iper-** are very common in advertising language:

Offertissima!

Adverbs are often used too:

veramente
estremamente

Gioco di parole

C'è Rivoluzione e RiVolazione
(advert for Meridiana Airlines, November 2002)

Nuovo Vanish Oxa Action
E la macchia svanish!
(advert for Vanish stain remover)

Condiriso incontra il mare.
Molto piacere!
(advert for rice product)

Personalised appeals

Adverts are often personalised with **tu** and **tuo**, making a direct appeal (see **Text 19.1**).

Text 19.1 **Centro Commerciale Cavalca**

Il piano inferiore è dedicato alla fantasia, con gli oggetti, le idee, le soluzioni che ti aspetti da Cavalca: poster, profumatori, candele, vasi, cornici, fiori, idee regalo e migliaia di cartoline per tutte le occasioni. Da scegliere fra simpatia e colore, per regalare un tocco in più alla tua casa ... il tutto a prezzi Cavalca.

Adapted from Centro Commerciale Cavalca website

📣 6 Make up your own advert

Now that you have seen lots of adverts, it's time to make up your own. Here are some products or services that you are trying to promote and a list of suggested USPs (unique selling points!). Work with your partner to create an exciting advert. Have fun!

Prodotto   *USP*

- La tua università   Alloggio? Corsi? Professori? Situazione?
- I criceti (hamsters)   Piccoli. Affettuosi. Vivono solo per due anni.
- Domino's Pizza   Non è la pizza italiana. Costa molto.
- Un tuo amico   Simpatico. Bello. Costa poco.
- La Skoda   Costa poco. Colori originali.
- Newcastle, UK   Pochi turisti. Birra molto buona. Tranquilla?

7 *Centro Commerciale Gabbiano, Savona*

Now let's have a look at the places people shop: shopping malls or centri commerciali.
Where can you buy or do the following at the Centro Commerciale Gabbiano?

1   Buy a new screwdriver
2   Buy some pizza to take away
3   Get your photos developed
4   Buy a wedding present for your friend
5   Buy a new washing machine
6   Buy some stamps

Kasanova
Negozi per la casa e lista nozze. Quel tocco in più che hai sempre sognato per la tua casa.

Happy Clic
Sviluppo foto in 21 minuti, ingrandimenti di tutti i formati, fototessere immediate.

Natural Mondo
Vasto assortimento acquari ed accessori, alimenti ed accessori per animali.

Banca Carisa s.p.a.
Aperta anche al sabato.

Poste Italiane s.p.a.
Con gli stessi orari del Centro Commerciale.

Brico Io
Tutto per il "fai da te", oltre 20.000 articoli in 14 reparti.

Bar Minerva
Per i tuoi momenti di relax favolosi cocktails, stuzzicanti panini e … ottimi caffè.

Flunch
Ristorante, bar e Pizzeria. Pizze al trancio e d'asporto.

La Pizzeria
Pizze di ogni tipo.

Slurp
Gelato artigianale, Frullati, Crepes dolci e salate.

Stereo +
Elettrodomestici e Telefonia.

Vecchia Savona
Gioielleria, Argenteria, Orologeria.

David & Co.
Camicie — cravatte e accessori.

Bata
Vendita calzature un negozio di 500 mq.

Adapted from Centro Commerciale Gabbiano website

  ## 8 *Centro Commerciale Curno I*

What are the selling points of the Centro Commerciale Curno? Read the advert below
(**Text 19.2**, **Audio 19.1**) to find out, then list its selling points under each of the headings below.

•   The car park
•   The shopping trolleys/carts
•   Other attractions

Text 19.2 **Centro Commerciale Curno**

Per venire a Curno ... sei sempre sulla strada giusta! Raggiungere il Centro Commerciale Curno è comodo e facile. In più, puoi stamparti la piantina del percorso direttamente dal sito. Non puoi sbagliare! Curno ti aspetta. Con tanti negozi, tante occasioni, tanti servizi. E un accogliente parcheggio gratuito: 2.500 posti auto da dove si accede con facilità ai quattro ingressi pedonali per il pubblico. E ogni giorno, quante novità puoi scoprire al Centro Commerciale Curno!

Vieni a Curno, e scopri quante cose utili puoi fare oltre allo shopping, la spesa, e il piacere di passare il tempo in un luogo simpatico e interessante.

Perché il Centro Commerciale Curno è tanti servizi in più ... tutti al tuo servizio. Serviti con comodità.

Parcheggio gratuito: oltre 2.500 posti auto con una viabilità comoda e recentemente rinnovata.

E a portata di mano i carrelli per la tua spesa sotto le pratiche capannine coperte, distribuite nel parcheggio.

Una grande novità per i più piccoli!

BOOBALOO: il carrello-automobile colorato, facile e divertente, creato apposta per i bambini. Per viaggiare in giro per il centro senza limiti di felicità! Così fare la spesa diventa un gioco ... anche per te. Per ritirarlo gratuitamente, rivolgiti al box accoglienza di Auchan.

9 *Centro Commerciale Curno II*

Complete the passage below by filling in the gaps.

Text 19.3 **Centro Commerciale Curno II**

Il Centro Commerciale Curno è un mondo a tua misura. Comodo e sicuro, creato _____ (1) a tutte le tue esigenze, e a quelle della tua famiglia. Ma anche interessante e divertente, con tante idee, eventi e feste che _____ (2) ogni tua visita di emozioni, curiosità, scoperte. 33.500 metri quadrati tutti _____ (3) al tuo shopping con 62 negozi. Una grande galleria di circa 9.000 metri quadrati da vivere: _____ (4) incontrarsi, darsi appuntamento, passeggiare, rilassarsi, chiacchierare, sempre a una temperatura ideale in ogni stagione, con tanti posti _____ (5) sedere.

10 *Servizi Centro Commerciale Cavalca*

Why did your friend use these services? Complete the sentences. The first one is done for you.

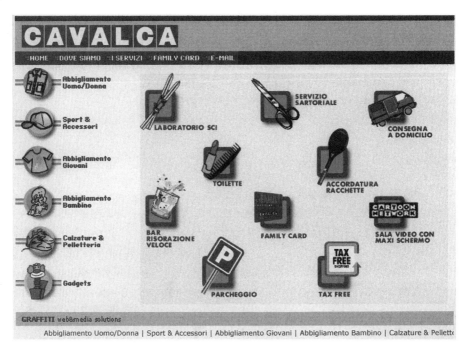

Adapted from Centro Commerciale Cavalca website

Example
Sono andata al laboratorio sci per far aggiustare gli sci.

1   Sono andata al Laboratorio Sci per _____.
2   Sono andata al Servizio Sartoriale per_____.
3   Mi sono rivolta al servizio Consegna Domicilio per_____.
4   Ho preso la Family Card per_____.
5   Sono andata al centro Accordatura Racchette per _____.

GRAMMAR NOTES III

Combined pronouns

You've already met direct object pronouns (Units 4, 8), indirect object pronouns (Unit 6) and the particles **ci** (Unit 7) and **ne** (Unit 4). All of these are often used in combination with each other. The most common situation is to have a person *to whom* you are giving something or doing something (indirect object) and a thing *which* you are giving them (direct object). When indirect and direct object pronouns are combined, the indirect object pronoun comes first. This applies to the reflexive **si** as well. In the case of **mi, ti, ci, vi, si**, the **-i** ending changes to **-e**, while **gli** combines with the direct object pronoun to form a single word.

The table below shows how the direct object pronouns **lo, la, li, le** and **ne** combine with the indirect pronouns shown in the left-hand column.

Direct object

	lo	*la*	*li*	*le*	*ne*
mi	me lo	me la	me li	me le	me ne
ti	te lo	te la	te li	te le	te ne
gli, le	glielo	gliela	glieli	gliele	gliene
si	se lo	se la	se li	se le	se ne
ci	ce lo	ce la	ce li	ce le	ce ne
vi	ve lo	ve la	ve li	ve le	ve ne
gli, loro	glielo	gliela	glieli	gliele	gliene

Ci 'to there' can also combine with direct object pronouns including **mi** 'me', **ti** 'you', **vi** 'you plural', **lo/la** 'it', **li/le** 'them', **vi** 'you' to produce **mi ci, ti ci, ce lo/la, ce li/le, vi ci**, but is best avoided with **ci** 'us' where it can be replaced by the adverb **là** 'there'.

These compound pronouns, like all the other unstressed pronouns, normally come before the verb, but after the infinitive, participle, gerund or imperative (**tu, noi, voi** forms).

Che bella maglia! *Me la* **presti?**
What a beautiful sweater! Will you lend it to me?

No non posso prestar*tela*. Non è mia.
No, I can't lend it to you! It's not mine.

Non *gliel'*ho detto. Per favore, di*glielo* tu.
I haven't told her. Please, you tell her.

Relative pronouns

Relative pronouns refer to a previously mentioned person or thing and act as a link between two sentences or clauses.

Che

Che is the most common of all Italian relative pronouns and refers to persons, animals or things. It does not change form. It can refer to either the subject or the direct object.

Conosci lo scrittore *che* ha vinto il Premio Strega? (subject)
Do you know the writer who won the Strega Prize?

Ho incontrato lo scrittore *che* abbiamo invitato a fare una conferenza.
I met the writer whom we invited to give a talk.

Cui

Cui is the relative pronoun used after a preposition such as **a**, **da**, **con**, **per**. Like **che**, it is invariable and can refer to any noun, whether masculine or feminine, singular or plural:

Questa è la casa *in cui* viveva mia zia.
This is the house which my aunt lived in.

Sto lavorando sul libro *di cui* ti ho parlato ieri.
I am working on the book which I spoke to you about yesterday.

Cui is also used as a possessive (English 'whose'), used with a definite article which agrees with the person or thing referred to:

Devo trovare lo studente *le cui* chiavi sono rimaste sul mio tavolo.
I have to find the student whose keys have been left on my table.

Il quale, la quale, i quali, le quali

These relative pronouns are used in a more formal context, for example in legal or bureaucratic language, instead of **che** and **cui**. They are also used when we need to be more specific. They vary in gender and number, as does the definite article used with them, so it is more obvious which noun they are referring to.

Vorrei gli indirizzi di tutte le aziende *alle quali* abbiamo inviato il catalogo.
I would like to have the addresses of all the companies to which we sent the catalogue.

Chi

Chi is used only to refer to people, never to things, and means 'those who', 'the people who':

I nostri mobili sono disegnati *per chi* apprezza lo stile italiano.
Our furniture is designed for people who appreciate Italian style.

Quello che

Quello/a/i/e che can be used to refer to people or things and must agree in number and gender:

Mi piacciono i prodotti di buona qualità. Compro sempre quelli che costano di più.
I like good quality products. I always buy those which cost more.

11 I'll buy it for you

You're shopping with your friend. You've just got your first salary cheque and you're feeling rich. Every time your friend admires something, tell her you'll buy it for her! Use the correct combination of ti and direct object. See example below.

Example
Friend: Che bella maglia!
You: Ti piace? Te la compro.

1   Che belle scarpe! Ti piacciono? _____compro.
2   Che begli stivali! Ti piacciono? _____compro.
3   Che bel braccialetto! Ti piace? _____compro.
4   Che begli orecchini! Ti piacciono? _____compro.
5   Che bello specchietto! Ti piace? _____compro.

12 I'll get him it for Christmas

Christmas is coming and you are thinking about what presents you can buy while you are on your travels for your family and friends . . . and for yourself! As for your best friend, you're going to take her to choose her own presents. Use the appropriate combined pronoun.

Example
A Sara piace molto questo libro. Forse glielo compro per Natale.

1   A mio marito piacciono molto i guanti di lana. Forse _____ compro per Natale.
2   Ai miei amici italiani piace il tè inglese. Forse _____ compro quando vado in Inghilterra.
3   Alle mie amiche di Napoli piacciono molto i biscotti scozzesi. Forse _____ compro quando vado ad Edimburgo.
4   A Giorgio piace molto la marmellata inglese. Forse _____ compro a Londra.
5   A mia madre piacciono le sciarpe di seta. Forse _____ compro una a Capri.
6   A te piacciono i poster? Forse _____ compro uno a Oxford.
7   A me piace molto questa collana. Forse _____ compro per Natale.
8   A te piace comprare i pastori a San Gregorio Armeno. Forse _____ porto questo finesettimana.

13 Just the ones I want!

Today there are lots of special offers! Fill in the gaps in these promotional sentences, using the appropriate relative pronoun to refer to 'the person who', 'the product which'. See the example below.

Example
Oggi ci sono forti sconti sul detersivo con il quale/cui lavo le maglie di lana.

1   Questi piatti pronti sono perfetti per _____ non ha tempo di cucinare.
2   Piatto Presto – per la donna _____ lavora fuori casa.
3   Per la persona _____ ami, una catenina d'oro a prezzi convenienti!
4   Ci sono i buoni per i piatti di porcellana _____ si lavano in lavastoviglie.
5   Ci sono offerte e promozioni speciali con _____ si risparmia molto.
6   Il figlio della mia amica _____ studia inglese ha trovato un volo per Londra per solo 10 euro.
7   Quando vado al supermercato, non guardo mai _____ compro.
8   Queste tagliatelle non sono _____ compro di solito.

KEY VOCABULARY

consegna a domicilio (f.)	home delivery	**servizio sartoriale** (m.)	dressmaker/tailoring service
galleria (f.)	shopping mall		
laboratorio (m.)	workshop		

Unit 20
Immagini dell'Italia

FUNCTIONS	• Reading the press
	• Expressing certainty and uncertainty
	• Expressing conjecture
GRAMMAR	• Conditional used to express hearsay
	• Passive: focus on action
	• *Si impersonale*: **Si dice che . . .**
VOCABULARY	• Language of TV and the press

1 Guess the film!

Things sound different in Italian. Guess what English or American films are being shown on Italian TV.

Text 20.1 Film titles

1 Attrazione Fatale
2 2001: Odissea nello Spazio
3 Il Sesto Senso
4 A qualcuno piace caldo
5 Alice nel paese delle meraviglie
6 Arancia meccanica
7 Babe Maialino Coraggioso
8 Chi ha incastrato Roger Rabbit?
9 Essere John Malkovitch
10 Il Gobbo di Notre Dame
11 Guerre Stellari I
12 Harry ti presento Sally
13 L'Impero colpisce ancora
14 Indiana Jones e l'Ultima Crociata
15 Io e Annie
16 Un Lupo Mannaro Americano a Parigi
17 Monty Python e il Santo Graal
18 Monty Python e il Senso della vita
19 La Mummia
20 Il Padrino
21 Il Paziente Inglese
22 Per Chi suona la Campana
23 I Predatori dell'Arca Perduta
24 Il Re Leone
25 Ritorno al Futuro
26 Salvate il Soldato Ryan
27 Sesso, Bugie e Videotape
28 Il Signore degli Anelli
29 Il Silenzio degli Innocenti
30 Tutti Pazzi per Mary
31 L'Uomo che Sussurrava ai Cavalli
32 Will Hunting – Genio Rebelle

And what about this popular TV Series?

33 Medici in prima linea

2 *Grande Fratello*

Read the article on *Grande Fratello* (**Text 20.2**) and answer the questions that follow.

Text 20.2 *Grande Fratello*

Ascolti, Vince "Grande Fratello, La Grande Avventura"

Roma

Grande Fratello – La Grande Avventura è stato il programma più visto del *prime time* di giovedì con 6 milioni 492 mila telespettatori ed il 26,41% di *share*. Sempre su Canale 5 ottimi gli ascolti di *Striscia la notizia* con 10 milioni 367 mila telespettatori ed il 38,42% di *share*. A seguire negli ascolti della prima serata: Il *Commissario rex* su Raiuno (5 milioni 640 mila telespettatori ed uno *share* del 20,34% per il primo episodio, 5 milioni 995 mila telespettatori ed il 22,19% per il secondo), il film di Raidue *Sulla tracce dell'assassino* (17,34% di *share* con 4 milioni 581 mila telespettatori), il film di Italia 1 *Balto* (3 milioni 167 mila, *share* 11,50%), il film *Mr Bean, l'ultima catastrofe* su Raitre (2 milioni 717 mila telespettatori con il 9,96% di *share*), *Stasera Circo* su Retequattro (1 milione 914 mila, *share* 7,34%), *Sfera* su La7 (911 mila, *share* 3,52%)

Complessivamente le tre reti Rai hanno prevalso su quelle Mediaset nella prima serata con il 45,98% di *share* (12 milioni 542 mila telespettatori) contro il 44,65% di *share* (12 milioni 180 mila telespettatori) della concorrenza. La rete più seguita è stata Canale 5.

Adapted from Adnkronos, 28 December 2001

---

1 Put in order the five most popular Italian TV programmes and give the number of viewers.
2 How many different Italian TV channels are mentioned here?
3 RAI, the Italian state TV, has three channels: the others mentioned here are private and some belong to the Mediaset group. How many are mentioned here and what are they called?
4 List the 'technical' words relating to TV or TV viewing.

 ## 3 *Il migliore film?*

Here are some brief descriptions of this week's four best TV films, all of which you have taped. Choose your favourite and persuade your friend to watch it with you. Tell her why you think the film will be good.

Text 20.3 I film della settimana

Turbulence

Italia 1, ore 21.00
Regia Robert Butler
Con Ray Liotta, Lauren Holly, Hector Elizondo
Thriller, USA 1996, 103 minuti   **

Facciamo un gioco? Prendete un gangster e inventate una ragione (per esempio è necessaria la sua testimonianza a un processo) per cui deve essere trasferito da New York a Los Angeles. Mettetelo su un volo di linea dalla *east* alla *west* coast e dategli la possibilità di prendere la pistola al poliziotto che lo sorveglia. Cosa farà? Scommettiamo un caffè che minacciando i passeggeri e immobilizzando la hostess, raggiungerà la cabina e cercherà di dirottare l'aereo? Non basta per tenere lo spettatore col fiato sospeso, dite? Create una tempesta e lasciate che l'aereo ci finisca in mezzo e per sovrappiù, decidete che il fatto accade alla vigilia di Natale. Vedrete, gli spettatori palpiteranno e si commuoveranno, ma non dimenticate d'escogitare qualcosa affinché, alla fine, si eviti la tragedia. Perché è un film e il pubblico vuole l'*happy end*.

Blitz nell'oceano

La7, ore 20.40
Regia Jerry Jameson
Con Jason Jr Robards, Richard Jordan, Anne Archer
Avventura, USA 1980, 115 minuti   **

Era il 14 aprile 1912 quando, alle due e venti del mattino, il *Titanic*, in viaggio da Londra alla volta di New York, si scontrò con un iceberg, affondando di lì a poco nelle acque dell'Atlantico. Prima del *Titanic* di James Cameron il cinema aveva già raccontato il disastro. Si ricorda un film di E.A.'Dupont, del 1929 (*Atlantic*) e, negli anni '50, le versioni di Jean Negulesco e di Roy Ward Baker. Attorno al *Titanic* s'incentra anche *Blitz nell'oceano*, per raccontare non l'affondamento, ma il tentativo della US Army di recuperare lo scafo e quel che contiene, ma un commando dell'Armata Rossa si mette di traverso, e fanno un buco nell'acqua.

Di padre in figlio

La7, ore 21.30
Regia Sidney Lumet
Con Sean Connery, Dustin Hoffman, Matthew Broderick
Commedia, USA 1989, 115 minuti   ***

Per i figli (si sa) ognuno desidera il meglio ed è naturale che Vito, un macellaio all'ingrosso a New York, non badi a spese quando è in gioco l'educazione del figlio, Adam, e si preoccupi che non segua le orme del nonno che, di professione, faceva il ladro. Le intenzioni sono buone, ma il risultato è pessimo. Adam considera il padre un parvenu e lo disdegna, mentre ammira il nonno (che ha il fascino di Sean Connery, che con gli anni, come il vino, migliora) e sogna di emularlo, progettando un colpo in un laboratorio dove si studia il dna. Sidney Lumet mescola i generi (si passa dalla commedia al thriller, al melodramma) e gli argomenti, affrontando il conflitto che, tradizionalmente, oppone le generazioni e la differenza tra l'etica e la legge, interrogandosi sulla biogenetica e il fine della esistenza, ma inciampa nei luoghi comuni e il finale, nel segno della conciliazione è prevedibile.

Il ciclone

Canale 5, ore 21.00
Regia: Leonardo Pieraccioni
Con Leonardo Pieraccioni, Lorena Forteza, Natalia Estrada
Commedia, Italia 1996, 90 minuti   ***

Leggera o gracile? È la domanda che si pone di fronte al *Ciclone*, la commedia che dopo *Le laureate* conferma il talento di Leonardo Pieraccioni di soddisfare il gusto del pubblico. Il dubbio ci assale mentre seguiamo la storia del commercialista (si chiama Levante, il padre è comunista, il fratello non ci sta con la testa e alla sorella piacciono le donne) che vive in un paese in Toscana, dove arrivano per sbaglio le ballerine d'una compagnia di flamenco in tournée. Non si discute che Leonardo Pieraccioni sia simpatico ma, a dispetto del titolo, *Il ciclone* è solo un venticello che rinfresca una sera. Una commedia che diverte e, quando sfiorisce, si dimentica.

4 Generi di film

Here are some words which you might use to describe films on TV. Now shut your eyes and see how many types of film you can remember. Do this memory game with a partner and see who scores highest.

Generi di film (types of film)

1	Poliziesco	7	Drammatico
2	Avventura	8	Commedia
3	Guerra	9	Fantastico
4	Azione (action movie)	10	Fantascienza
5	Thriller	11	Sentimentale
6	Giallo	12	Erotico

5 *Come sono?*

Go back to the list of films in Activity 1 and match at least one of these adjectives to each of the films.

1 Divertente	9 Convenzionale
2 Istruttivo	10 Ordinario
3 Noioso	11 Passabile
4 Triste	12 Prevedibile
5 Agghiacciante	13 Classico e.g. un thriller classico
6 Accattivante	14 Un film forte e aspro
7 Fiacchino	15 Commediola usa-e-getta
8 Lacrimevole	

 ## 6 *Cosa c'è alla televisione?*

Listen to the announcer saying what is on TV tonight (**Audio 20.1**) and fill in the gaps in the grid below.

Italia 1	Rete 4	LA7
_____ Xena	_____ Miami Vice	17.45 Punto TG
18.30 _____	_____ TG4	_____ Linea Mercato
19.00 _____	19.35 _____	18.45 _____
_____ Dragon Ball	_____ La Forza del Destino	18.50 National Geographic
19.58 _____		_____ TG LA7
		20.20 _____
		_____ 8 e Mezzo

 ## 7 Pair work

Work in pairs. Overleaf you have details of three TV channels. Student A's part is supplied below. Student B's part is at the end of the unit. Talk with your partner about what is on and what you would like to watch, getting the answers to the questions below, if possible.

ITALIA 1

7.02	MACK, MA CHE PRINCIPE SEI?
	Cartoni [200011694]
7.15	FRANKLIN Cartoni [7438443]
7.45	SABRINA Cartoni [3052608]
8.15	ROBIN HOOD Cartoni [6804801]
8.40	SILVESTRO Cartoni [2924288]
9.00	CASA KEATON "Un'amicizia dura
	da conquistare" [50608]
9.25	A-TEAM Telefilm "Il rumore del tuono"
	Con Dirk Benedict, George Peppard,
	Dwight Shultz [1284646]
10.25	MAC GYVER Telefilm
	"Un pendaglio di guai" [7319066]
11.25	L.A. HEAT Telefilm "Il testimone"
	Con Wolf Larson, Steven Williams,
	Dawn Radenbough [3511646]
12.25	■ STUDIO APERTO [7117266]
	- METEO
13.00	WILLY IL PRINCIPE DI BEL AIR
	"Un salto nel passato" [89207]
13.40	DETECTIVE CONAN
	Cartoni [200627]
14.10	I GRIFFIN Cartoni [658240]
14.40	DAWSON'S CREEK Telefilm
	"Tutto in una notte" [7660998]
15.30	CENERENTOLA A NEW YORK Telefilm
	"Sogni di gloria"
	1ª parte [31917]
15.55	SARANNO FAMOSI [6375191]
16.25	ROSSANA Cartoni [7362375]
16.55	MAGICA DOREMÌ Cartoni [261172]
17.10	CHE CAMPIONI HOLLY E BENJI
	Cartoni [1700240]
17.35	XENA, PRINCIPESSA GUERRIERA
	Telefilm [4093172]
18.30	■ STUDIO APERTO [4578]
	- METEO
19.00	SARANNO FAMOSI [6153]
19.30	WHAT'S MY DESTINY DRAGON BALL
	Cartoni [5424]
19.58	SARABANDA [308173191]
23.30	SK PREDATORI DI UOMINI [89998]
0.30	■ STUDIO APERTO
	LA GIORNATA [2085392]
0.40	STUDIO SPORT [5720080]
1.05	SARANNO FAMOSI (Replica)[2946370]
2.00	APPARTAMENTO PER DUE
	"W l'Italia"
	"Un piede telegenico" [1632221]
3.00	● L'AMANTE ITALIANA Film Regia
	Jean Delannoy Con Gina Lollobrigida,
	Philippe Noiret, Daniel Gelin
	(Drammatico, 1966) [5969134]
	4.00 Meteo
4.35	NON È LA RAI [4287863]
5.30	GLI AMICI DEL CUORE
	"Doppia copia"
	"Tutti insieme appassionatamente"
	Con Helene Rolles, Patrick Puydebat,
	Laly Meignan [66868912]

RETE 4

6.00	LA DONNA DEL MISTERO 2 Telenovela
	Con Luisa Kuliok, Jorge Martinez,
	Gustavo Garzòn [6922849]
6.40	MILAGROS Telenovela
	Con Grecia Colmenares,
	Osvaldo Laport,
	Gerardo Romano [5556207]
7.20	QUINCY Telefilm "Chirurgo fantasma"
	Con Jack Klugman, Robert Ito[7697337]
8.20	PESTE E CORNA E GOCCE DI STORIA
	Conduce Roberto Gervaso [6762240]
8.25	TG 4 RASSEGNA STAMPA
	(Replica) [5809375]
8.45	VIVERE MEGLIO [5919801]
9.35	INNAMORATA Telenovela [1861004]
10.30	FEBBRE D'AMORE [34998]
11.30	■ TG 4 - TELEGIORNALE [6611462]
11.40	FORUM Conduce Paola Perego
	Con Tina Lagostena Bassi, Santi Licheri,
	Pasquale Africano [5655559]
13.30	■ TG 4 - TELEGIORNALE [8424]
14.00	LA RUOTA DELLA FORTUNA
	Conduce Mike Bongiorno [86337]
15.00	SENTIERI [65191]
15.45	● IL CIELO PUÒ ATTENDERE Film
	Regia Ernst Lubitsch Con Gene Tierney,
	Don Ameche, Charles Coburn
	(Fantastico, 1943) [9783627]
	17.00 Meteo
17.55	MIAMI VICE Telefilm "Il labirinto"
	Con Don Johnson,
	Philip Michael Thomas,
	Saundra Santiago [4448801]
18.55	■ TG 4 - TELEGIORNALE [5958646]
	19.24 Meteo
19.35	SIPARIO DEL TG 4
	Conduce Francesca Senette [389882]
19.50	LA FORZA DEL DESIDERIO Telenovela
	Con Fabio Assunçao,
	Selton Mello,
	Malu Mader [7179153]
	21.45 Meteo
23.00	● JOHNNY IL BELLO Film
	Regia Walter Hill Con Mickey Rourke,
	Ellen Barkin, Elizabeth Mc Govern
	(Drammatico, 1989) [85559]
	0.15 Tgfin
1.00	TG 4 RASSEGNA STAMPA [9044467]
1.25	● UOMINI CONTRO Film Regia
	Francesco Rosi Con Mark Frechette,
	Alain Cuny, Gian Maria Volonté
	(Guerra, 1971) [45897009]
	2.15 Meteo
3.15	● GIOVANE CANAGLIA Film
	Regia Giuseppe Vari Con Ettore Manni,
	Giulia Rubini, Marco Vicario
	(Drammatico, 1958) [3806134]
	3.45 Meteo
4.45	VIVERE MEGLIO
	Conduce Fabrizio Trecca [32347370]

LA7

6.30	METEO [1820]
	- OROSCOPO/TRAFFICO
7.00	LA7 MATTINO [90240]
7.15	OMNIBUS LA7 [7432269]
7.45	LA7 MATTINO [3072462]
8.15	OMNIBUS LA7 [6628530]
8.45	■ PUNTO TG [94158801]
9.20	ISOLE Documentario [4300356]
9.45	■ PUNTO TG [4490172]
9.50	LINEA MERCATI [4497085]
9.55	OMNIBUS LA7 [3750559]
10.45	■ PUNTO TG [1349917]
10.50	EFFETTO REALE [5903066]
11.45	■ PUNTO TG [1854733]
11.50	OMNIBUS LA7 [3623849]
12.00	■ TG LA7 [25379]
12.25	LINEA MERCATI [3329714]
12.35	ALFRED HITCHCOCK PRESENTA
	Telefilm [7502559]
13.30	OMNIBUS LA7 [64207]
13.45	■ PUNTO TG [7672795]
13.50	LINEA MERCATI [7697004]
13.55	OMNIBUS LA7 [8424820]
14.15	100% [677375]
14.45	OMNIBUS LA7 [8869172]
14.50	TREND [873511]
15.15	OMNIBUS LA7 [6367172]
15.45	■ PUNTO TG [9444085]
15.50	MISSION: IMPOSSIBLE Telefilm[4395578]
16.45	■ PUNTO TG [1436559]
16.50	LINEA MERCATI [1426172]
16.55	GOOD MORNING AMERICA [7347066]
17.25	OMNIBUS LA7 [488627]
17.45	■ PUNTO TG [1397733]
18.35	LINEA MERCATI [3676795]
18.45	■ PUNTO TG [6709288]
18.50	NATIONAL GEOGRAPHIC Documentario
	"Adventure Zone" [401443]
19.45	■ TG LA7 [6044269]
20.20	SPORT 7 [6547004]
20.30	8 E MEZZO [90004]
24.00	OMNIBUS LA7
	Conducono Marica Morelli,
	Gianluigi de Stefano [27318]
0.05	SEX AND THE CITY Telefilm
	Con Sarah Jessica Parker,
	Kim Cattrall,
	Kristin Davis [35234]
0.35	■ TG LA7 [5732825]
1.00	STAR TREK: THE NEXT GENERATION
	Telefilm Con Brent Spiner,
	Patrick Stewart, Marina Sirtis [3272283]
1.50	TREND
	Conduce Tamara Donà
	Regia Andrea Tagliabue
	(Replica) [4389028]
2.00	ALFRED HITCHCOCK PRESENTA
	Telefilm [1636047]
3.00	FOX NEWS [12060080]

Con ● sono segnalati i film e le fiction-tv; con ■ sono segnalati i Telegiornali e le "News"

Student A

You want to watch TG4 (the news on Rete 4). What time is it on?

You want to watch the next episode of *Xena, Warrior Princess*. What time is that on?

You want to know if there is a good film or a soap on tonight.

Ask what your partner wants to watch.

GRAMMAR NOTES I

The language of the media, especially the press, has certain features worth studying in detail.

Reported speech

Direct speech (quoting) and indirect speech (reported speech) are covered in detail in Unit 21. For use of **secondo** to refer to sources, see also Unit 21.

Reporting events or quoting hearsay may include a greater or lesser degree of certainty and/or objectivity. The choice of verb mood (*indicative, conditional* or *subjunctive*) indicates the different levels of uncertainty or subjectivity.

Conditional mood used to express unconfirmed report

The *facts* of an incident or event are reported in the *indicative*, while any doubtful or unconfirmed information is in the *conditional* (either present or past). In English, a newspaper might add a word such as 'apparently':

La polizia britannica ha bloccato tre estremisti arabi che *avrebbero avuto* intenzione di compiere un attacco nel metrò di Londra. Il capo della cellula è stato identificato come Rabah Khadri, 30 anni. *Farebbe* parte di un'organizzazione, il Fronte Nordafricano, legato in qualche modo alla federazione di Al Qaeda.

The British police have arrested three Arab extremists who *apparently* wanted to attack the London underground. The head of the cell has been identified as Rabah Khadri, age 30. *Apparently he is* part of an organisation, the North African front, which is linked in some way to the Al Qaeda federation.

Adapted from *Il Corriere della Sera*, 18 November 2002

Anziani, soli ed innamorati della stessa donna. Un amore terminato in tragedia: accecato dalla gelosia, uno dei due *si sarebbe recato* a casa del rivale, e lo *avrebbe ucciso*. *Avrebbe* prima *accoltellato* e poi *dato* fuoco al rivale. Quindi *sarebbe fuggito*.

Elderly, alone and in love with the same woman. A love which ended in tragedy: blinded by jealousy, one of the two men *apparently* went to the house of his rival, and *killed* him. *Apparently he first stabbed and then set fire to his rival. Then he ran off*.

Adapted from *Il Corriere della Sera*, 18 November 2002

È morto in una discoteca di Napoli Carmelo Esposito, di 30 anni, durante una rissa all'interno della discoteca. La causa della morte *sarebbe* la ferita inferta dal coltello che *avrebbe trafitto* il cuore del giovane.

Carmelo Esposito, age 30, died in a disco in Naples, during a fight inside the disco. The cause of death *appears to be* the wound inflicted by the knive which *apparently* went through the young man's heart.

Expressing unconfirmed report: **si dice che, para che, etc.**

Hearsay or highly doubtful information is usually introduced by such verbs as **pare che**, **sembra che**, **si dice che** and the subjunctive. These verbs, being impersonal, convey information without referring to a source.

While most verbs such as **dire**, **comunicare**, **informare** are followed by the indicative, those forms expressing uncertainty such as **si dice che**, **dicono che**, are always followed by the subjunctive:

Si dice che gli americani *abbiano* sbagliato.
It's said that the Americans have made a mistake.

So too is the expression **non dico che** which emphasises what you are NOT saying:

Non dico che gli americani *abbiano sbagliato* ma . . .
I'm not saying the Americans made a mistake but . . .

 ## 8 Italian headlines

Do you believe everything you read in the news? Look at the following headlines for newspaper articles and tell your partner what the story is about, choosing to use either the indicative or the conditional according to how much you believe in the headlines. The first one is done for you.

1 ## Principe Carlo sposa la Parker Bowles.

Il Principe Carlo ha sposato la signora Camilla Parker-Bowles.
Il Principe Carlo avrebbe sposato la signora Camilla Parker-Bowles.

2 Bambino catturato dagli extraterrestri mentre giocava in giardino

3 Bomba esplode nel centro di Milano: ritorna il terrorismo

4 Gli inglesi contrari alla monarchia: un sondaggio scopre l'insuccesso della regina

5 Vede il fantasma del marito e si spara: la donna dichiara di avere visto in cucina il marito morto 10 anni prima

🔍 9 According to our sources . . .

You are the London correspondent for an Italian newspaper. Report for your Italian readers the exciting events in today's UK headlines, making it clear that they are unconfirmed, by using the conditional or past conditional. You will have to turn the news stories into Italian. See examples below.

Example

English cooking best of all!

La cucina inglese sarebbe la migliore del mondo, secondo l'Associazione dei Cuochi inglesi.
'English cooking is the best in the world, according to the Association of English chefs'.

CARLO E CAMILLA MARRIED IN WALES!

Il Principe Carlo e la signora Camilla P-B si sarebbero sposati nel Galles la settimana scorsa, secondo fonti attendibili.
'Prince Charles and Mrs Camilla P-B got married in Wales last week, according to reliable sources'.

1   Man in South London gave birth to child!
2   The unemployed are dying of hunger, says MP
3   Acts of violence are on the increase, according to the Home Office
4   The sea in Britain is very polluted, according to a recent survey of British beaches
5   Holidaymakers have seen sharks off the coast of Devon, according to local people
6   Students get drunk on at least five evenings out of seven, according to the university medical service
7   Cigarettes are good for your health, according to new research by tobacco companies
8   The footballer David Beckham apparently spent £50,000 on shoes alone in one month

GRAMMAR NOTES II

Active and passive

In an active sentence, the subject is the person or thing carrying out the action. In passive sentences, the subject is not the 'doer' but the person or thing having something 'done' to him/it. Both the passive and the **si** form are used a lot in the media, since they make reporting less personal and more objective.

The same concept can be expressed in three different ways: using an active verb, using a passive verb or using *si impersonale/passivante*:

Oggi molti giovani *comprano* i vestiti firmati. (active)
Oggi i vestiti firmati *vengono comprati* da molti giovani. (passive)
Oggi *si comprano* i vestiti firmati. (si passivante)

Passive

To form the passive, use the past participle together with **essere**, **andare** or **venire**. There are slight differences of meaning: **essere** is the most common; **venire** is used when the action is carried out regularly; **andare** suggests something *ought* to be done in a certain way. **Venire** can only be used in simple tenses, not compound ones.

Il vino rosso *è servito* a temperatura ambiente. (tonight, tomorrow, in general)
Il vino rosso *viene servito* a temperatura ambiente. (a regular occurrence)
Il vino rosso *va servito* a temperatura ambiente. ('should be')

The past participle changes its ending according to whether the subject – the person or thing having the action done to them – is masculine or feminine, singular or plural:

I letti *vengono rifatti* dalla cameriera ogni mattina.
The beds are made by the maid every morning.

Le lenzuola *vengono cambiate* due volte alla settimana.
The sheets are changed twice a week.

La piscina *è riscaldata* solo da settembre in poi.
The swimming pool is heated only from September onwards.

Il risotto *va lasciato* cinque minuti a fuoco spento.
Risotto should be left five minutes with the heat turned off.

What tense?

You can use any tense or mood normally used with an active verb:

Nell'Ottocento, le strade non *venivano pulite* mai. (*imperfetto*)
In the nineteenth century, the streets were never cleaned.

Quando sarò grande, *sarò promossa* a scuola. (*futuro*)
When I'm big, I will be moved up at school.

Il telefonino *andrebbe ricaricato* una volta alla settimana. (*condizionale*)
The mobile should be put on charge once a week.

Non *è stato firmato* nessuno contratto. (*passato prossimo*)
No contract has been signed.

Il bagno non *era stato pulito* bene. (*trapassato*)
The bathroom hadn't been cleaned very well.

Si impersonale, si passivante

The *si impersonale* (equivalent of the English 'one') and the *si passivante* (the **si** that makes the verb passive) constructions are covered in Unit 13. They offer another way of focusing on the action.

The *si impersonale* is used with both transitive and intransitive verbs and is always singular. A common example in the media is **si dice** 'one says' or **dicono** 'they say' which are always followed by the subjunctive.

 ## 10 Change *si* to *tu* form

Read the notes on the si construction (Unit 13) again to remind yourself how it is used. Now replace all the examples of the si form in the texts below with a tu form as if you were writing to a friend.

Example
. . . in qualunque parte del globo ci si trovi . . .
. . . in qualunque parte del globo ti trovi . . .

Text 20.4 **Telefonare a prezzo più basso**

Un modo molto intelligente di risparmiare, in qualunque parte del globo **ci si trovi**, è il cosiddetto International Callback, cioè telefonare attraverso il sistema telefonico americano, il meno costoso del mondo. **Si fa così: si chiama** un numero gratuito e **si riattacca**. Dopo qualche secondo **si riceve** una telefonata, e quindi **si può** telefonare in qualunque paese del mondo alle tariffe eccezionalmente basse degli USA.

Text 20.5 **Meglio gli auricolari oppure il telefonino?**

Gsm SITE, 11 maggio 2001

La paura da telefonino sta purtroppo dilagando. Fino a pochi mesi fa **si consigliava**, per proteggersi dalle radiazioni elettromagnetiche, di effettuare conversazioni brevi al telefonino o di utilizzare un auricolare. Da qualche settimana invece sempre più spesso **si sentono voci** che mettono in guardia verso l'uso di auricolare.

Text 20.6 **Viaggiare in GB**

Per il viaggio, il modo migliore, più rapido ed economico per arrivare a Londra è di prenotare su Internet. L'Internet ha facilitato enormemente il compito di confrontare prezzi e tariffe di vari operatori, che prima richiedeva decine di telefonate. Non solo: saltando gli intermediari, **si risparmia** perché non **si deve** pagare anche la fetta che prima spettava alle agenzie di viaggio. Le stesse informazioni che un tempo fornivano le agenzie di viaggio **si possono** adesso **trovare** direttamente su Internet.

11 Change active ▶ passive

Change these sentences from active into passive. See the example below.

Example
Pochi italiani ascoltano la radio.
La radio è ascoltata da pochi italiani.

1   1.200.000 italiani leggono *La Repubblica* ogni giorno.
2   1,5 milioni d'italiani guardano il telegiornale delle 20.00.
3   L'ISTAT ha fatto un'indagine sulle abitudini degli italiani.
4   Nel 1964 molti italiani guardavano la televisione solo al bar.

5   Nel 2050 i giovani italiani non ascolteranno più la radio.
6   Marconi aveva già inventato la radio nel 1950.
7   Se ci fossero più programmi interessanti, più gente farebbe l'abbonamento ai canali privati.

12 Change *si* construction ▶ active verb

In these sentences change the **si** construction into an active verb construction with an appropriate 'personal' subject:

Example
A casa mia si leggono i giornali italiani.
La mia famiglia legge i giornali italiani.

1   Si parla molto del controllo di Berlusconi sui media.
2   Sui giornali si fanno molte polemiche sulla legalizzazione della droga.
3   All'università si guarda la televisione italiana via satellite. Gli studenti capiscono quasi tutto.
4   Quando ero giovane, non si accendeva mai la televisione prima di cena. Mia madre non voleva.
5   Con la diffusione dell'Internet e dei servizi online, si riduce la necessità di rivolgersi all'agenzia viaggi per prenotare la vacanza.

GRAMMAR NOTES III

Language of the press

Other features of the press are:

Use of emphatic language

Words such as **stupendo** 'amazing', **agghiacciante** 'chilling', **spettacolare** 'spectacular' especially in the crime section and sports section.

Prefixes such as **arci-**, **iper-**, **super-** and suffixes such as **-issima**, as in:

arcicontento   very happy
offertissima   a fantastic offer

Use of the present tense instead of the past

The present tense is often used in the press or in journalistic style to recount past events:

Alle quattro del mattino arriva Bossi. Sembra stanco.
At four in the morning Bossi arrives. He seems tired.

Metaphors

Ha fatto Bingo **con l'invenzione del latte nel triangolo di cartone.**
He *scored* with the invention of milk in the triangular cardboard pack.

Foreign words

il welfare   welfare state

I manager italiani applicano la creatività al business.
Italian managers apply creativity to business.

Bureaucratic-legalistic terms

All'ospedale è giunto cadavere.
He was dead on arrival.

Il locale è ubicato nella zona di Trastevere.
The nightclub is in the area of Trastevere.

Headlines without verbs

Headlines are often made up of nouns only, sometimes pairs of nouns. The verb is frequently non-existent or reduced to a participle:

domani treni fermi   trains halted tomorrow
Alitalia, scattata la protesta Alitalia, protest broken out

 ## 13 Headlines

Write these headlines out as full sentences, making sure the verb is in the appropriate tense, whether present, future or past.

1   Fabbrica occupata dagli operai, 15 feriti
2   Treni fermi da domani sera
3   Berlusconi criticato da ministro tedesco

4   Blair invitato alla Casa Bianca il mese prossimo
5   Incidente in autostrada. 10 morti.
6   Previste code in autostrada. Da domani TIR fermi.

KEY VOCABULARY

blockbuster (m.)	same word!	**genere** (m.)	format or type of programme or TV show
commedia a(d) episodi (f.)	play in instalments		
film ad episodi (m.)	film in instalments	**melodramma** (m.)	melodrama
film di serie B (m.)	B league (second class class) film	**tv-movie** (m.)	TV drama, film specially made for TV

 # 7 Pair work

Student B's questions

- You want to watch the next episode of 'Miami Vice'.What time is it on?
- What time is the news on, on LA7?
- And what's on after the news?
- You want to watch 'Sex and the City'. What does your partner want to watch?

Unit 21
Politica e società

FUNCTIONS	• Relating or reporting a story or event
	• Relating or reporting a story or event in indirect speech
	• Asking indirect questions
GRAMMAR	• Direct speech
	• Indirect or reported speech
	• Sequence of tenses in reported speech
	• Quoting sources
VOCABULARY	• Press language
	• Political terminology

1 *Il superquiz!*

Let's see how much we know about Italy. Complete the following questionnaire and then compare your answers with a partner.

1   L'Italia è
    a   una monarchia assoluta.
    b   una repubblica.
    c   una monarchia costituzionale.

2   L'Italia è composta di
    a   21 regioni.
    b   20 regioni.
    c   18 regioni.

3   I colori della bandiera italiana sono
    a   verde, bianco e blu.
    b   verde, bianco e rosso.
    c   verde, giallo e rosso.

4   Il capo del governo in Italia è
    a   il Presidente del Consiglio.
    b   il Presidente della Camera.
    c   il Presidente della Repubblica.

5   Il Presidente della Repubblica viene eletto
    a   ogni tre anni.
    b   ogni cinque anni.
    c   ogni sette anni.

6   Le donne in Italia hanno iniziato a votare
    a   nel 1946.
    b   nel 1954.
    c   nel 1912.

7   Il Parlamento italiano è composto di
    a   Camera dei Deputati, Governo e Senato della Repubblica.
    b   Camera dei Deputati e Governo.
    c   Camera dei Deputati e Senato della Repubblica.

8   L'età per andare a votare per la Camera dei Deputati e il Senato della Repubblica è
    a   la stessa: 18 anni.
    b   differente: 18 anni per la Camera e 21 per il Senato.
    c   la stessa: 21 anni.

Now check your answers with your partner and compare them with what happens in your own country: how much do you know?

2 Guess what the article's about

Now we'll see whether winning a TV quiz show changed someone's life. Let's start with the headline: what does Francesca say?

"Io miliardaria normale vi racconto perchè la mia vita non cambia"
Francesca Cinelli ha vinto al quiz di Gerry Scotti

3 Tell the story of Francesca

In pairs let's guess what happened to Francesca.

1   Cosa ha vinto?
2   Dove ha vinto?
3   Che lavoro fa Francesca?
4   Come cambia la sua vita?
5   Come cambierebbe la vostra?

4 The story of Francesca

Now read the article about Francesca (**Text 21.1**) and check whether your guesses were right.

Text 21.1 **Francesca miliardaria normale**

"Io miliardaria normale vi racconto perchè la mia vita non cambia" Francesca Cinelli ha vinto al quiz di Gerry Scotti

Francesca è in concessionaria. Strada provinciale, a Marcignana, periferia di Empoli. Mercedes veicoli industriali, dice l'insegna. Lei è all'ingresso, dietro a un computer, una pila di fatture alta così. «È il mio lavoro. Perché dovrei smettere di farlo?»

Magari perché ha appena vinto un miliardo al telequiz di Gerry Scotti, l'ha vista mezza Italia domenica sera alla tv: «E allora? Era solo un giochino. Non condivido questo modo di pensare tutto italiano, che appena uno vince dei soldi alla televisione o alla lotteria deve mollare tutto e non fare più niente. Io non ci penso proprio».

Non cambierà vita, la sua vita le piace. «Questo lavoro mi dà soddisfazione, i miei colleghi sono brave persone, e poi io con i camionisti ci sto bene. Sì, è gente concreta come me. Vendere un camion non è come vendere una macchina a un avvocato. Ai camionisti non importa come mi vesto, mi giudicano per quello che faccio: se il camion è arrivato in tempo, se la pratica leasing è pronta. Guardano le cose che servono, non quelle inutili. È gente che sa il significato del lavoro e della fatica. Ecco perché non smetto anche se ho vinto un miliardo».

Figuriamoci. «Figuriamoci se resto tutto il giorno a casa a ciondolare. Una come me». Una come lei. Francesca Cinelli, 28 anni, di Lamporecchio. Piccina, mora, jeans e maglietta e un bel sorriso. Francesca si presenta così: «Sono una normale, ce n'è cento milioni di altre uguali a me». Ma non è un modo per tagliare corto. È un modo per fermarsi, per spiegare chi si è e perché quel miliardo alla fine non cambierà la vita. «Perché la mia vita mi piace già così com'è. Non sono una che si accontenta: sono una contenta. C'è differenza. Per me la normalità è un valore. Non vado a cercare emozioni buttandomi da un ponte con l'elastico, e non credo nemmeno che la passione sia eterna. Sono una che nei trentenni del film di Muccino si è riconosciuta: una bella casa, il cane in giardino, un buon lavoro, una famiglia che si ama, perché non può essere quella la felicità? Io guardo i miei che stanno insieme da anni, che ne hanno passate tante, e però sono uniti, hanno una forza che io invidio. Sì, la mia vita è tranquilla, fatta di cose semplici. Vivo in un piccolo paese che mi piace, Lamporecchio, dove ci si conosce tutti e se c'è bisogno ci si aiuta, abito in casa con i miei genitori e non mi vergogno, anzi non capisco perché gli americani siano considerati intelligenti perché vanno via di casa a diciotto anni, e gli italiani stupidi perché ci restano fino a trenta. I miei sono simpatici, hanno una loro attività, stiamo bene, me ne andrò quando deciderò di convivere col mio fidanzato. Ho il mare a quaranta minuti, Firenze a portata di mano, non ho mai voluto abitare altrove. Ma non vuol dire che non abbia le mie curiosità. Mi piace viaggiare, e farò presto una scappata a Parigi dove non sono mai stata, ho visitato Inghilterra e Portogallo, ho studiato un mese a New York, ho fatto tutto il giro della Grecia classica».

«Era un giochino, quel telequiz, ma se ho saputo rispondere è perché ho studiato, e non mi riferisco solo alla laurea in economia e commercio che ho preso a Pisa, ma al fatto di aver una testa allenata dallo studio. Allenata a ragionare, a interessarsi delle cose, a farsi domande, ad avere un'opinione. Se non studi, sei tagliato fuori, stai lì nella vita e non capisci, subisci quello che gli altri decidono per te. Non mi stancherò mai di dirlo: ragazzi, studiate».

Lei intanto ha già deciso cosa fare del miliardo: metà investito in banca, in Borsa no perché non le piace rischiare i soldi così, forse perché i miei nonni erano ambulanti dice lei, un po' in beneficenza, specie fondi per la ricerca sul cancro, e qualche soldo alla parrocchia di Lamporecchio. «Sono credente, ma non frequento. Però mi piacciono le persone che fanno, e Don Luca, il parroco del paese, è uno che fa. È giovane, ha rimesso su l'oratorio, è tornato a benedire la casa del popolo, insomma va aiutato. Gli altri soldi sì, li metterò in banca: pensando anche al futuro, oggi stiamo bene, ma domani non sai mai cosa può succedere, se uno dovesse ammalarsi e curarsi all'estero, ci sono tante situazioni in cui qualche soldo fa comodo. E poi davvero, ho vinto un miliardo, mica dieci». La passione dei giochini, come li chiama lei, l'ha sempre avuta: «Da Trivial a Risiko li ho fatti tutti. I quiz sono una passione. Come il cinema. Adoro i film, ne ho visti 2.500, tengo il conto. I miei preferiti sono quelli vecchi, in bianco e nero, ma vedo di tutto. Vado al cinema due volte la settimana, a Firenze, Empoli, Pisa. Potessi, ci andrei tutti giorni. Ma a Lamporecchio l'unica sala che c'era l'hanno chiusa vent'anni fa. Una mano a riaprirla? Potrei pensarci».

Adapted from *La Republica*, 6 May 2002

 ## 5 *Vero o falso?*

Did she really say it? Check the following statements with the article (**Text 21.1**) to see whether they are correct. Indicate whether they are true, false or uncertain by circling V (vero), F (falso) or N (non si sa).

Francesca ha detto che:

1 cambierà il suo stile di vita perché lei non si vuole accontentare.   **V/F/N**
2 vuole viaggiare molto perché fino ad ora non ne ha avuto
   l'occasione.   **V/F/N**
3 non le basta avere una bella casa, il cane in giardino, un buon
   lavoro e una famiglia che si ama.   **V/F/N**
4 secondo lei non si può passare la vita senza fare niente.   **V/F/N**
5 si vorrebbe trasferire in una grande città.   **V/F/N**
6 crede in Dio ma non va in chiesa.   **V/F/N**

 ## 6 Talk about Francesca

Let's get some more information about Francesca, and try and answer the following questions.

Cosa ha detto Francesca:

1 sui suoi genitori?
2 su come ha deciso di investire i suoi soldi?
3 sul cinema?
4 sulla sua istruzione?
5 sui camionisti?

7 A few years later

This article (**Text 21.1**) was written immediately Francesca won the quiz. Now a few years have passed by and readers are curious to know whether she has done all the things she wanted to. Work in pairs, one of you playing the part of Francesca, the other the interviewer. The interviewer should prepare six questions and should write down exactly what Francesca answers, in her own words.

8 Summarise

Riassunto:

Play the part of the journalist writing up your interview on Francesca. Sum up in Italian what Francesca said when interviewed, this time reporting her words in indirect speech.

9 Explain the meaning

Find the following expressions in the article about Francesca (**Text 21.1**) and in pairs try to explain their meanings. You can use a dictionary.

1   Figuriamoci se
2   Ciondolare
3   Passarne tante
4   Una scappata
5   Essere tagliato fuori

GRAMMAR NOTES

Quoting or reporting events or speech

Introduction

There are two main ways of reporting what somebody has said, for both statements and questions:

Direct speech

Direct speech means you quote exactly what someone said:

Il medico mi ha detto: *"Può andare a casa"*.
The doctor said to me, 'You can go home.'

Mi ha chiesto: "Quando vieni a trovarmi?"
She asked me: 'When are you coming to see me?'

Indirect speech

Indirect speech means you report what someone said in your own words:

Il medico mi ha detto *che potevo andare a casa.*
The doctor said to me that I could go home.

Mi ha chiesto *quando sarei venuta a trovarla.*
She asked me when I would come and visit her.

Direct speech (quoting)

Direct speech is used for all kinds of quotations, whenever we want to report something that has been said or written, with exactly the same words used by the quoted person or text:

Tra Salerno e Reggio Calabria, ci sono 14 km di code e tantissimi cartelli che annunciano "Noi lavoriamo per voi".
Between Salerno and Reggio Calabria, there are 14 kms of queues and lots and lots of signs announcing 'We are working for you'.

It is very common in newspaper headlines as in this example from *La Repubblica* (2 August 2003):

In fiamme i boschi della Calabria
Bertolaso: "Colpa della siccità, del grande caldo e dell'umidità."

Woods of Calabria in flames
Bertolaso: 'It's all down to the dry conditions, the excessive heat and the humidity.'

Written Italian normally uses *two* inverted commas (*virgolette*) to open and close a quotation: "...". Sometimes, however, writers use pairs of arrows (*frecce*) as shown below. When the quotation is interrupted by a phrase such as 'he said' or 'they asked', the convention is to use a pair of dashes or hyphens:

«Ora basta – ha detto mio padre – vai a letto.»
'That's enough,' said my father, 'go to bed.'

Written texts, too, are often quoted directly, not only in essays and scientific literature, but also in everyday language, business correspondence and newspapers:

La mia amica mi ha mandato un biglietto di auguri per il compleanno con la scritta: "Buon Compleanno".
My friend sent me a birthday card with the words 'Happy Birthday'.

When quoting from a newspaper whose title includes *il, la,* etc., the article is not usually combined with any preceding preposition:

su la Repubblica   *in the Repubblica*
su il Messaggero   *in the Messaggero*

Indirect speech (reporting)

To report what someone said, without quoting it directly, use a verb such as **dice** 'it says', **hanno detto** 'they said', **mi hanno comunicato** 'they communicated to me' and a dependent clause, introduced by **che** 'that'.

Le previsioni del tempo dicono *che* domani pioverà.
The weather forecast says that tomorrow it will rain.

When using a verb such as **informare** which takes a direct object, the passive construction can be used:

Siamo stati informati che Lei vuole vendere una opera d'arte importante.
We have been informed that you wish to sell a valuable work of art.

It is not always possible in Italian to use a passive construction similar to the English 'I have been told . . .' . The third person plural **loro** may be used instead:

Ci hanno comunicato solo poche ora prima che l'orario del volo era stato anticipato.
They only told us a few hours before that the time of the flight had been put forward.

Which tense?

The tense used for the dependent verb depends also on the tense/time of the main verb. Italian has a set of guidelines called the *sequence of tenses*. Let's see some examples of how the tenses change when we change a direct quotation into an indirect quotation, introduced by the verb **dire**.

The first set of examples shows a main verb in the present tense (**dice**) referring to three possible actions: present, past and future.

Main clause + dependent clause

Present	Present	Past	Future
Carlo dice	"Parto all'una"	"Sono partito all'una"	"Partirò all'una"
Carlo dice che	parte all'una	è partito all'una	partirà all'una

The second set of examples shows a main verb in the past tense (**ha detto**) referring to three possible actions, present, past and future:

Past	Present	Past	Future
Carlo ha detto	"Parto all'una"	"Sono partito all'una"	"Partirò all'una"
Carlo ha detto che	partiva all'una	era partito all'una	sarebbe partito all'una

When changing speech into the 'indirect' form, not only the verb tenses but also other components of the discourse in the dependent clause must change. In the examples below, A is in direct speech, B is the equivalent in indirect speech.

The subject pronouns (**io ▶ lui**, **noi ▶ loro**):

A   **Carlo dice: "(*Io*) part*o* all'una".**
Carlo says: 'I'll leave at one o'clock.

B   **Carlo dice che (*lui*) part*e* all'una.**
Carlo says he will leave at one o'clock.

Indications of time and place:

A   **Carlo ha detto "Parto *oggi*".**
Carlo said: 'I'm leaving today.'

B   **Carlo ha detto che partiva *quel giorno*.**
Carlo said he was leaving that day.

A   **Carlo ha detto "Sono partito *ieri*".**
Carlo said: 'I left yesterday.'

B   **Carlo ha detto che era partito *il giorno prima*.**
Carlo said he had left the day before.

A   **Berlusconi ha affermato: "L'accordo sarà firmato *domani*".**
Berlusconi stated: 'The agreement will be signed tomorrow.'

B   **Berlusconi ha affermato che l'accordo sarebbe stato firmato *il giorno dopo*.**
Berlusconi stated that the agreement would be signed the next day.

A   **Carlo ha detto: "*Il mese/l'anno scorso* ho comprato la casa".**
Carlo said 'Last month/year I bought the house.'

B   **Carlo ha detto che il mese/l'anno precedente aveva comprato la casa.**
Carlo said that last month/year he had bought the house.

A   **Carlo ha detto "*Il mese/l'anno prossimo* venderò la moto".**
    Carlo said 'Next month/year I will sell my motorbike.'

B   **Carlo ha detto che *il mese/l'anno successivo* avrebbe venduto la moto.**
    Carlo said that next month/year he would sell his motorbike.

Demonstratives (**questo**, **quello**):

A   **Carlo ha detto: "*Questo mese/quest'anno* ho firmato il contratto".**
    Carlo said 'This month/year I signed the contract.'

B   **Carlo ha detto che *quel mese/quell'anno* aveva firmato il contratto.**
    Carlo said that that month/year he had signed the contract.

Unconfirmed information, hearsay, sources

Reporting may be done with a greater or lesser degree of certainty and/or objectivity. Accordingly, different verb moods can be used: the *indicative* to show objectivity, the *conditional* or *subjunctive* to show uncertainty or subjectivity. This is covered in detail in Unit 20.

To refer to the source of information, use **secondo**. The option of using the indicative or the conditional lets you indicate different degrees of certainty.

The *conditional* makes clear that this piece of news has not yet been confirmed:

Secondo i giornalisti, il giocatore *sarebbe stato* trasferito ad una squadra europea.
According to journalists, the player has been transferred to a European team.

The use of the *indicative* conveys either fact or strong conviction or belief, presented as a fact:

Secondo la Polstrada, tra il 30 giugno e il 3 luglio *si sono verificati* circa 300 incidenti in meno rispetto allo stesso periodo dell'anno scorso. *(La Repubblica, 2/8/2003)*
According to Polstrada (the traffic police) between 30 June and 3 July, there were 300 accidents fewer than in the same period last year.

Another simple way to convey an opinion is to use **per**, with the *indicative* or the *conditional*:

Per me, Berlusconi ha sbagliato strategia.
In my view, Berlusconi has chosen the wrong strategy.

Per la stampa inglese, Blair sarebbe preoccupato solo per le prossime elezioni.
According to the English press, Blair is worried only about the next elections.

🔍 10 Direct ▶ indirect

Find how each expression used in direct speech changes in indirect speech. Match a word or expression from group A to one in group B.

A	*B*
questo	successivo
domani	precedente
oggi	il giorno dopo
ieri	quello
scorso	quel giorno
prossimo	il giorno prima

🔍 11 Change direct to indirect speech

Now use the expressions of time in Activity 10 to change the following sentences from direct to indirect speech. See the example below.

Example
Giovanni dice: "Partirò domani molto presto".
    a   Giovanni dice che partirà domani molto presto.
    b   Giovanni ha detto che sarebbe partito il giorno dopo molto presto.

1   Pietro dice: "Questo film mi è piaciuto davvero".
    a   Pietro dice _____.
    b   Pietro ha detto _____.

2   Susanna dice: "L'anno prossimo lavorerò solo nel periodo estivo".
    a   Susanna dice_____.
    b   Susanna ha detto _____.

3   Simona dice: "La settimana scorsa sono stata a letto con l'influenza e sono riuscita a finire questo libro lunghissimo".
    a   Simona dice _____.
    b   Simona ha detto _____.

4   Sara chiede: "Ieri sei uscita con Patrizia?"
    a   Sara chiede _____.
    b   Sara ha chiesto _____.

5   Paolo dice: "Oggi vado a ritirare il mio cappotto nuovo!"
    a   Paolo dice _____.
    b   Paolo ha detto_____.

 ## 12 Put the conversation in order

Put this conversation in order. Who are the two people speaking?

1   Il mio giornale vuole sapere se e quando annuncerete l'arresto dell'assassino di
    Beatrice Calberoni.
2   Ma solo un minuto davvero, cosa desidera?
3   No, la conferenza stampa che abbiamo fatto ieri è stato l'unico incontro pubblico
    con i giornalisti. Vi terremo informati sulla vicenda non appena ci saranno nuovi
    risvolti.
4   Ma, mi scusi, ancora una domanda . . .
5   Allora farete una conferenza stampa domani?
6   Si, l'ultima. L'assassino di Beatrice Calberoni è anche l'assassino di sua figlia
    Marisa?
7   Arrivederci.
8   Basta che sia l'ultima!
9   A questa domanda non posso proprio risponderLe. Mi scusi e arrivederci.
10 Commissario, posso rubarLe un minuto?
11 L'arresto sarà annunciato ufficialmente domani mattina. Di più non Le posso
    proprio dire.

13 Write a report

Now write down a brief report of your notes from the interview (Activity 12) before you
forget! Write down exactly what the police commissioner said during the interview and
make sure all details (times, days) are recorded.

 ## 14 Reporting speech

Which verbs can be used to report speech? Find the most suitable verb from the box
to fill in the gaps (make sure you use the correct verb form).

dire   dichiarare   chiedere   comunicare
affermare   ordinare   sostenere   informare

1 Le ho _____ a che ora sarebbe arrivata ma non me lo ha voluto dire.
2 Ho voluto _____ la polizia del furto di cui sono stata testimone la settimana scorsa.
3 La posizione che il presidente ha _____ riguardo l'inquinamento è del tutto inaccettabile.
4 Signora Rodani, ha _____ al Provveditore che l'incontro è stato rinviato alla settimana prossima?
5 Ti ho _____ mille volte di non giocare con il fuoco!!!
6 Nel suo volume su Venezia, lo scrittore _____ che poche città hanno lo stesso fascino.
7 La polizia ha _____ di voler rafforzare i controlli nelle zone di confine.
8 A tutto il personale è stato _____ di rispettare le misure di sicurezza.

🗂✍ 15 A tourist's misadventures

Here is a letter which a tourist has written to your newspaper telling what happened to him. Unfortunately it has got a few mistakes. Can you correct them?

Text 21.2 A tourist's misadventures

Gentile Direttore,

Le scrivo perché mentre ero in vacanza in Italia mi è capitato un fatto molto strano. Mi trovavo a Venezia quando un signore per strada mi si è avvicinato e mi ha fatto molte domande. Mi ha chiesto quanto tempo io rimarrei in Italia, da dove sono partito e se conosco la città bene e dove dormo a Venezia. Io ho risposto che dormo in un appartamento di un amico, che in questo periodo è in vacanza, che rimarrò a Venezia fino a domani e la settimana prossima andrò a Firenze. Ho anche detto che sono arrivato ieri sera e che sono solo.

Quando lui ha sentito tutte le mie risposte, mi ha detto che il giorno dopo a Venezia ci sarebbe una grande festa in maschera e mi ha chiesto se io voglio venire. Io ho detto che voglio venire e ci siamo incontrati il giorno dopo in Piazza San Marco. Allora siamo andati alla festa ma prima lui mi ha chiesto qual è l'indirizzo dove io sto e credo che mentre eravamo alla festa, un amico del signore ha rubato tutti i miei soldi nel mio appartamento, perché al mio ritorno non ho trovato niente e l'appartamento era stato visitato. Spero che potrete fare qualcosa per me! Grazie, John Spencer

16 Reply to the tourist

Now write a thank you letter giving him advice and telling him whether you will use his story.

17 Fill in the gaps

Have I got news for you? Choose the right words to complete the sentences.

1 Nel giornale di oggi non c'era _____ interessante.
   un editorialista/una notizia/un direttore

2 Il primo _____ del telegiornale parlava della bomba alla metropolitana.
   programma/servizio/articolo

3 Il processo per l'omicidio D'Ancona è ancora _____
   in corso/attivo/all'attivo

4 _____, la persona sospettata dell'omicidio del pubblico ministero si trova
   al momento sotto arresti domiciliari.
   secondo fonti attendibili/per fonti attendibili/secondo opinioni attendibili

5 _____ pubblico italiano, sarebbe giusto ridurre il livello di inquinamento
   nelle grandi città.
   Per/Per gran parte del/Secondo

6 Secondo i maggiori quotidiani nazionali, _____ dovrebbe essere
   approvata in parlamento nei prossimi giorni.
   il referendum/la proposta di legge/la coalizione

7 Secondo alcuni giornali, si rischierebbe _____.
   una crisi di governo/le elezioni/le dimissioni del capo dello stato

8 Sembra che il Governatore della Banca d'Italia abbia _____ una netta
   diminuzione dell'inflazione.
   detto/ordinato/annunciato

18 Passing information on

Often when you pass information on, it becomes less objective. Go back to the article on Francesca (**Text 21.1**) and compare it with this summary to check whether the information on Francesca's life, friends and family and colleagues is correct. Make some changes if you think the text does not reflect Francesca's words.

Secondo l'articolo sulla Repubblica, Francesca sarebbe intenzionata a rimanere nello stesso settore lavorativo. Sembra che la vincita miliardaria non abbia fatto cambiare idea alla ragazza sul suo futuro. La giovane pare, infatti, sia intenzionata a rimanere a vivere nel suo paese. Secondo l'articolo, la vincitrice non dovrebbe avere problemi a trasferirsi con il fidanzato e sarebbe interessata a viaggiare per il mondo. Si dice, inoltre, che Francesca sarebbe desiderosa di investire una parte della sua vincita. Secondo la Repubblica, la ragazza sarebbe disposta ad aiutare la parrocchia locale malgrado non sia religiosa.

19 *La politica italiana*

Now let's sort out Italian politics. Group the nouns shown below under the four headings shown in italics, according to whether they are a political party, part of parliament, part of the government or a newspaper. There are four nouns in each group.

Presidente del Senato   La Stampa   Democratici della sinistra
Ministro   Forza Italia   Il Manifesto
Alleanza nazionale   Sottosegretario   Presidente del Consiglio
Senatore   Ministri   La Repubblica
Il Corriere della Sera   Deputato   Presidente della Camera
Rifondazione comunista

Partiti politici	Parlamento	Governo	Giornali nazionali

20 More Italian politics

Now things get a bit more complicated. Here is a description of the Italian political system. Complete the passage **Il sistema politico italiano (Text 21.2)**, using some of the words in the list from Activity 19 above.

Text 21.2 **Il Sistema politico italiano**

L'Italia è retta dalla costituzione che è entrata in vigore il 1º gennaio 1948. Lo stato italiano mantiene i poteri esecutivo, legislativo, giudiziario indipendenti l'uno dall'altro. Il capo dello stato, il Presidente della Repubblica è eletto, ogni sette anni, dal parlamento in seduta comune. L'elezione avviene a scrutinio segreto. Tra le mansioni più importanti del Presidente della Repubblica si trova la nomina del Presidente del Consiglio e dei ministri e lo scioglimento anticipato delle camere.

Il parlamento italiano presenta un sistema bicamerale: una camera dei _____ (1), con a capo un _____ (2), e composta di 630 membri eletti a suffragio universale e diretto, e un senato, con a capo un _____ (3), e composto di 315 _____ (4).

Il parlamento esercita la funzione legislativa, vota la fiducia al governo e prende decisioni sulla politica nazionale.

Il governo italiano viene nominato dal Presidente della Repubblica: il capo dello Stato, infatti, nomina il _____ (5) e, su sua proposta, i _____ (6). Il governo è organizzato in ministeri, ognuno dei quali corrisponde a una funzione dello Stato. Ciascun ministro può essere aiutato da _____ (7) che esercitano specifiche funzioni.

21 Numbers and dates

Can you work out the significance of the numbers below taken from the article above (**Text 21.2**). Write down your guesses.

315: _____

sette anni: _____

630: _____

1/1/1948: _____

Tre: _____

 22 Lecture on Italian political system I

Now check your answers by listening to this short extract of a lecture on the Italian political system (**Audio 21.1**). Complete the sentences below, giving the correct answer.

1 Il parlamento è formato di _____.
2 Il Presidente della Repubblica nomina _____.
3 La funzione legislativa è esercitata dal _____.
4 La funzione esecutiva è esercitata dal _____.
5 L'Italia è per la maggioranza un paese di religione _____.
6 Il referendum è _____.

Now listen to the lecture and check whether you got the answers right.

 23 Lecture on Italian political system II

Listen to the lecture again and answer the following questions.

1 In che anno l'Italia è diventata una repubblica?
2 Quante firme sono necessarie per un referendum?
3 Che cosa è successo nel 1974?
4 Quando è stato fatto il referendum abrogativo della legge sull'aborto?
5 Che percentuale della popolazione italiana va regolarmente in chiesa?
6 Quanti italiani si dichiarano di religione cattolica?

24 *Interrogatorio*

Listen to these three people talking about something that happened last night (**Audio 21.2**) and indicate whether the following statements are true, false or uncertain by circling V (vero), F (falso) or N (non si sa):

1	La donna era stata in vacanza.	**V/F/N**
2	Il marito era uscito con un parente.	**V/F/N**
3	La donna ha colpito il ladro con una racchetta da tennis.	**V/F/N**
4	Il testimone ha chiamato la polizia quando è arrivato a casa.	**V/F/N**
5	Il marito non aveva le chiavi di casa.	**V/F/N**
6	Il marito si è arrampicato sul balcone di casa.	**V/F/N**

 25 Questions and answers

Now listen to the recording again (**Audio 21.2**) and find the right questions for the following answers.

1 _____ ?
  Perché era stanchissima.

2 _____ ?
  La settimana prima.

3 _____ ?
  Con colleghi di lavoro.

4 _____ ?
  Con il cellulare.

5 _____ ?
  Perché non aveva le chiavi.

6 _____ ?
  Alla centrale di polizia.

26 A dialogue

You are at the police station. Imagine the questions the policeman asked the three people in the recording (interrogatorio) and write a dialogue for each interview, using the information provided in the recording.

1 Interrogatorio alla donna
2 Interrogatorio al testimone
3 Interrogatorio al marito

27 A police report

Write a police report based on the three dialogues you have written above. To do this, you will have to turn direct speech into indirect speech.

28 Reading and speaking icon *Donna e lavoro*

Look at this table about women and work taken from *La Repubblica*, 4 December 1999 (**Text 21.3**), and discuss the data with your partner. Compare the data with what you think happens in your own country.

Text 21.3 **Le donne: segnali di vitalità professionale**

	1998	*Variazione % dal 1994 al 98*
Lavoratrici dipendenti in posizione medio-alta	391.000	26,1%
Imprenditrici	83.000	56,6%
Libere professioniste	198.000	51,4%
Ingegnere	6.489	91,1%
Avvocato	19.600	26,7%
Medico	96.213	16%
Notaio	944	20%

Aumenta la presenza delle donne nel mondo del lavoro. In particolare, in quattro anni sono cresciute del 51,4 % le libere professioniste (gli uomini del 25,7%) e del 91% quelle delle iscritte nell'ordine professionale degli ingegneri. Ciononostante, il Censis fa notare come esse restino ancora escluse dai ruoli di potere: nel giornalismo, sono il 3,8% dei direttori e dei caporedattori dei quotidiani; l'11% dei professori universitari ordinari; il 6,2% dei sindaci e il 10,1 dei parlamentari.

KEY VOCABULARY

fonti attendibili (f.pl.)	reliable sources	**secondo opinioni**	according to reliable
secondo fonti attendibili	according to reliable sources	**attendibili**	opinions

Unit 22
L'angolo della posta

FUNCTIONS
- Giving an order or command
- Requesting
- Wanting someone to do something
- Allowing someone to do something
- Suggesting
- Advising

GRAMMAR
- Verbs of requiring, requesting and advising; with infinitive
  with **che** and subjunctive
- Verbs: **fare**, **lasciare** and infinitive
- Past conditional
- Conditional sentences (*periodo ipotetico*):
  with imperfect subjunctive and present conditional
  with pluperfect subjunctive and past conditional

VOCABULARY
- Problem page

🕮 ✍ 🎧 1 Problem pages I

Read the letters carefully (**Texts 22.1–22.4**, **Audio 22.1–22.4**). In each case, imagine what advice is given and write a list of points to be considered. Later in the unit you will be asked to write a reply to each letter giving advice, so keep your list of points handy!

Text 22.1 **Passione sua**

Una mia amica si lamenta perché il marito la trascura per la passione della pesca, sia di fiume, che di scogliera. Da quando inizia la primavera, è sempre in viaggio lungo i corsi d'acqua o in mare aperto. Parla costantemente di ami ed esche e lei non ne può più dei pesci che lui porta a casa da cucinare, dice di sentirsi quasi gelosa di loro.
(Livorno, Z.L)

Lettere ol Direttore, Gioia

Text 22.2 **Mar Rosso o no?**

Che debbo fare? Vado o no in Sudan per le mie vacanze a settembre? Mi dicono che le spiagge del Mar Rosso siano bellissime e che su quelle coste si faccia una pesca subacquea meravigliosa, unica.
(Silvana, Monteporzio Catone-Roma)

"Questioni di Stile", Amica

Text 22.3 **Io lo amo, lui ama solo bere**

Il mio compagno ha 45 anni e da sempre beve molti alcolici. Di giorno almeno due litri di birra, a cena e dopo sino a due litri di vino. In questi anni il suo desiderio nei miei confronti si è molto sopito e il dialogo è praticamente inesistente. L'alcol intacca oltre al fegato (e infatti lui ha molti problemi di salute) anche il desiderio. Come posso aiutarlo? Come posso farlo smettere?
(Una donna infelice, Milano)

Roberto Cafiso, "Droga e . . .", Grazia

Text 22.4 **Lui mi ama ma a piccole dosi**

Non siamo due ragazzini, io ho 45 anni, lui qualcuno in più. Il nostro incontro è stato un piccolo miracolo: io uscivo da una grave depressione sentimentale, lui da un divorzio

amaro e tempestoso. Abitiamo in due città diverse ma vicine, e a me farebbe piacere passare con lui più tempo, fare una vacanza insieme, mettere in comune gli amici . . . Lui non sembra che abbia lo stesso desiderio: mi vuole, ma, come si dice, a piccole dosi. Cosa mi manca per essere fino in fondo la sua donna?
(Cristina)

"Le donne parlano", *Grazia*

Giving advice or suggestions

Ways of giving advice range from encouragement to an order or warning.

Consigliare, *dire*, *raccomandare*, *suggerire*

These verbs are normally used with an indirect object person or personal pronoun (= the person receiving the advice) and linked by **di** to the verb infinitive (= the action he/she is being advised to take):

indirect object (governed by **a**):

La commessa ha consigliato *al cliente di* lavare la maglia a mano.
The shop assistant advised the customer to wash the sweater by hand.

L'autista suggerisce *ai passeggeri di* allacciare la cintura.
The driver suggests that passengers fasten their seat belts.

unstressed indirect object pronoun:

***Ci* ha raccomandato *di* fare la denuncia del furto in questura.**
He advised us to report the theft at the police station.

La commessa *gli* ha consigliato di lavare la maglia a mano.
The shop assistant advised him to wash the sweater by hand.

stressed (emphatic) indirect object pronoun:

La commessa ha consigliato *a lui* di lavare la maglia a mano ma *a me* non ha detto niente.
The shop assistant advised *him* to wash the sweater by hand, but she didn't say anything to *me*.

Although this is less common, these verbs can also be used with **che** + subjunctive:

Consigliamo *che* i gentili clienti *rimangano* seduti durante il viaggio.
We advise the clients that they should remain seated during the journey.

Perché non

A simple way to propose something for yourself and others is to use **perché non?**:

***Perché non* andiamo al cinema?**
Why don't we go to the cinema?

Se io fossi in te . . .

In spoken Italian, advice is often preceded by the expression **se (io) fossi in te** 'if I were you'):

***Se io fossi in te,* chiederei il divorzio.**
If I were you, I would ask for a divorce.

 ## 2 Giving advice

Say what advice or suggestions have been given, transforming the sentence from direct to indirect speech, using dire + infinitive. See the example below.

Example
Maria dice a Gianna: "Torna da tuo marito".
Maria dice a Gianna di tornare da suo marito.

1   Maria dice a Carlo: "Sposa Camilla".
2   Roberto dice agli amici: "Organizzatevi meglio".
3   La mamma dice ai figli: "Mettetevi la maglia".
4   Mio marito mi dice: "Guida piano!"
5   La mia amica mi dice: "Vai a trovare Gianluca".
6   I nostri amici ci dicono: "Provate il nuovo ristorante cinese".
7   Mia zia mi dice: "Risparmia i soldi per l'Università".
8   Il medico gli dice: "Si metta a dieta".

Expressing a condition or hypothesis

There are three 'types' of conditional sentence:

- a condition which can very possibly be met is expressed with indicative verbs, normally present and/or future:

  Se esci, chiudi a chiave tutte le porte.
  If you go out, lock all the doors.

  Se vengono anche i loro amici, saremo in 14 a cena.
  If their friends come too, there will be 14 of us for dinner.

- a condition which could be met but is less probable is expressed with imperfect subjunctive in the **se** clause and present conditional:

  Se tu facessi l'esame di guida domani, saresti bocciata.
  If you were to do the driving test tomorrow, you would fail.

- a condition which cannot now be met is expressed with the pluperfect subjunctive and past conditional:

  Se tu avessi dato retta a me, non avresti avuto tanti problemi.
  If you had listened to me, you would not have had all these problems.

  Se lui fosse stato meno arrogante, avrebbe fatto carriera.
  If he had been less arrogant, he would have been successful.

3 Regrets

Find the examples of conditional sentence (*periodo ipotetico*) in the letter below (**Text 22.5**, **Audio 22.5**), then complete these sentences.

1 _____ se non avessi commesso una sciocchezza.
2 Se i miei genitori lo venissero a sapere, _____.
3 Se mio marito ne venisse a conoscenza, _____.

Text 22.5 **Sinceramente pentita, merita di dimenticare**

Ho vent'anni, sono sposata da due, ho uno splendido bambino di un anno. E anche un meraviglioso marito. Potrei essere felice, se non avessi commesso una sciocchezza. Circa un anno fa sono stata sorpresa a rubare nel supermercato vicino a casa mia. Non mi giudichi male, non sono né una vera ladra né una cleptomane, l'ho fatto senza apparente motivo. Da allora sto pagandone le conseguenze, sono terrorizzata dall'idea che la voce si propaghi, perché le ragazze che lavorano in quel negozio conoscono la mia famiglia. La mia città è piccola, ogni notizia piccante fa gola, io penso che se i miei genitori lo venissero a sapere, ne morirebbero di dolore. E poi c'è mio marito: se ne venisse a conoscenza, penso che mi lascerebbe o comunque me la farebbe pagare molto cara. Io mi sono pentita, sinceramente, ma sto ancora pagando il mio errore e forse lo pagherò per sempre.

4 Problem pages II

Read the problem page letters carefully again (**Texts 22.1–22.4**). Look back at your list of points to be considered and write a reply to each one giving advice.

5 Conditional sentences I

In this set of examples, the conditions are either definite or highly likely to be met. Fill in the correct form and tense (present or future) of the verbs in brackets to complete each sentence.

Example
Se Gianna torna da suo marito, (essere) più contenta.
Se Gianna torna da suo marito, sarà più contenta.

1 Se vieni anche tu sabato sera, (passare) a prenderti con la macchina.
2 Se vuoi una mano, (venire) a casa tua dopo il lavoro.
3 Se Gianni è disposto a cucinare, (mangiare) a casa sua.
4 Se mia madre sta bene, la (portare) al mare la settimana prossima.
5 Se mi dai un po' di carta, (scrivere) una lettera al capo.
6 Se trova un posto, mio figlio (stare) in una casa con altri studenti.
7 Se ho i soldi, (andare) in Italia a sciare dopo Natale.
8 Se chiama Antonio, lo (richiamare) dopo.
9 Se viene Daniela, le (restituire) il libro che mi ha prestato.
10 Se trovo il passaporto, (sentirsi) più tranquilla.

6 Conditional sentences II

In this next set of examples, the conditions are unlikely to be met or cannot be met. Fill in the correct form and tense (conditional or past conditional as appropriate) of the verbs in brackets, to complete the sentences.

Example
Se Gianna tornasse da suo marito, (essere) più contenta.
Se Gianna tornasse da suo marito, sarebbe più contenta.

Se Gianna fosse tornata da suo marito, (essere) più contenta.
Se Gianna fosse tornata da suo marito, sarebbe stata più contenta.

1   Se mio marito avesse più tempo, (potere) andare al cinema insieme.
2   Se avessimo una casa più grande, (ospitare) volentieri i nostri amici.
3   Se la mia macchina fosse nuova, la (mettere) sempre nel garage.
4   Se non avessi preso già un impegno, (venire) anch'io sabato sera.
5   Se Gianna fosse rimasta con suo marito, (essere) più contenta.
6   Se io avessi sposato Gianni, (abitare) in Italia adesso.
7   Se prendessimo l'aereo, (pagare) di più.
8   Se tu avessi prenotato prima, (trovare) posto in albergo.
9   Se io vincessi la lotteria, (smettere) di lavorare subito.
10 Se io vivessi a Londra, (dovere) prendere la metropolitana.

La fine del mondo

In the count-down to the millennium, some people were convinced the world would come to an end! What would they do if it really *was* the last night?

Here is what some famous people interviewed by the Italian magazine *Grazia* said (**Text 22.6**, **Audio 22.6**). Spot all the verbs in the conditional mood and underline them. Then write down what each person says in the interview, in reported speech form, introducing it by dire or a similar verb.

Example
Cristina Parodi dice che farebbe una grande festa e che cucinerebbe per tutti.

Text 22.6 **La fine del mondo**

Cristina Parodi, giornalista conduttrice di **Verissimo, su Canale 5**

A casa mia. Circondata dalle persone che amo. Farei una grande festa e cucinerei io stessa per tutti.

Niccolò Ammaniti, scrittore. Il suo ultimo libro è **Ti prendo e ti porto via**
(Mondadori)

Affronterei gli ultimi giorni in perfetta solitudine. Che cosa farei? Svaligerei tutti i bar di Roma alla ricerca del tramezzino perfetto. Il Grande Tramezzino di Pollo. E dopo il suo ritrovamento, mi suiciderei: assaggiato il Grande Tramezzino, non resterebbe altro.

Max Cavallari, comico

Prenderei per mano Alice, la mia bambina di sei anni e salirei sul primo razzo diretto su un altro pianeta. Starei fino all'ultimo minuto a inventarmi battute da raccontare ai sopravvissuti.

Marina Massironi, attrice comica

Mi attaccherei al telefono per avvertire gli amici. Poi manderei all'aria tutti i doveri e mi applicherei al massimo ai piaceri. Fine della dieta: mangerei e berrei tutto quello che mi piace. E poi mi lascerei andare sulla mia poltrona preferita ad aspettare che passi.

Alberto Veronesi, direttore dell'orchestra Cantelli

Perderei la testa, darei sfogo ai miei istinti, spenderei tutti i soldi, farei follie, mi drogherei persino! Poi mi aggrapperei alla musica: metterei insieme duemila musicisti per un concerto con dieci orchestre unite. E dirigerei due brani: il Requiem di Brahms e il Don Juan di Strauss. E sull'eco dell'ultima nota, abbraccerei mia moglie e i miei cari.

Adapted from *Grazia*, 14 December 1999

 8 *E tu cosa faresti?*

What would *you* do if it were really the end of the world? Talk with your partner about what you yourselves would do.

9 Several years later

Several years have gone by – the end of the world didn't come after all! Now write down what the people interviewed in Activity 7 said at the time, using the past tense of dire or a similar word.

Example
Cristina Parodi ha detto che avrebbe fatto una grande festa e che avrebbe cucinato per tutti.
Cristina Parodi said she would have a big party and that she would cook for everyone.

10 *Bugie di famiglia*

Sometimes we lie to spare people's feelings. Have you ever lied? Here is a letter from someone who did (**Text 22.7**). But was it the right decision? Discuss with your partner and take opposing stands: one of you says it was better to lie, the other says it would have been better to tell the truth. Present your arguments for keeping quiet or for telling the truth.

Text 22.7 **Bugie di famiglia**

Ho telefonato alla mia amica Francesca e mi ha risposto il marito. Ha detto che la moglie non c'era e poi mi ha chiesto se volevo uscire con lui e andare a mangiare in un posto fuori città. Ho trovato la scusa per non andare, ma poi mi sono accorta che la faccenda non finiva lì. Come avrei dovuto comportarmi con lei? Raccontarle tutto forse: perché amicizia significa sincerità, lealtà. Dove sarebbero andati a finire questi valori, se le avessi taciuto quello che era successo? Una vera amica avrebbe dovuto metterla in guardia. E se invece avessi mentito? Che diritto avevo in fondo di intromettermi nella sua vita privata? Ho passato il pomeriggio a chiedermi. Senza arrivare a nessuna conclusione. Così, quando alla sera ha chiamato Francesca, non le ho detto niente. Francesca amava suo marito. Forse non capiva chi era l'uomo che aveva sposato. O forse lo conosceva bene. La mia verità avrebbe turbato la loro relazione. Ora non la vedo quasi più. La vita ci ha allontanate. Ma forse c'è anche qualcos'altro. Mi è rimasta un'inevitabile amarezza. Come se dopo quella telefonata la nostra complicità fosse andata perduta per sempre.

Adapted from 'Family Life', *Amica*, May 2002

11 *Ragazzi, giochiamo a guardie e ladri*

How do you teach children right from wrong? And how do we decide what's wrong? Read these examples (**Texts 22.8–22.10**) and say what advice you would give the people involved.

Text 22.8 **Chi non passa alla cassa è un ladro?**

Afferrare qua e là un ricordino dai banchi del supermercato (il più delle volte si tratta di prodotti di scarso valore commerciale): molti ragazzi la considerano una prova d'abilità. In realtà questo si chiama furto: un reato che può portare in carcere fino a tre anni. In genere anche quando vengono bloccati e accompagnati negli uffici della direzione, i ragazzi non sembrano rendersi conto della gravità delle loro azioni. Vogliono credersi ancora bambini. Un atteggiamento che la tendenza a perdonare ("Sono ragazzi") purtroppo incoraggia.

Text 22.9 **Offrire erba è spaccio o favore?**

Hai offerto "erba" alla tua ragazza o al tuo migliore amico e ti sei fatto pagare? Questo basta per essere considerato uno spacciatore e rischiare fino a otto anni di carcere. La legge non punisce il tossicodipendente (considerato un malato al quale si può sospendere patente e passaporto) bensì chi gli fornisce droga a pagamento. E questo vale anche per l'ecstasy. La regione Emilia-Romagna ha organizzato un corso per insegnare ai disc-jockey come mettere in guardia i sei milioni di ragazzi che abitualmente frequentano le discoteche.

Text 22.10 **Chi disegna sui muri fa arte o danneggia?**

Il ragazzino che disegna graffiti sui muri cittadini si sente un artista? Non la pensa così il proprietario dello stabile scelto. E neanche la legge, che qualifica la presunta opera d'arte come danneggiamento e prevede fino a tre anni di prigione, oltre al pagamento dei danni. Solo a Milano pulire gi affreschi indesiderati costa al Comune milioni di euro l'anno. "I 'murales' in genere sono visti come un male tollerabile" dice Anna Oliverio Ferraris, psicologa e studiosa dei comportamenti giovanili. "In realtà sono un segno di inciviltà che contiene un grande elemento di sfida".

Adapted from 'Family Life', Anna, May 2002

KEY VOCABULARY

erba (f.)   marijuana, hash

gola (f.)   greed (**fare gola** – 'to
                                whet the appetite')

guardia (f.)   guard (either sex);

mettere in guardia   'to put on one's guard'

guardie e ladri   cops and robbers

pesca (f.)   fishing (**di fiume** 'river',
                                di scogliera 'off
                                rocks', **subacqua**
                                'deep-sea, with
                                aqualung')

spacciare   to trade, push, deal
                                (drugs)

spacciatore (m.)   drug dealer

svaligiare   to raid

tossicodipendente (m.) drug addict

(This term has spawned terms for other forms
of addiction, e.g. **videodipendente** 'TV addict'.)

Answer key

Unit 1

2 Match the conversations

2 Ciao sono Enza!
7 Piacere, sono Paola!

4 Ciao, mi chiamo Elena, e tu?
3 Io sono Caterina, piacere!

6 Buongiorno, mi chiamo Luigi Ferretti, e Lei?
5 Piacere, io sono Emilio Passerini.

4 Where are they from?

5 Write and say the numbers

ventuno ventidue ventitrè ventiquattro venticinque ventisei ventisette ventotto ventinove
  21   22   23   24   25   26   27   28   29

trenta trentuno quaranta cinquanta sessanta settanta ottanta novanta cento
  30   31   40   50   60   70   80   90   100

7 What nationality are they?

1 americano; 2 portoghese; 3 francese; 4 tedesco; 5 irlandese; 6 canadese; 7 spagnolo; 8 messicano; 9 inglese;
10 scozzese

11 *Al Bar*

1 Coffee or digestive liqueur; 2 Aperitif; 3 The receipt; 4 You go to the bar; 5 They sit at the table;
6 It's more expensive but allows you to rest.

12 Matching game

1 tè; 2 cioccolata; 3 cappuccino; 4 caffè; 5 limonata; 6 succo d'arancia; 7 tramezzino; 8 acqua minerale; 9 yogurt;
10 cornetto; 11 birra; 12 pasta

15 *Da uno a dieci*

(Uno), due, tre, (quattro), cinque, sei, (sette), otto, nove, dieci, (venti), trenta, quaranta, cinquanta, sessanta,
ottanta, novanta, (cento)

18 Balloon race

un museo, vino, minestrone, concerto

una pizza, maionese, pasta, lasagna, ciabatta

un' orchestra, aranciata, opera, agenzia

uno zoo, sport

19 Order two of everything

due cappuccini; due caffè; due birre; due cornetti; due tè; due limonate; due paste; due tramezzini; due acque;
due yogurt; due aranciate; due lasagne; due vini; due minestroni; due ciabatte

20 Find the opposite!

caldo–freddo; ghiacciato–bollente; dolce–salato; fresco–tiepido

21 Add the adjectives

1 caldo; 2 freddo; 3 ghiacciata; 4 caldo; 5 salato; 6 ghiacciata; 7 caldo; 8 fredda

22 Spot the mistakes!

un cappuccino caldo; una birra ghiacciata; un tramezzino caldo/freddo/salato;
un caffè caldo; un cornetto dolce/salato/caldo

23 Fill in the missing adjectives

una cioccolata calda/bollente; un caffè freddo/caldo; un cappuccino caldo/bollente; un tè caldo/freddo; un cornetto caldo/salato; una birra ghiacciata/fredda; un succo d'arancia freddo/ghiacciato; una limonata fredda/ghiacciata; un tramezzino caldo/salato; una pasta dolce/calda; uno yogurt freddo/dolce; un'acqua minerale fredda/ghiacciata

Unit 2

1 *Descrizione fisica*

2c; 3f; 4d; 5e; 6b; 7j; 8i; 9h; 10g

3 Opposites

2c; 3d; 4b; 5i; 6h; 7a; 8g; 9e; 10j

4 *Le coppie*

1c; 2a

7 *I parenti*

1 fratello; 2 genero; 3 cugino; 4 nipote; 5 nonno/a, nuora; 6 zio/a; 7 fidanzato; 8 padre/madre; 9 suocero; 10 mamma; 11 sorella; 12 cognato

8 *Chi lavora qui?*

1b; 2b; 3a; 4c; 5c; 6a; 7b; 8b

12 Professions masculine and feminine

L'attore, l'attrice; l'autista, l'autista; il bagnino, la bagnina; il bibliotecario, la bibliotecaria; il biologo, la biologa; il camionista, la camionista; il commercialista, la commercialista; il cuoco, la cuoca; l'istruttore di nuoto, l'istruttrice di nuoto; il manager, la manager; il pediatra, la pediatra; il professore, la professoressa; lo psicologo, la psicologa; il regista, la regista; il veterinario, la veterinaria

13 Agreement of adjectives

Oscar   Alto, capelli biondi e ricci, occhi castani; simpatico, loquace, vivace
Alessia   Alta, capelli neri e lisci, occhi neri; timida, generosa, simpatica
Fabiola   bassa, capelli rossi, ondulati, occhi verdi; intelligente, calma, disinvolta, allegra
Lorenzo   basso, capelli castani, occhi grigi; triste, taciturno, introverso, pigro

14 Singular to plural

l'azienda/le aziende; lo stipendio/gli stipendi; la segretaria/le segretarie; il computer/i computer; il messaggio/i messaggi; il manager/i manager; la ditta/le ditte; l'impiego/gli impieghi; il telefono/i telefoni; la stampante/le stampanti; l'ufficio/gli uffici

15 Possessives

1 mie; 2 la mia; 3 Il nostro; 4 sua; 5 la mia; 6 il mio; 7 i loro; 8 suo

16 Verbs in -*are*

1 insegna; 2 abito; 3 lavorano; 4 incontrate; 5 parliamo; 6 studi; 7 mangia; 8 trovi

Unit 3

1 Means of transport

la macchina (l'automobile) 'car'; la Vespa 'scooter'; l'autobus 'bus'

2 *I numeri da 101*

centouno   duecento   trecentoquarantadue   cinquecentosessantatré
  101   200   342   563

mille   duemila   un milione   due milioni
1.000   2.000   1.000.000   2.000.000

tremilioniquattrocentosettantacinquemila
                3.475.000

3 *Che ore sono?*

1 Sono le dodici e trenta./È mezzogiorno e mezza. 2 Sono le sette meno venti. Sono le sei e quaranta. 3 È l'una. 4 Sono le sedici e trenta./Sono le quattro e mezza. 5 Sono le dieci e quarantacinque.

6 *Viaggiare in treno*

1 la coincidenza; 2 in anticipo; 3 il supplemento; 4 contante; 5 la biglietteria automatica; 6 il deposito bagagli; 7 la sala d'attesa

7 *Chiedere informazioni*

1c; 2a; 3b; 4d; 5e

8 *Completare i dialoghi*

a   1 posti; 2 fumatori, 3 ritorno, 4 supplemento, 5 carte; b 6 binario, 7 biglietteria;
c   8 coincidenza, 9 sciopero, 10 ritardo, 11 circa

9 *Il biglietto del treno*

Ticket 2

Train from	Napoli Mergellina
Train to	Pisa
Number of passengers	2
Departure day and time	29/8/03 8.25 a.m
Price of the ticket	€44.68
One way or return	One-way
Type of train	Eurostar
Smoking or non-smoking	No smoking

10 *Numeri di telefono*

a 4871901; b 4592134; c 4608340

11 *Le preposizioni I*

1 a; 2 in, in; 3 da, a; 4 per; 5 tra (fra); 6 in; 7 con

12 *Le preposizioni II*

1 dell'; 2 in; 3 al; 4 dal; 5 all'; 6 al, a

13 *In albergo*

1c; 2d; 3i; 4b; 5h; 6e; 7f; 8a; 9g; 10j

14 *Quale albergo?*

1c; 2b; 3a

18 Hotel Bellavista

1 A room with sea view is more expensive: three euros more in June, September and July, and five euros more in August. 2 No, you don't have to pay. The price is inclusive of 'ombrellone e sdraio'. 3 Yes, there is a 10 euro supplement for a single room. 4 No, the discount is for children up to five years old.

21 *Ci vuole o ci vogliono?*

1 ci vogliono; 2 ci vuole; 3 Ci vuole; 4 Ci vogliono; 5 ci vuole

22 *Quale verbo?*

1 Leggete; 2 vendono; 3 capiamo; 4 preferisci; 5 dormo; 6 finisco

23 *I giorni della settimana*

1 il lunedì e il mercoledì; 2 venerdì; 3 la domenica; 4 giovedì; 5 il lunedì; 6 sabato

24 Campania Club

The infinitives where necessary are shown in brackets. Verbs marked * follow a pattern other than the regular **-are**, **-ere**, **-ire** patterns.

1 ha (avere*) 'to have'; 2 finisce (finire) 'to finish'; 3 potete (potere*) 'to be able'; 4 raggiungere 'to reach'; 5 perdere 'to lose'; 6 potete (potere*); 7 ha (avere*); 8 dispone (disporre*) 'to have available'; 9 vedete (vedere) 'to see'; 10 capite (capire) 'to understand'; 11 scelgono (scegliere*) 'to choose'; 12 offre (offrire) 'to offer'; 13 scegliete (scegliere*)

25 *I nuovi verbi*

1 finisce; 2 raggiungete; 3 ha; 4 capisco; 5 scelgono; 6 perdo; 7 offro; 8 vedete

Unit 4

1 Matching clothes

1l; 2j; 3c; 4a; 5b; 6i; 7k; 8e; 9d; 10f; 11g; 12h

5 Verbi in -ere, -ire

fare 'to do'; leggere 'to read'; scegliere 'to choose'; spendere 'to spend'; avere 'to have'; preferire 'to prefer'; seguire 'to follow' vestire 'to dress'

6 *Caro Mario*

Caro Mario,
da quanto tempo non ho tue *notizie*! Come stai? Ti *scrivo* per comunicarti una notizia *superfantastica*!! Ad ottobre *vengo* in Italia per un anno con una *borsa* di studio E . . . vengo proprio a Genova!!! Non *vedo* l'ora di rivedere *te* e tutti i nostri amici. Sono *contentissima*! So che a Genova non è facile trovare *un alloggio* e voglio chiederti un *favore*: cerco un *appartamento* da ottobre a giugno, se è possibile con quattro *stanze*. Vorrei anche chiederti com'è il tempo a Genova in inverno. Fa *freddo*? Cosa devo portare? Se porto *un cappotto*, dei maglioni, e un paio di scarpe pesanti, va bene? Ho tante novità da raccontarti.
Scrivi presto
Baci
Claire

7 Match the adverts!

1b; 2c; 3a

9 *Lo, la, li, le* or *ne*?

1 la; 2 Ne; 3 Le; 4 li; 5 la; 6 Ne; 7 la; 8 lo

10 *Andare, stare, uscire, venire*

	io	tu	lui	noi	voi	loro
andare	vado	vai	va	andiamo	andate	vanno
stare	sto	stai	sta	stiamo	state	stanno
uscire	esco	esci	esce	usciamo	uscite	escono
venire	vengo	vieni	viene	veniamo	venite	vengono

11 *Dire, fare, sapere*

1 dici; 2 sa; 3 facciamo; 4 dite; 5 sappiamo; 6 faccio; 7 so; 8 dico; 9 fanno

12 Size

1 lungo; 2 corta; 3 larghi; 4 stretto; 5 piccola

13 Shopping online I

1 V; 2F many buyers think that it is not safe to pay online; 3 F not many businesses sell online; 4 F there are problems with delivery and transport

14 Shopping online II

2c; 3a

15 *Al supermercato*

Frutta e verdura	Salumi/Formaggi	Pescheria	Macelleria
melanzane	mortadella	cozze	vitello
asparagi	mozzarella	gamberetti	agnello
fichi	parmigiano	salmone	
lattuga	prosciutto	tonno	
patate	ricotta	trota	
pere	salame		
peperoni			
piselli			
pomodori			
zucchine			

19 *Qualche, un po' di or del?*

1 delle; 2 un po' di; 3 un po' di; 4 della; 5 un po' di; 6 del

Unit 5

6 *Verbi riflessivi*

1 alzarsi; 2 divertirsi; 3 fermarsi; 4 radersi; 5 sedersi; 6 svegliarsi; 7 vestirsi

7 The gerund

1 Stiamo facendo una fotografia. 2 Stanno bevendo una bibita ghiacciata. 3 Sto traducendo quel brano per la classe di italiano. 4 Sta facendo una gita. 5 State andando in montagna. 6 Sta dicendo la verità. 7 Stai leggendo la guida. 8 Stiamo venendo.

8 Sometimes, always, never

1 Non vado mai in palestra./Vado spesso in palestra./Qualche volta vado in palestra. 2 Non faccio niente. 3 No, non vado mai in piscina./Vado spesso in piscina./Vado in piscina qualche volta. 4 Non esco con nessuno. 5 Non parlo nessuna lingua. 6 No, non ho nessun fratello. 7 No, non lavoro più a Trieste. 8 No, non esco mai con Marianna./Qualche volta esco con Marianna./Spesso esco con Marianna.

9 Reflexive pronouns

1 si; 2 ti; 3 si; 4 si; 5 ti; 6 si; 7 ti; 8 ci, ci; 9 si

10 Tommaso's day

Tommaso 1 si sveglia – 2 si alza – 3 si lava – 4 fa colazione – 5 si veste – 6 esce – 7 pranza – 8 lavora – 9 dorme

11 Paola's e-mail

2 alzarsi; 3 concentrarsi; 4 riposarsi; 5 preoccuparsi; 6 rilassarsi; 7 trovarsi

Unit 6

1 *Trattoria degli Orti*

1 il prosciutto; 2 le vongole; 3 la sogliola; 4 il tonno; 5 i funghi; 6 la bistecca; 7 le melanzane; 8 la trota; 9 il pescespada; 10 i fagiolini; 11 la frutta fresca; 12 l'insalata mista; 13 la zuppa di verdure; 14 l'antipasto di mare; 15 il contorno; 16 i secondi piatti

3 *Il conto*

Secondo errore: mezzo litro di vino, non un litro; Terzo errore: un primo piatto, non due; Quarto errore: un caffè, non due

4 Odd one out

1 tovaglia; 2 tovagliolo; 3 pensione; 4 al sangue; 5 ben cotta

5 *Al ristorante*

1 terrazza, piatti, cene, parcheggio; 2 giardino, olivi, cucina, biologici; 3 specialità, veranda, vini locali; 4 forno, tarda, all'aperto, settimanale

8 Synonyms

1c; 2b; 3a; 4f; 5e; 6d

9 Find the mistakes

Gianfranco Vissani, conosciuto ormai da moltissimi anni (*nol-il testo dice: da due-tre anni*) in tutto il territorio nazionale (*no – il testo dice internazionale*), ha affermato in un'intervista che il segreto dei suoi piatti è quello di usare prodotti di ottima qualità. Ma i piatti di Vissani non sono solo famosi per la freschezza e la qualità dei loro ingredienti, bensì anche per la cottura lenta che ne valorizza il sapore (*no – il testo dice cottura rapida*). Gli ingredienti preferiti dal cuoco sono il pesce, le verdure e gli aromi, che gli consentono di essere molto creativo.

10 Indirect object pronouns

1 Le; 2 Ci; 3 Le; 4 Gli; 5 le; 6 ti; 7 gli; 8 gli

11 *Dovere, potere, volere*

1 può; 2 possiamo; 3 deve; 4 vuoi; 5 devi; 6 vuoi; 7 volete; 8 vogliamo; 9 dobbiamo; 10 può; 11 voglio

16 Fill in the missing verb

1 serve/occorre; 2 piace; 3 occorre/serve; 4 piacciono; 5 servono/occorrono; 6 manca; 7 piace; 8 manca

17 Questions and answers

1f; 2a; 3b; 4c; 5d

Unit 7

1 *Dove?*

1i; 2e; 3d; 4b; 5g; 6a; 7f; 8c; 9h; 10j

4 *Martina e Claudia Cerano l'università II*

The university building is b.

6 Prepositions of place

1 In montagna, al mare; 2 Nell'armadio, nella scarpiera; 3 Nel garage, nella strada; 4 A scuola, all'università; 5 Da mia zia, da sua madre; 6 Al cinema; 7 Allo stadio; 8 In cucina, in bagno

7 *Ci*

1 Sì, ci andiamo adesso. 2 Sì, ci vado in autobus. 3 Sì, ci andiamo insieme. 4 Sì, ci vanno sabato pomeriggio. 5 Sì, ci torno in aereo. 6 Sì, ci vanno ogni domenica.

8 Verbs + *ci*

1 No, non ci capiamo niente! 2 No, non ci penso! 3 No, non ci sentiamo! 4 No, non puoi contarci! 5 No, non ci vedo!

9 Adverbs and adverbial phrases

1 attentamente; 2 difficilmente; 3 precisamente; 4 troppo velocemente; 5 lentamente; 6 chiaramente

10 Imperative forms *voi*

1 Preferite; 2 Informatevi; 3 Cercate, Scegliete; 4 Adattatevi, Accettate; non cercate; 5 Non raccogliete, Non distruggete, non impoverite; 6 Non inquinate, non lasciate; 7 cercate, non scegliete; 8 Visitate; 9 Viaggiate; 10 Non ostentate, non assumete

11 Imperative forms *tu*

2 Informati; 3 Cerca, scegli; 4 Adattati, accetta, non cercare; 5 Non raccogliere, Non distruggere, non impoverire; 6 Non inquinare, non lasciare; 7 cerca, non scegliere; 8 Visita; 9 viaggia; 10 Non ostentare, non assumere

12 *Il decalogo del perfetto turista al mare*

2 Non ingombrate i corridoi e i passaggi al mare. 3 Depositate le carte e i rifiuti negli appositi contenitori. 4 Non gettate le cicche nella sabbia. 5 Non usate apparecchi radio o cellulari ad alto volume, magari con cuffie. 6 Tenete la suoneria del cellulare al minimo e conversate a bassa voce. 7 Non fate il bagno prima di tre ore dall'ultimo pasto. 8 Non affrontate pericoli in mare quando è issata la bandiera rossa. 9 Rispettate gli orari di apertura e di chiusura degli stabilimenti balneari. 10 Giocate a palla o praticate altri giochi nei siti allestiti allo scopo.

14 Synonyms

2e; 3d; 4a; 5b; 6c

15 Giving orders: *tu*, *Lei* forms

1 Non alzare/Non alzi; 2 Non raccogliere/Non raccolga; 3 Non raccogliere/Non raccolga; 4 Non spezzare/Non spezzi; 5 Non disturbare/Non disturbi; 6 Non tenere/Non tenga; 7 Non portare/Non porti; 8 Goditi/Si goda

16 Giving orders: *tu* form

1 Abbi; 2 Fai; 3 Stai; 4 Vieni; 5 Vai; 6 Guardati; 7 Torna; 8 Svegliati; 9 Finisci

17 Imperative form (*tu*, *Lei*, *voi* forms)

1 chiedete; 2 scenda; 3 attraversa; 4 Scusi; 5 segua; 6 compra; 7 Mettetevi; 8 Ricordati; 9 dimenticare

Unit 8

1 Time phrases

1 last spring; 2 yesterday evening; 3 the day before yesterday; 4 three days ago; 5 the day before; 6 last year; 7 last week

8 *Essere* or *avere*?

1 ho; 2 hai; 3 abbiamo; 4 siete; 5 siamo; 6 siamo; 7 siete; 8 successo; 9 conosciuto; 10 fatto; 11 andata; 12 fidanzati; 13 deciso

9 Pick the past participle!

Infinito	Participio passato
bere	bevuto
decidere	deciso
essere	stato
fare	fatto
leggere	letto
partire	partito
piacere	piaciuto
rimanere	rimasto
spendere	speso
venire	venuto

10 Pair up the sentences

1b; 2c; 3d; 4a; 5e

11 Seen it, done it . . .

1 *L'*abbiamo prenotata; 2 *Li* avete visti; 3 *L'*ho regalato; 4 non *li* ha controllati; 5 Ha voluto scriver*li* lei/*Li* ha voluti scrivere lei; 6 *le* hanno visitate; 7 per riveder*lo*; 8 *L'*ho pres*a*; 9 *le* ho ricevute

13 *Passato prossimo* or **imperfect?**

1 Hai visto, è piovuto; 2 Eravamo, volevamo; 3 sono tornati, erano; 4 si è innamorata, ha visto; 5 abitavo, ero; 6 eravate, organizzavate; 7 era, mi preparavo; 8 Erano, è arrivata; 9 abbiamo conosciuto, era

14 *Gli italiani in vacanza*

1 Because the Italians are once again spending money on their holidays. 2 Following 11 September plane fares dropped in price. 3 Italians decided to spend their Christmas holidays: a in the snow; b visiting cities famous for their art; c in the countryside; d by the sea; e visiting distant countries.

15 Trends in holidays

B *L'arte nelle città*: Vienna, Parigi, Londra, Venezia, Firenze, Palermo e Napoli. Tra le città europee Praga, Budapest, Sofia, Berlino, Stoccolma e Copenhagen
C *In montagna con la neve*: Trentino, Valle d'Aosta e in Piemonte, l'Appennino, Cortina, Courmayeur, Madonna di Campiglio
D *Il mare d'inverno*: Liguria e Toscana (soprattutto le isole), Versilia e Riviera Romagnola

16 Expressions

1 l'effetto calmante; 2 i casali e le ville in campagna più costosi; 3 il tutto esaurito, prenotato; 4 che vanno molto, che sono molto richieste; 5 riaprire, far riprendere; 6 continua ad andar bene

Unit 9

1 *Oroscopo del giorno*

1 Both Aries and Virgo will widen their circle of friends/meet new people. 2 Aries people will be able to do something original and different from usual. 3 People could be jealous of them. 4 They will be able to achieve something at work and also in their love life.

2 Find a horoscope for your friend

Horoscope A – Toro
Dovrai essere molto generoso e cercare di capire il partner, anche quando è difficile. Qualcuno ti *farà* entrare in un'iniziativa di lavoro interessante. *Avrai* la possibilità di viaggiare che ti *darà* molta soddisfazione.

Horoscope B – Bilancia
Non fingerti diversa da come sei per conquistare un uomo. *Finirai* per pagare troppo care le tue bugie. Anche se lui è ricco di qualità, non *potrà* ricoprire il ruolo previsto dai tuoi sogni. Il successo al lavoro sarà sempre maggiore – ora *potrai* prendere una pausa ben meritata.

Horoscope C – Capricorno
Sarai in ottima forma ma per conservarla *dovrai* stare alla larga dagli eccessi alimentari sia dal superlavoro. Stai vivendo un buon rapporto. Non pretendere una perfezione che *sarà* impossibile da raggiungere. L'ansia per i familiari *influirà* sull'equilibrio nervosa. Rilassati, ti *farà* bene.

3 *Turismo nell'Abruzzo*

1 L'Agenzia Romana per il Giubileo stima 2.260.000 turisti, di cui 250.000 "turisti religiosi". Ci sarà un sicuro aumento numerico del movimento turistico nella regione nel 2000.

2   Le domande sono:

Sarà capace l'Abruzzo di cogliere l'occasione del Giubileo?

Che cosa accadrà nel 2001 e negli anni seguenti?

Che cosa rimarrà dal punto di vista qualitativo (cioè organizzazione, capacità di attirare i turisti, ammodernamento delle politiche di marketing, uso delle tecnologie multimediali)?

3   La Regione ha costituito il consorzio Giubileo 2000, cui partecipano alcune aziende pubbiche regionali, che garantiranno le agevolazioni per i principali servizi di trasporto. Il Consorzio si sta attivando per gestire la Carta del Pellegrino, senza la quale sarà impossibile durante l'Anno Santo visitare la Città del Vaticano.

4 *Stage di esperienza alla LUISS*

1 Sarà suo compito rilasciare alla Scuola una valutazione sull'attività svolta dallo studente. 2 Lo studente, a sua volta, dovrà relazionare alla Scuola periodicamente sulla esperienza svolta. 3 L'attribuzione degli stage avverrà a giudizio del Direttore della Scuola. 4 Sarà stabilita in base alla graduatoria di fine anno accademico.

6 Lauren's colleagues

A few suggested questions:

* Come troveremo un alloggio per lei?
* Farà amicizia?
* Chi l'aiuterà all'inizio?

7 Tomorrow, tomorrow!

1 No, lo tradurrò domani. 2 No, la preparerò domani. 3 No, gli telefonerò domani. 4 No, le controllerò domani. 5 No, lo scriverò domani. 6 No, li farò domani. 7 No, gliela darò domani. 8 No, verrà domani. 9 No, glielo dirò domani. 10 No, rimarrò domani.

8 Plans for tomorrow

1 Se farà bel tempo, faremo un picnic. 2 Se il mare sarà calmo, faremo un bagno. 3 Se pioverà, andremo al cinema. 4 Se avrò i soldi, andrò in vacanza. 5 Se verranno i miei genitori, andremo a pranzo. 6 Se non avrò niente da fare, studierò i verbi italiani.

9 Matching game

1c Quando lavorerò in Italia, il mio fidanzato verrà a trovarmi. 2d Se vedi (vedrai) il mio ex-marito, digli che dovrà pagare il corso estivo per i nostri figli. 3b Appena gli studenti sapranno che devono fare l'esame, si lamenteranno. 4e Quando gli autisti faranno sciopero, saremo costretti a prendere un taxi. 5a Venerdì sera quando avrò finito di lavorare, comincerò a mettere in ordine la casa.

10 Expressing probability

1 Sarà andato dal medico. Sarà e letto. 2 Sarà in giro con la sua ragazza. Sarà al cinema. 3 Sarà a letto. Sarà andato a letto. 4 Sarà in biblioteca. Sarà andato in biblioteca. 5 Sarà al supermercato. Sarà andato al supermercato. 6 Sarà al mare. Sarà andato al mare. 7 Sarà andato a comprarle un regalo. 8 Sarà andato a festeggiare. Sarà in giro con gli amici.

11 Working in England

Non avrò problemi per lavorare in Inghilterra, e non avrò bisogno del permesso di lavoro. Non dovrò iscrivermi a un ufficio di collocamento ma potrà essermi utile rivolgermi a un *job centre* e iscrivermi alle loro liste di collocamento. Troverò facilmente lavoro e imparerò presto l'inglese. Potrò restare in Inghilterra tre mesi e riceverò la stessa assistenza nella ricerca di un lavoro che hanno i cittadini di quel paese. Non avrò bisogno del visto o del permesso di residenza, ma solo della carta di identità o del passaporto. Potrò ottenere informazioni sui posti di lavoro disponibili in altri paesi europei in molti modi: giornali locali, riviste professionali, siti Internet, agenzie private e, naturalmente, gli uffici di collocamento pubblici. Dal momento in cui comincerò a lavorare, avrò diritto alle stesse prestazioni sociali dei cittadini britannici. Smetterò di versare contributi in Italia e inizierò invece a versarli nel Regno Unito. Non perderò i contributi accumulati in precedenza perché tutti i paesi dell'Unione Europea tengono conto dei periodi trascorsi in altri paesi dell'UE nel calcolo delle prestazioni.

Unit 10

5 *Telefonino a scuola I*

1 Because the students leave their mobiles switched on in class. 2 The other items which are part of the *corredo scolastico* are: notebook, books, pens, pencils, calculator, etc.

6 *Telefonino a scuola II*

1a; 2b; 3b ; 4a

7 Matching synonyms

1d; 2e; 3b; 4a; 5c; 6g; 7f

8 *Potere*

1 possiamo; 2 potrebbe; 3 posso, puoi; 4 può, Posso; 5 possono

9 Conditional

1b; 2a; 3a; 4c

10 Pairing game

1b; 2a; 3d; 4e; 5c

13 Which adjective?

1a; 2e; 3d; 4b; 5c

14 Gap-filling

1d; 2c; 3e; 4g; 5b; 6a; 7h; 8f

16 Linked words

attendere	attesa	atteso
riunire	riunione	riunito
accendere	accensione	acceso
iscriversi	iscrizione	iscritto
requisire	requisizione	requisito
impegnare	impegno	impegnato

Unit 11

1 Matching people and places

1 Giuseppe ha passato tutta la giornata a casa. 2 Carmela e rimasta/e stata/ha passato tutta la nottata al cinema a vedere un film. 3 Marco ha passato tutta la vacanza sulla spiaggia. 4 I miei amici inglesi andavano ogni domenica al pub. 5 Giuliano passava/stava tutti i pomeriggi al circolo di tennis. 6 I miei colleghi hanno passato tutta la serata al ristorante cinese. 7 Raffaella andava ogni mattina al supermercato.

3 Put the e-mails in order

3; 1; 2; 4

4 Daniela and Ivana e-mail each other

1 Daniela ha inviato il primo messaggio ad Ivana prima di pranzo. 2 Daniela deve chiamare Umberto più tardi, mentre Gianluca telefona quando ha finito di lavorare. 3 Tito la sera di solito sta al Maloney fino a quando il pub non chiude. 4 Daniela vuole sapere da Ivana se Ivana vuole andare alla festa.

5 Expressions of time I

non appena; tutte le sere; fino a quando; appena; a che ora; fino a; dalle alle; più tardi; dopo

7 Expressions of time II

1a; 2a; 3a; 4b; 5a; 6a

8 Expressions of time III

1 Mentre; 2 prima di; 3 tutti i giorni; 4 dopo che; 5 Ogni volta che; 6 Da quando; 7 Appena; 8 fino; 9 Finché non; 10 non appena

13 Find the odd one out

1 dopo; 2 in ufficio; 3 avvocato; 4 pranzo; 5 dormire
Dopo pranzo l'avvocato dorme in ufficio.

14 Match question and answer

1d; 2f; 3a; 4g; 5h; 6e; 7b; 8c

20 Arranging a meeting

Le scrivo; Vorrei; prossimo; incontrarci; Mi può; mandarmi; Aspetto

Unit 12

1 *Identikit dell'immigrato*

1 Proviene dall'Africa; 2 Ha in media 30–35; 3 È di sesso maschile; 4 Possiede un titolo di studio medio alto; 5 Abbandona il suo paese per migliorare la propria vita; 6 Vive in affitto con la famiglia; 7 Possiede un telefono cellulare.

---

3 Un sondaggio

Per quale motivo è arrivato in Italia:

Il desiderio di una vita migliore	33,9%
Studio	5,5%
La fuga dalla povertà	11,2%
La fuga dalla guerra	10,5%
Problemi amorosi o familiari	5,3%
Ricongiungimento familiare	3,8%

Dove vive abitualmente:

In affitto con la famiglia	44,7%
In affitto con altre famiglie	15,8%
In una casa di proprietà	10,4%
Ospite di parenti o amici	9,0%
In un centro umanitario	7,1%
Nel posto di lavoro	4,8%
Senza fissa dimora	3,6%

Qual è il titolo di studio:

Diploma media superiore	40,3%
Laurea o più di una	24,3%
Specializzazione post-laurea	9,3%
Diploma scuola elementare	6,0%
Analfabeta	1,9%

Professione nel paese di origine:

Disoccupato	6,8%
Impiegato con contratto fisso	9,9%
Operaio con contratto a termine	9,9%
Libero professionista	4,5%
Studente	30,7%

---

4 *Vero o falso?*

1 V 2 F L'apparecchio più diffuso tra gli immigrati è *il telefono cellulare*. 3 F Avere un diploma di scuola media superiore è *più* comune tra gli immigrati che avere una laurea. 4 F Gli immigrati che avevano già un lavoro sono *più di* quelli che erano disoccupati. 5 F La *quinta* ragione più importante per la quale gli immigrati lasciano il proprio paese è il conflitto familiare.

---

5 Carlton Myers

1 La pallacanestro/Il basket. 2 Per i Giochi olimpici. 3 È nato nei Caraibi da una madre riminese e da un padre inglese. 4 Dice che l'Italia non è ancora un paese multietnico nel senso pieno della parola: molti, moltissimi sono tolleranti, ma non tutti.

---

7 Comparatives

buono/migliore; cattivo/peggiore; grande/maggiore; piccolo/minore

---

8 Put in the correct order

1 Questo spettacolo teatrale è il più entusiasmante tra quelli che ho visto. 2 Gli studenti di architettura sono molti di più adesso che negli anni sessanta. 3 Lavorare in uffici pubblici è meno comune tra gli immigrati che

lavorare in fabbrica. 4 La Lombardia è la prima regione più popolata dagli stranieri. 5 L'affermazione dei diritti degli extracomunitari avviene tanto nelle regioni più ricche quanto in quelle più povere. 6 Devi andare il più lentamente possibile, altrimenti rischi di bucare la ruota della macchina.

9 *Di* or *che*?

1 del; 2 che; 3 che; 4 di; 5 che; 6 di

10 Superlatives

1 Il posto più bello che ho visitato è la Patagonia. 2 Il liquore più forte che ho bevuto è la grappa. 3 La lingua più interessante che ho imparato è il cinese. 4 La pasta più appetitosa che ho mangiato è la carbonara. 5 Il film più pauroso che ho visto è *L'Esorcista*. 6 Il libro più affascinante che ho letto è *Gli Italiani*

11 Absolute superlatives

2 buonissima; 3 gustosissimo; 4 divertentissimi; 5 cattivissima; 6 simpaticissima; 7 intelligentissima; 8 stanchissima

12 Making comparisons

1 di quella del tuo; 2 di quelle; 3 di me; 4 il più rapidamente possibile; 5 che severo; 6 che prima; 7 tanto pazienti quanto comprensivi

13 Complete the sentences

1 . . . che comprare una casa. 2 . . . minore di quelli con una casa. 3 . . . che lasciare il proprio paese per migliorare la vita. 4 . . . che hanno il computer. 5 . . . di quelli che hanno un diploma di scuola superiore. 6 . . . dei disoccupati.

20 Fill in the gaps

1 dare una mano; 2 ha smesso di; 3 si trasferiscono/si trasferiranno; 4 dividevamo; 5 è fallita; 6 raggiungiamo; 7 si è integrato; 8 affittare; 9 si è stabilito; 10 hai messo da parte

21 Match the definitions

1c; 2f; 3b; 4i; 5g; 6h; 7e; 8d; 9a

22 Synonyms

2 i pericoli di guerre civili; 3 la libertà di fare carriera; 4 i contatti familiari; 5 le sovvenzioni dallo stato; 6 l'assistenza sociale; 7 l'opportunità di lavoro; 8 libertà di movimento; 9 intolleranza religiosa; 10 attenzione alla famiglia

24 Match the headlines

1c; 2f; 3b; 4d; 5a; 6e

Unit 13

1 *Tipi di casa*

a villa; b palazzone; c residence; d villetta

2 *La casa italiana*

Le stanze essenziali
1 il bagno; 2 le camere da letto; 3 la cucina; 4 il soggiorno; 5 la sala da pranzo; 6 il salotto (optional)

Le cose supplementari
1 il giardino; 2 il garage; 3 il caminetto; 4 la cantina; 5 la terrazza (il terrazzo); 6 il patio 7 la veranda chiusa (con vetrata); 8 lo studio; 9 il pergolato

3 *Appartamenti in affitto a Roma*

1 l'ubicazione; 2 la permanenza; 3 un omaggio; 4 presso; 5 svariate; 6 conveniente; 7 esigenze; 8 comfort; 9 luminoso; 10 proporre; 11 prestigioso; 12 ulteriori (informazioni)

4 House terminology

2 la lavanderia; 3 la cucina; 4 la camera da letto; 5 la veranda; 6 il barbecue; 7 l'entrata, l'ingresso; 8 il ripostiglio

7 Turn adspeak into normal text

1 Vendo un'abitazione di mq 92 con garage di mq 18, lavanderia di mq 50 con ampio terreno da adibire ad orto o eventuale ampliamento dello stabile, situata a Mezzogoro (FE) Via Indipendenza al prezzo di €75.000 trattabili. Disponibile a qualsiasi dimostrazione, previo appuntamento allo 0533–95464 o telefono cellulare 338–3507597.

2 Gallarate in un palazzo signorile di medie dimensioni con giardino condominiale affittiamo al piano alto un appartamento con salone, cucina abitabile, tre camere, doppi servizi, ripostiglio, loggia, balcone, cantina e box.

3 Affitto un appartamento a Napoli per studenti o studentesse perfettamente arredato. Rupa1@supereva.it Telefono: 09826056.

4 Tartini Via, una persona privata affitta a fine maggio un ottimo monolocale, con cucinotto abitabile, anticamera, bagno, riscaldamento, ben arredato, a singola persona referenziata (con buone riferenze), con lavoro sicuro, nessun'agenzia.

5 Si affitta per giugno, luglio e settembre appartamento situato a Montesilvano (Pescara) a 40m dal mare, composto da soggiorno, cucina, camera, cameretta, bagno, con cinque posti letto. Tel. 03292.180139.

13 Periods and centuries

1458	Il Quattrocento (il quindicesimo secolo)
1568	Il Cinquecento (il sedicesimo secolo)
1645	il Seicento (il diciassettesimo secolo)
1775	Il Settecento (il diciottesimo secolo)
1945	Il Novecento (il ventunesimo secolo)

14 Towns and regions

a Grosseto	nell'Alto Adige
in Campania	in Lombardia
nel Lazio	nel Veneto
a Venezia	a Siena
a Castellamare del Golfo	in Sicilia

15 Singular or plural?

1 Si affittano due appartamenti attigui. Ideale per gruppi di amici. 2 Affittasi monolocale a Via Bari, libero 20/9/2004 3 Villetta a schiera vendesi a Bergamo, periferia. 4 Affittansi appartamenti in vecchio casolare toscano. 5 Si vende bellissima villetta isola di Elba, stupenda vista sul mare.

16 Infinitive to *si passivante*

Si fanno cuocere le penne in acqua bollente e salata. Nel frattempo, *si prende* la ricotta, *vi si aggiunge* qualche cucchiaio di acqua bollente della pasta e *(la) si lavora* bene con un cucchiaio di legno fino ad ottenere una densa crema. *Si scolano* le penne al dente, *si rimettono* in pentola assieme alla crema di ricotta e cuocere per tre o quattro minuti a fuoco lento mescolando in continuazione e aggiungendo il prosciutto e una spolverata di pepe.

Unit 14

1 *Sono un italiano vero*

1 L'assicurazione della automobile è del Presidente del Consiglio. 2 Lavora in un'azienda dove l'azionista principale è il Presidente del Consiglio. 3 Fa la spesa in un supermercato del Presidente del Consiglio. 4 Guarda la TV del Presidente del Consiglio. 5 Gli spot pubblicitari sono realizzati dall'agenzia del Presidente del Consiglio. 6 Il suo Internet provider è il Presidente del Consiglio. 7 Fa il tifo per la squadra del Presidente del Consiglio. 8 La catena del cinema è del Presidente del Consiglio. 9 La casa editrice che pubblica i suoi libri è del Presidente del Consiglio. 10 I suoi risparmi sono investiti nella banca del Presidente del Consiglio.

2 What would you do?

1 Io andrei a parlare con la maestra. 2 Io mi metterei a dieta/Io comprerei una taglia più grande. 3 Io andrei dal dentista./Io telefonerei al dentista. 4 Io cercherei un albergo economico./Io cercherei un lavoro per guadagnare soldi. 5 Io berrei solo analcolici. 6 Io farei una frittata di patate. 7 Io pulirei la casa al più presto. 8 Io li terrei tutti per me. 9 Io leggerei una guida./Io cercherei informazioni in Internet.

3 Infinitive, gerund or participle?

1 La domenica rimango a casa *leggendo/a leggere* un libro. (Both OK) 2 *Fumare* fa male alla gola. 3 Preferisco *mangiare* cioccolatini. 4 Mi sono fermata a *comprare* il giornale. 5 Ho smesso di *comprare* il giornale, costa troppo. 6 È uscita dalla stanza *piangendo*. 7 Era *seduta* davanti alla finestra. 8 Stavo *scrivendo* una lettera al mio amico.

4 Gerund

Il Chocoholic

Il chocoholism, l'alcolismo da cioccolato, è uno dei pochi campi in cui gli uomini restano più avanzati e sofisticati delle donne. Il chocoholic maschio si fa di fondente, *scegliendo* marche raffinate, *sperimentando* molto. Guarda male anche la chocoholic femmina perché preferisce il cioccolato al latte.

La media cioccolatista italiana non solo non ama troppo il fondente, è anche una consumatrice compulsiva e seriale di cioccolata a grande diffusione. A seconda dell'età, ha cominciato con "cioccolatino per bambini" con riso soffiato, o "più latte meno cacao" e non ha mai cambiato gusto. Tuttora, nei momenti piu difficili, ne tiene in borsa, ne mangia al lavoro, ne usa come aperitivo che l'aiuti ad affrontare deprimenti serate davanti alla tv.

Ma anche le donne chocoholic sono divisibili in due sottotipi: la Segretista e la Liberata. La Segretista, spesso con tendenze bulimiche, mangia la sua cioccolata di nascosto. Nei casi blandi aspetta di tornare a casa e si abbuffa, stesa davanti al televisore. Nei casi disperati esce dall'ufficio, compra barrette al bar, *divorandole* fra vicoli e cortili; oppure tiene "Baci Perugina" in macchina, *mangiandoli* ai semafori, *rischiando* un incidente per leggere la frase d'amore sul bigliettino. Perché la chocoholic è una ragazza sentimentale.

La Liberata, invece, è convinta di aver risolto le sue tendenze bulimiche. Ha letto tutte le notizie sugli effetti antidepressivi del cioccolato. Perciò gira sempre carica di tavolette barrette e cioccolatini, *tirandoli* fuori in ogni momento, *offrendoli* per condividere la sua colpa, *facendosi* odiare da tutti i chocoholic semidisintossicati, *inducendoli* continuamente in tentazione. Al bar, da ottobre ad aprile, tenta di ordinare cioccolata calda con panna.

I chocoholic etero dei due sessi non si mettono quasi mai insieme. Hanno troppo poco in comune. Anche d'estate. Gli uomini vanno a cercare, in gelaterie piccole e lontanissime *facendo* mezz'ora di fila, gusti cioccolato amaro rarissimi. Le donne, se Segretiste, tengono bidoncini formato famiglia in freezer, *mangiandone* uno intero ogni volta; se Liberate, vanno al bar dieci volte al giorno *comprando* qualunque cosa, cornetti, biscotti ripieni, e *divorandoli* al grido di "tanto è quasi tutta aria".

Adapted from *Qui Italia*, www.wuitalia.it, 4 April 1999

---

5 *Passato remoto* ▶ *passato prossimo*

Si è recato al Café Orchidea, che era lì a due passi, dopo la macelleria ebraica, e *si è seduto* a un tavolino, ma dentro il locale, perché almeno c'erano i ventilatori, visto che fuori non si poteva stare dalla calura. *Ha ordinato* una limonata, *è andato* alla toilette, *si è sciacquato* mani e viso, *si è fatto* portare un sigaro, *ha ordinato* il giornale del pomeriggio e Manuel, il cameriere, gli *ha portato* proprio il 'Lisboa'.

Adapted from Antonio Tabucchi, *Sostiene Pereira* (Feltrinelli 1994)

---

6 *Neonato accoltellato*

Mantova: nessuno tra i familiari *sapeva* della gravidanza.
Partorisce una bimba e la uccide a pugnalate.
La ragazza, aiutata dalla madre, *ha tentato* di nascondere il corpicino.

Anna Talò

È morta così, ieri mattina, senza un nome, senza nemmeno *avere aperto* gli occhi. Appena partorita, la mamma, o forse la nonna *l'hanno uccisa* e *hanno* anche *tentato* di nascondere il cadavere. Ma poi un'emorragia *ha costretto* Rosa Abruzzese, 28 anni, originaria di Torre del Greco, ma al Nord da quindici anni, ad andare in ospedale a Suzzara, in provincia di Mantova: i medici *hanno* subito *capito* che *aveva avuto* un bambino. Insospettiti, allora, *hanno allertato* i carabinieri di Gonzaga, dove vive la donna. I carabinieri *sono andati* a casa a controllare e *hanno trovato* il cadavere nascosto sotto un cumulo di panni. Tre chili di bambina, nata all'ottavo mese di gravidanza, colpita 15 volte con un coltello.

Che cosa *è successo*? Nessuna delle due, fino ad ora, *ha voluto* parlare. Rosa apparentemente *aveva accettato* la gravidanza, pur nascondendola ai parenti: *andava* ai controlli, *faceva* le ecografie, *aveva prenotato* il parto in un ospedale delle vicinanze. Ma ieri quelle quindici coltellate su una bambina di tre chili. Forse il compagno di Rosa *l'aveva abbandonata*. Forse *si è vista* persa, questa donna, che da 15 anni *viveva* senza una sicurezza. Nessun appoggio familiare, dato che la madre *si divideva* fra due matrimoni, fra Gonzaga e Torre del Greco. Nessun appoggio economico, perché Rosa *cambiava* spesso lavoro, *passava* dalle pulizie, alle catene di montaggio delle aziendine. Non *riusciva*, però, a mantenere un impiego per tanto tempo. Non si sa perché. L'ultima volta che *aveva chiesto* aiuto, *si era rivolta* ai carabinieri del paese, che *si erano attivati* per trovarle un'occupazione. Nessun aiuto neanche dai vicini. Non la conoscono, non *si erano accorti* che *era* incinta. Ora si attende l'autopsia per chiarire quei pochi istanti di vita della neonata.

Adapted from *La Republica*, www.repubblica.it, 4 November 1999

---

7 *Quali sono le differenze culturali?*

Free activity – suggested answers only.

1 No, gli italiani si mettono le ciabatte in casa. 2 Gli italiani sono più amanti dei bambini. 3 Ora anche nel nostro paese i ragazzi rimangono a casa anche dopo l'università. 4 Da noi si cucina con burro e qualche volta con olio, ma l'olio d'oliva è costoso. 5 Da noi si mangiano molte patate e poca pasta. 6 Nelle nostre case, in genere non c'è il bidet. 7 Da noi il telefonino si usa di meno. I giovani usano molto il telefonino. 8 Da noi è meno importante. La gente compra i piatti già preparati.

---

8 Pictures of Italy

Free activity, the objects featured are:

1 La Vespa; 2 Il bidet; 3 L'edicola; 4 La terrazza; 5 La scarpiera; 6 Sali e Tabacchi (sign outside shops selling salt and tobacco products); 7 La 'Topolino', una delle prime automobili FIAT

---

9 *Riti e cerimonie*

La settimana scorsa *sono andata* al matrimonio dei miei amici Rebecca e Luca. Rebecca ed io *siamo state* studenti insieme all'università dove *abbiamo seguito* un corso di lingue e commercio. Come parte del corso, *dovevamo* fare uno stage di lavoro in Italia, e noi l'*abbiamo fatto* a Genova. *Uscivamo* spesso insieme. Una sera *siamo andati* a mangiare la pizza e Rebecca *ha conosciuto* Luca. Lui *era venuto* a Genova a fare il servizio militare e quella sera *aveva deciso* di uscire con gli amici a mangiare. Si *sono innamorati* subito e dopo due anni si *sono fidanzati*. La settimana scorsa si *sono sposati*!

Al matrimonio *erano venuti* molti amici dall'Inghilterra e da molti altri paesi del mondo. Rebecca e Luca *avevano mandato* le partecipazioni alcuni mesi prima ma non tutte le partecipazioni *erano arrivate*! Le poste . . . Rebecca *aveva organizzato* tutto, e *aveva tradotto* anche il testo della cerimonia. *Avevano scelto* insieme il menù per la cena che *si è svolta* in un bellissimo albergo a Pegli, che *si affacciava* sul mare. Gli ospiti *erano arrivati* la sera prima ed *erano andati* a mangiare tutti insieme. Anche quelli che non si *conoscevano* prima *avevano fatto* subito amicizia e ci *siamo divertiti* tutti. Dopo cena, *abbiamo ballato*. Alcuni ospiti *hanno deciso* anche di fare un bagno in piscina!

Unit 15

5 *I nuovi corsi di laurea IV*

1b; 2a; 3a; 4a

---

6 *I nuovi corsi di laurea V*

1 I dottori; 2 La riforma universitaria; 3 i dottorati; 4 tre + due; 5 L'autonomia

---

10 Matching definitions

1 Autonomia; 2 Classi di laurea; 3 Credito formativo; 4 Laurea triennale; 5 Laurea specialistica; 6 Preiscrizione; 7 Stages; 8 Verifica

---

11 Word pairs

allievo/studente; insegnante/docente; offerta/proposta; apprendere/imparare; sbocco/possibilità futura; ricercatore/studioso

12 Verb pairs

iscriversi all'università; insegnare una materia; frequentare un corso di laurea; passare l'esame di abilitazione; andare fuori corso; essere bocciati ad un esame

13 Using new words

1 Ho appena iniziato a frequentare il corso di laurea in architettura e mi piace moltissimo. 2 Quali sono gli sbocchi professionali per il corso di laurea in scienza dell'alimentazione? 3 L'anno scorso per la prima volta sono stata bocciata ad un esame. È stata l'esperienza peggiore della mia vita! 4 Ho appena ricevuto una offerta di lavoro straordinaria. Non ci posso davvero credere! È fantastico! Se accetto, posso iniziare subito e devo partire per l'Australia per due mesi! 5 Era la prima volta che insegnavo quella materia e non è stato facile per niente. 6 Pensavo di non avere appreso niente da quel corso, invece ora mi ricordo tantissime cose. 7 Il mio insegnante di geologia mi ha detto di non preoccuparmi, perché l'esame è andato davvero bene. 8 Per gli ingegneri la vita non è proprio facile, visto che dopo un corso di laurea complesso devono anche passare l'esame di abilitazione per diventare membri dell'Albo degli Ingegneri. 9 Mario deve ancora iscriversi all'università e siamo già a settembre. Speriamo bene. 10 Se penso a tutti i miei anni di insegnamento, Alessandro è stato sicuramente il mio allievo preferito. 11 Non sono sicura se voglio davvero continuare a studiare il prossimo anno, perché ho passato ormai troppi anni all'università e se vado ancora un anno fuori corso, devo pagare delle tasse altissime. 12 Paolo è stato sicuramente efficiente nella sua carriera universitaria. Non solo è stato un bravissimo insegnante, ma anche un ottimo ricercatore.

14 *Riordiniamo l'università*

Persone	Struttura universitaria	
laureando	numero chiuso	sbocco professionale
ricercatore	corso biennale	campus
laureato	iscrizione	centro linguistico
professore	corso triennale	dipartimento
matricola	diploma universitario	facoltà
preside	ateneo	sede universitaria
assistente	frequenza obbligatoria	insegnamento

18 Match the figures

1 20%; 2 un terzo; 3 38; 4 3%; 5 1 per 38; 6 6.800

22 Causes and reasons

1a; 2b; 3a; 4a; 5b; 6a

23 *Dovere*

1 dovuti al; 2 è dovuta alla; 3 è dovuta alla; 4 Si deve a lei; 5 dovute agli

25 Gerund or participle?

1 Laureatosi; 2 Lasciata/Lasciando; 3 Avendo chiesto; 4 Saputa; 5 Diplomandosi/Diplomatosi

30 Unscramble the letters

1 Gentile signora Solvini, Le scrivo a proposito dell'appartamento in Corso Garibaldi che volevo affittare per il prossimo anno accademico. Ho visitato l'appartamento con l'agente della Sua agenzia, il signor Verdi, la

settimana scorsa. L'appartamento mi sembra in buone condizioni e le informazioni che il signor Verdi ci ha dato sono molto importanti. Essendo la ragazza con la quale dovrò dividere l'appartamento spagnola e non potendo lei visitarlo, volevo assicurarmi di una serie di cose. Innanzi tutto vorrei sapere se il prezzo dell'affitto è confermato per €750 mensili, da dare a voi direttamente il primo di ogni mese. Come seconda cosa, vorrei sapere se sarebbe possibile installare un'altra linea telefonica, visto che la mia amica chiamerà molto spesso la Spagna ed userà spesso Internet. Inoltre mi interessava sapere se eventuali problemi dovuti all'uso del garage come studio di registrazione sono da riportare a voi o direttamente al padrone di casa. Le sarei grato, infine, se potesse mandarmi alcune foto dell'appartamento che vorrei far vedere alla mia amica. La ringrazio cordialmente e rimango in attesa di una sua risposta. Giorgio Danesi

2 Cara Carmen, scusa se sono sempre in ritardo con le mie lettere. Questa volta però ho una scusa buona: ho dovuto aspettare la risposta dell'agenzia immobiliare per darti le ultime notizie. Ho ricevuto una lettera dalla signora Solvini, che mi ha fatto sapere tutte le informazioni necessarie sul nostro appartamentino. Come puoi immaginare, sono molto entusiasta!! La prima notizia è buona: l'affitto è sceso a €700 perché i proprietari erano d'accordo sul problema dell'acqua calda. Purtroppo la cattiva notizia è che dovremo litigarci il telefono: la signora ha rifiutato la possibilità di installare un'altra linea visto che il nostro contratto dura solo nove mesi. La tua preoccupazione riguardo il garage e il gruppo rock che lo affitta per le registrazioni dovrebbe essere risolto, considerato che non è nostra responsabilità. Ti allego alcune foto che mi hanno dato dall'agenzia. Tu, mi raccomando, fammi sapere esattamente quando arrivi in Italia e da quando hai intenzione di trasferirti nell'appartamento. Ti mando un bacio e aspetto tue notizie! Giorgio

Unit 16

4 Find the verb

1 dovere; 2 permettere; 3 andare; 4 avere; 5 riuscire; 6 fare

5 Answer the questions

1 Entrambi credono che il videotelefono debba essere messo all'ultimo posto e il computer al primo. 2 Perché lei ritiene che sia Internet la rivoluzione del secolo. 3 Letizia è d'accordo con Carola perché pensa che Internet abbia rivoluzionato il sistema di comunicazione mondiale. 4 Marco pensa che senza Internet la gente non riesca a vivere.

9 *Ho scritto t'@mo sul display I*

1 schermo; 2 posta elettronica; 3 telefono cellulare; 4 chiocciola; 5 rete

10 *Ho scritto t'@mo sul display II*

I vantaggi della posta elettronica. Innamorarsi via Internet. Gli americani hanno creato la moda della comunicazione elettronica. A scuola nascono nuovi criteri di condotta.

11 *Vero o falso?*

1V; 2V; 3F; 4F; 5V; 6F; 7V; 8V

13 Who said it?

1 William Harley; 2 Monica Fraticelli; 3 Paula; 4 Roberta Carta

---

17 *Cliccami stupido!*

1 pure; 2 Al riguardo; 3 nel giro di; 4 ovunque; 5 almeno; 6 persino; 7 basta pensare

---

18 *Il linguaggio elettronico*

1e; 2b; 3h; 4d; 5a; 6f; 7c; 8i; 9g

Unit 17

---

2 *Gli stereotipi*

1 La parola italiana più conosciuta è "pizza" (67%), seguita da "mafia" (41%) e da "spaghetti" (26%). 2 L'82,5% pensa che l'Italia sia un grande museo, un deposito di un patrimonio artistico, culturale e storico. 3 Nessuno pensa che l'Italia sia uno stato dalle istituzioni salde ed efficienti. 4 250 mila stranieri frequentano la Società Dante Alighieri / sono iscritti alla Società Dante Alighieri. 5 Le città italiane più note sono Roma, Firenze e Venezia. 6 Gli italiani più famosi sono Sophia Loren, Marcello Mastroianni, Papa Giovanni XXIII. 7 Ogni anno un milione di persone si iscrive a corsi d'italiano. 8 Il rapporto è stato presentato da Furio Colombo e Tullio de Mauro. 9 Furio Colombo ha proposto un doppio canale di intervento: uno di cultura e uno di lingua. 10 Alcuni imparano la lingua per motivi pratici (commercio e turismo), altri per interesse artistico-culturale.

---

4 *Un Posto al Sole II*

1 RAI3. 2 Posillipo. 3 Six: the group who live in the Terrazza flat (Giò, Franco, Assunta, Guido), the Poggi family, Palladini brothers, Ornella Bruni and daughter, Riccardo Ferri and lastly Silvia and Michele. 4 In the 'Bar Vulcano'. 5 The usual joys and sorrows: conflicts between generations, unemployment, bad company, ghosts from the past, little secrets and compromises.

---

6 *I Soprano*

1 Yes. It had viewing figures of 3.5 million in the first season and 6.5 million in the second. 2 Over a million watched the pilot episode. 3 It presents a stereotype of Italian Americans. 4 They get a guided tour in the location in New Jersey where it is filmed and some Sicilian *cannoli* (cakes). 5 The series is centred on the boss's confessions to his analyst. 6 They are concerned that the series presents the same stereotypes always given by film and TV and will damage the reputation of Italian-Americans. 7 The image of Italians propagated by films and TV programmes is one of rough pizza cooks, who stammer English and are involved in organised crime. 8 Her view is that if the same ethnic stereotypes were applied to Afro-Americans or Hispanics, there would have been protests in the street.

---

9 Concession

1 *Anche se* ho sempre cercato di sviluppare uno spirito europeo, non voglio rinunciare alle mie origini. 2 *Benché (sebbene)* si pensi all'Italia come a una sola nazione, in realtà è composta di venti regioni molto diverse fra di loro. 3 *Anche se* i turisti vogliono mangiare solo pizza e spaghetti, la cucina regionale in Italia è molto varia. 4 *Benché (sebbene)* l'arrivo della televisione abbia incoraggiato la diffusione della lingua standard, le lingue regionali e i dialetti sono ancora molto presenti. 5 *Anche se* "pizza", "mafia" e "spaghetti" sono le parole più conosciute, l'italiano ha dato il maggiore numero di vocaboli in prestito all'angloamericano. 6 *Benché (sebbene)* la pizza sia nata a Napoli, oggi viene mangiata in tutto il mondo. 7 *Anche se* lo stereotipo della dieta italiana è tutta spaghetti e pomodoro, in realtà al nord si mangia più riso. 8 *Nonostante* gli studenti lavorino durante le vacanze, finiscono l'università pieni di debiti.

10 Reservation and exception

1 Partirò domani *a meno che non* ci sia qualche problema. 2 Accompagno mia figlia a scuola *tranne che* quando sono impegnata. 3 Volevamo andare in vacanza insieme *se non che* la mia amica non aveva i soldi. 4 Andiamo con la macchina *a meno che* non preferiate andare a piedi? 5 Prendo il pullman delle 10.30 *a meno che* l'aereo non faccia ritardi. 6 La lettera arriverà domani *a meno che* non ci sia sciopero delle poste. 7 I miei figli sono sempre fuori *tranne* all'ora di cena. 8 Farò gli esami il mese prossimo *salvo che* i professori si presentino.

11 Condition

1 Ti presto la mia macchina fotografica digitale *purché* tu non la rompa. 2 Vengo con voi *se* non fate tardi. Vorrei tornare a casa presto. 3 Potete uscire *a condizione che* torniate a casa prima di mezzanotte. 4 Vengo a cena *a patto che* tu mi faccia portare qualcosa. 5 Andiamo in vacanza *purché* riusciamo a mettere da parte un po' di soldi. 6 Mio marito viene al cinema *a condizione che* il film piaccia a lui. 7 Affittiamo la stanza *a condizione che* troviamo una persona simpatica. 8 Compriamo una casa in Toscana *purché* non sia troppo cara.

Unit 18

4 Fill in the missing information

L'ultimo bacio

Regista: Gabriele Muccino
Interpreti principali: Giovanna Mezzogiorno, Stefano Accorsi, Stefania Sandrelli
Genere: commedia

La stanza del figlio

Regista: Nanni Moretti
Interpreti principali: Nanni Moretti, Laura Morante
Genere: drammatico
Premi: Palma d'Oro al Festival di Cannes nel 2001

8 Positive and negative

Positive	Negative
stupendo	prevedibile
fantastico	banale
interessante	deludente
commovente	noioso

19 Question and answer

1 Qual è stato l'incasso per il film "L'ultimo bacio"? 2 Quante sono le copie del film in giro? 3 Fino a quando era imprevidibile questo confronto? 4 In che senso non potrebbero essere più diversi i due registi? 5 Chi ha detto che vuole difendere Muccino?

22 Find the opposites

1 prevedibile/sorprendente; 2 colpire/lasciare indifferente; 3 celebre/sconosciuto; 4 sensibile/insensibile; 5 simile/diverso; 6 insultare/elogiare; 7 monologo/dialogo; 8 gioia/dolore; 9 paternità/maternità; 10 gradevole/sgradevole

23 Expressions of emotion I

deluso	deludere	delusione
divertito	divertirsi	divertimento
arrabbiato	arrabbiarsi	rabbia
dispiaciuto	dispiacere	dispiacere
annoiato	annoiarsi	noia
sorpreso	sorprendere	sorpresa
appassionato	appassionare	passione

24 Expressions of emotion II

2 Non importa!; 3 Che delusione!; 4 Che disastro!; 5 Meno male!; 6 Che nervi!; 7 Pazienza!; 8 Grazie al cielo!

25 Sort the words out

Persone	Aggettivi per descrivere un film	Verbi	Parole cinematografiche
regista	vivace	girare un film	programmazione
opinionista	sgradevole	montare la pellicola	primo spettacolo
spettatore	sorprendente	stroncare	esordio
sceneggiatore	imprevedibile	apprezzare	recensione
protagonista	appassionante	improvvisare	dialogo
interprete	inquietante	ispirarsi	rassegna estiva
critico	sbiadito	raccontare	

26 Using the subjunctive

1 Siamo tutti felici che la signora Forsati si sia sposata. 2 Sono soddisfatto che l'ingegner Santoro abbia finito il lavoro nei tempi stabiliti. 3 Siamo contenti che i registi abbiano potuto girare quella scena con tutti gli attori giusti. 4 Sono contento che lo studente possa trasferirsi a studiare in America. 5 Sono tutti felici che il Milan abbia vinto la partita. 6 Giorgio è davvero felice che lo sceneggiatore riscriva quel dialogo per il film. 7. Gli attori sono soddisfatti che gli spettatori abbiano visto il film. 8. Mi dispiace che Lei non sia venuta alla mia festa.

27 Correct the errors

1 Mi ha fatto piacere sentire le tue notizie. 2 I giovani di oggi non sono interessati agli avvenimenti internazionali. Preferiscono le notizie del proprio paese. 3 Meno male che tu ti sei alzato presto. 4 Ci fa piacere che gli studenti siano stati tutti promossi. 5 Peccato che voi dovete rimanere all'estero per molto tempo. 6 Questo sceneggiato farà molto piacere a Marcella. È molto appassionata a questo tipo di spettacoli. 7 Siamo davvero insoddisfatti della rappresentazione teatrale. È stata noiosissima. 8 Per fortuna che il litigio è finito subito senza problemi.

28 Fill in the gaps

1 Signor Gennari, Le interessa il suo lavoro? 2 Bisogna davvero essere entusiasti per lavorare così sodo per sotto mesi! 3 Gli inglesi sono sempre entusiasti dell'opera italiana! 4 I film di Muccino sono interessanti, ma io preferisco Moretti. 5 Dopo tre settimane che lavoravo per il Festival di Teatro di Todi, mi sono davvero entusiasmata del mio ruolo nell'organizzazione. 6 Sei interessato alla situazione politica del Medio Oriente, Maurizio? 7 Carola non si è mai interessata del rendimento scolastico di suo figlio. 8 Gli spettatori italiani di oggi sono appassionati di storie romantiche.

Unit 19

1 Unscramble the slogans

1b Confort Morbido per la tua maglia di lana; 2d Ragu Borroni per una cena tradizionale; 3a La Nuova Punto per i viaggi importanti; 4c Aspirina Viamal per il mal di testa; 5e Le Dolomiti per le tue vacanze.

2 *Da* or *per*?

2 una macchinetta *da* caffè; 3 una scatola *per i* giocattoli; 4 un barattolo *per la* marmellata; 5 una camera *da* letto; 6 un costume *da* bagno; 7 le scarpe *da* montagna; 8 le scarpe *per* camminare; 9 gli occhiali *da* sole; 10 un ombrello *per la* pioggia; 11 un tappeto *per il* salotto; 12 una pentola *per gli* spaghetti; 13 un'asciugamano *da* spiaggia; 14 una bicicletta *da* corsa; 15 una crema *per il* viso

3 Expressing purpose

1 Mangio solo pane per risparmiare. 2 Leggo *Oggi* per rilassarmi. 3 Volo con "Easyfly" per spendere di meno. 4 Frequento il Tennis Club per giocare a tennis. 5 Ho preso la Carta Blu per pagare piu facilmente. 6 Ho comprato dei funghi per fare un bel risotto. 7 Ho studiato i verbi irregolari per poter passare l'esame. 8 Ho installato la tv a satellite per vedere la televisione italiana. 9 Ho fatto la dieta per dimagrire. 10 Ho comprato dei libri per studiare.

4 *Per ▶ perché*?

2 Compro caffè Lavazza perché i miei amici bevano un caffè migliore. 3 Scelgo una macchina tedesca perché i miei passeggeri viaggino più sicuro. 4 Scelgo le Dolomiti perché tutta la famiglia si rilassi quest'estate. 5 Mando i miei studenti alla scuola di lingua Cursus perché imparino di più. 6 Compro ragù Borroni perché i miei ospiti mangino meglio. 7 Uso la crema Ogay perché la mia pelle sia più morbida. 8 Indosso i jeans Guest perché le mie amiche siano invidiose di me. 9 Dico agli amici di comprare i CD al Mondo della Musica perché paghino di meno. 10 Metto il *Sole 24 Ore* in biblioteca perché gli studenti siano più informati.

5 Change present > past

2 Ho sempre comprato caffè Lavazza perché i miei amici bevessero un caffè migliore. 3 Ho scelto una macchina tedesca perché i miei passeggeri viaggiassero più sicuri. 4 Ho scelto le Dolomiti perché tutta la famiglia si rilassasse quest'estate. 5 Ho mandato i miei studenti alla scuola di lingua Cursus perché imparassero di più. 6 Compravo ragù Borroni perché i miei ospiti mangiassero meglio. 7 Usavo la crema Ogay perché la mia pelle fosse più morbida. 8 Indossavo i jeans Guest perché le mie amiche fossero invidiose di me. 9 Ho detto agli amici di comprare i CD al Mondo della Musica perché pagassero di meno. 10 Ho messo il *Sole 24 Ore* in biblioteca perché gli studenti fossero più informati.

7 *Centro Commerciale Gabbiano, Savona*

1 Brico Io – everything for DIY. 2 FLUNCH sells pizza by the slice and to take away. 3 Happy Clic will develop your photos in 21 minutes. 4 Kasanova sells things for the house and has a wedding list service. 5 Stereo+ sells white goods. 6 There's a post office in the Centro.

8 *Centro Commerciale Curno I*

Car park: 2500 spaces; free; four pedestrian entrances from car park; easy to get to – you can print the map out. Trolleys: the trolleys are stored under cover!
Other: kiddy car-trolleys available; services

9 Centro Commerciale Curno II

Il Centro Commerciale Curno è un mondo a tua misura. Comodo e sicuro, creato *pensando* a tutte le tue esigenze, e a quelle della tua famiglia. Ma anche interessante e divertente, con tante idee, eventi e feste che *arricchiscono* ogni tua visita di emozioni, curiosità, scoperte. 33.500 metri quadrati tutti *dedicati* al tuo shopping con 62 negozi. Una grande galleria di circa 9.000 metri quadrati da vivere: *per* incontrarsi, darsi appuntamento, passeggiare, rilassarsi, chiacchierare, sempre a una temperatura ideale in ogni stagione, con tanti posti *a* sedere.

11 I'll buy it for you

1 Te le; 2 Te li; 3 Te lo; 4 Te li; 5 Te lo

12 I'll get him it for Christmas

1 glieli; 2 glielo; 3 glieli; 4 gliela; 5 gliene; 6 te ne; 7 me la; 8 ti ci

13 Just the ones I want!

1 chi; 2 che; 3 che; 4 che; 5 le quali/cui; 6 che/il quale; 7 quello che; 8 quelle che

Unit 20

1 Guess the film

1 *Fatal Attraction*; 2 *2001: Space Odyssey*; 3 *Sixth Sense*; 4 *Some Like it Hot*; 5 *Alice in Wonderland*; 6 *Clockwork Orange*; 7 *Babe*; 8 *Who Framed Roger Rabbit?*; 9 *Being John Malkovitch*; 10 *The Hunchback of Notre Dame*; 11 *Star Wars I*; 12 *When Harry Met Sally*; 13 *The Empire Strikes Back*; 14 *Indiana Jones and the Last Crusade*; 15 *Annie Hall*; 16 *An American Werewolf in Paris*; 17 *Monty Python and the Holy Grail*; 18 *Monty Python and the Meaning of Life*; 19 *The Mummy*; 20 *The Godfather*; 21 *The English Patient*; 22 *For Whom the Bell Tolls*; 23 *Raiders of the Lost Ark*; 24 *The Lion King*; 25 *Back to the Future*; 26 *Saving Private Ryan*; 27 *Sex, Lies and Videotape*; 28 *Lord of the Rings*; 29 *Silence of the Lambs*; 30 *There's Something about Mary*; 31 *The Horse Whisperer*; 32 *Good Will Hunting*; 33 *ER*

2 Grande Fratello

1 The top five TV programmes	Figures	% share
Striscia la notizia (Canale 5)	10.367.000	(38,42%)
Grande Fratello (Canale 5)	6.492.000	(26,41%)
Il Commissario Rex (Rai1) 1st episode	5.640.000	(20,34%)
Film Sulle tracce dell'assassino (Rai2)	4.581.000	(17,34%)
Film "Balto" (Italia 1)	3.167.000	(11,50%)

2 Six TV channels are mentioned: RAI1, RAI2, RAI3, Canale 5, Rete 4, La7. 3 The private channels are: Canale 5, Rete 4 (Mediaset), La7. 4 Technical words relating to TV or TV viewing: Il programma, lo share, i telespettatori, gli ascolti, i canali, le reti, l'episodio.

10 Change *si* to *tu* form

Text 20.4 Callback
Un modo molto intelligente di risparmiare, in qualunque parte del globo *ti trovi*, è il cosiddetto International Callback, cioè telefonare attraverso il sistema telefonico americano, il meno costoso del mondo. *Fai* così: *chiami*

un numero gratuito e si riattacca. Dopo qualche secondo *ricevi* una telefonata, e quindi *puoi* telefonare in qualunque Paese del mondo alle tariffe eccezionalmente basse degli USA.

Text 20.5 Meglio gli auricolari oppure il telefonino?

La paura da telefonino sta purtroppo dilagando. Fino a pochi mesi fa *ti consigliavano*, per proteggerti dalle radiazioni elettromagnetiche, di effettuare conversazioni brevi al telefonino o di utilizzare un auricolare. Da qualche settimana invece sempre più spesso *senti* voci che mettono in guardia verso l'uso di auricolare.

Text 20.6 Viaggiare in GB

Per il viaggio, il modo migliore, più rapido ed economico per arrivare a Londra è di prenotare su Internet. L'Internet ha facilitato enormemente il compito di confrontare prezzi e tariffe di vari operatori, che prima richiedeva decine di telefonate. Non solo: saltando gli intermediari, *risparmi* perché non *devi* pagare anche la fetta che prima spettava alle agenzie di viaggio. Le stesse informazioni che un tempo fornivano le agenzie di viaggio *puoi trovarle* adesso direttamente su Internet.

11 Change active ▶ passive

1 *La Repubblica viene letta* da 1.200.000 italiani ogni giorno. 2 Il telegiornale delle 20.00 *viene visto* da 1.5 milioni d'italiani. 3 Un'indagine sulle abitudini degli italiani *è stata fatta* dall'ISTAT. 4 Nel 1964 la televisione *veniva guardata* da molti italiani solo al bar. 5 Nel 2050 la radio *non sarà/verrà ascoltata* più dai giovani italiani. 6 La radio *era* già *stata inventata* da Marconi nel 1950. 7 Se ci fossero più programme interessanti, l'abbonamento ai canali privati *verrebbe fatto* da più gente.

12 Change *si* construction into active verb

1 I media *parlano* molto del controllo di Berlusconi. 2 I giornali *fanno* molte polemiche sulla legalizzazione delle droga. 3 Gli studenti *guardano* la televisione italiana via satellite. Capiscono quasi tutto. 4 Quando ero giovane, non *accendevamo* mai la televisione prima di cena. Mia madre non voleva. 5 Con la diffusione dell'Internet e dei servizi online, *c'è* meno necessità di rivolgersi all'agenzia viaggi per prenotare la vacanza.

13 Headlines

1 La fabbrica è stata occupata dagli operai, ci sono 15 feriti. 2 I treni saranno fermi da domani sera. 3 Berlusconi è stato criticato da un ministro tedesco. 4 Blair sarà invitato alla Casa Bianca il mese prossimo. 5 C'è stato un incidente in autostrada. Sono morte 10 persone. 6 Sono previste lunghe code in autostrada. Da domani i TIR dovranno rimanere fermi.

Unit 21

1 *Il superquiz!*

1b; 2b; 3b; 4a; 5c; 6a; 7c; 8b

5 *Vero o falso*

1 F, non vuole cambiare lo stile di vita perché è contenta. 2 F, vuole viaggiare di più. 3 F, le basta. 4 V. 5 F, è contenta del paese dove vive. 6 V

10 Direct ▶ indirect

questo/quello; domani/il giorno dopo; oggi/quel giorno; ieri/il giorno prima; scorso/precedente; prossimo/successivo

11 Change direct to indirect speech

1a Pietro dice che quel film gli è piaciuto davvero. 1b Pietro ha detto che quel film gli era piaciuto davvero.
2a Susanna dice che l'anno prossimo lavorerà solo nel periodo estivo. 2b Susanna ha detto che l'anno successivo avrebbe lavorato solo nel periodo estivo. 3a Simona dice che la settimana scorsa è stata a letto con l'influenza ed è riuscita a finire quel libro lunghissimo. 3b Simona ha detto che la settimana precedente era stata a letto con l'influenza e che era riuscita a finire quel libro lunghissimo. 4a Sara chiede se ieri sei uscita con Patrizia. 4b Sara ha chiesto se il giorno prima eri uscita con Patrizia. 5a Paolo dice che oggi va a ritirare il suo cappotto nuovo! 5b Paolo ha detto che quel giorno andava a ritirare il suo cappotto nuovo!

12 Put the conversation in order

10; 2; 1; 11; 5; 3; 4; 8; 6; 9; 7

14 Reporting speech

1 chiesto; 2 informare; 3 sostenuto; 4 comunicato; 5 detto; 6 afferma; 7 dichiarato; 8 ordinato

15 A tourist's misadventures

Gentile Direttore,

Le scrivo perché mentre ero in vacanza in Italia mi è capitato un fatto molto strano. Mi trovavo a Venezia quando un signore per strada mi si è avvicinato e mi ha fatto molte domande. Mi ha chiesto quanto tempo io *sarei rimasto* in Italia, da dove *ero* partito e se *conoscevo* la città bene e dove *dormivo* a Venezia. Io ho risposto che *dormivo* in un appartamento di un amico, che in questo periodo è in vacanza, che *sarei rimasto* a Venezia fino *al giorno dopo* e la settimana *successiva sarei andato* a Firenze. Ho anche detto che *ero* arrivato *il giorno prima di sera* e che *ero* solo.

Quando lui ha sentito tutte le mie risposte, mi ha detto che il giorno dopo a Venezia ci *sarebbe stata* una grande festa in maschera e mi ha chiesto se io *sarei voluto* venire. Io ho detto che *sarei voluto* venire e ci siamo incontrati il giorno dopo in Piazza San Marco. Allora siamo andati alla festa ma prima lui mi ha chiesto qual *era* l'indirizzo dove io *stavo* e credo che mentre eravamo alla festa, un amico del signore ha rubato tutti i miei soldi nel mio appartamento, perché al mio ritorno non ho trovato niente e l'appartamento era stato visitato. Spero che potrete fare qualcosa per me! Grazie, John Spencer

17 Fill in the gaps

1 una notizia; 2 servizio; 3 in corso; 4 Secondo fonti attendibili; 5 Per gran parte del; 6 la proposta di legge; 7 una crisi di governo; 8 annunciato

19 La politica italiana

Partiti politici	Parlamento	Governo	Giornali nazionali
Forza Italia	Senatore	Ministro	La Repubblica
Rifondazione comunista	Deputato	Presidente del Consiglio	Il Corriere della Sera
Alleanza nazionale	Presidente della Camera	Sottosegretario	La Stampa
Democratici della sinistra	Presidente del Senato	Consiglio dei Ministri	Il Manifesto

20 More Italian politics

1 deputati; 2 Presidente della Camera; 3 Presidente del Senato; 4 senatori; 5 Presidente del Consiglio;
6 ministri; 7 sottosegretari

21 Numbers and dates

315: senatori; sette anni: durata dell'incarico del Presidente della Repubblica; 630: deputati; 1/1/1948: data in
cui è entrata in vigore la costituzione italiana; Tre; i poteri dello stato (esecutivo, legislativo, giudiziario)

Unit 22

1 Problem pages I

Passione Sua
- Il marito pesca. Meglio pescare che andare a letto con un'altra donna!
- Il pesce fa bene.

Mar Rosso
- Il Sudan è pericoloso e anche lontano.
- È più facile e meno costoso andare a Lampedusa o Ustica.

Io lo amo, lui ama solo bere
- Il problema si risolve da solo. Se non smette di bere, morirà fra pochi mesi.

Lui mi ama ma a piccole dosi
- Lei vuole passare più tempo con lui. Lui non vuole.
- Forse non è veramente divorziato – ha la moglie a casa!

2 Giving advice

1 Maria dice a Carlo di sposare Camilla. 2 Roberto dice agli amici di organizzarsi meglio. 3 La mamma dice ai
figli di mettersi la maglia. 4 Mio marito mi dice di guidare piano. 5 La mia amica mi dice di andare a trovare
Gianluca. 6 I nostri amici ci dicono di provare il nuovo ristorante cinese. 7 Mia zia mi dice di risparmiare i soldi
per l'università. 8 Il medico gli dice di mettersi a dieta.

3 Regrets

1 Potrei essere felice. 2 Ne morirebbero di dolore. 3.Penso che mi lascerebbe o me la farebbe pagare molto
cara.

4 Problem pages II

Reply to Text 22.1
Perché non si sceglie un *hobby* anche lei? I mariti dimostrano subito rinnovato interesse non appena le mogli
dimostrano di provare un interesse che non li riguarda.

Lettere al Direttore, *Gioia)*

Reply to Text 22.2
In un libro sui 'Posti più pericolosi del mondo' di Robert Young Pelton, si legge che tra i paesi considerati a
rischio vi è anche il Sudan. Se proprio vuole immergersi, vada a Lampedusa.

Carlo Rossella, "Questione di Stile", *Amica*

Reply to Text 22.3

Viste le quantità di alcol che Lei riferisce, ci troviamo senz'altro di fronte a un etilista. È bene che Lei sappia che un etilista è un malato. Il primo passo è perciò insinuare il concetto di malattia nel suo compagno: partendo dalla sua sofferenza (anche dai problemi di fegato) e dalla difficile situazione sessuale. Gli faccia notare come la bottiglia rappresenti il suo unico o principale interesse. Tutto ciò con pazienza, senza accuse o lamentele. Ma se il tutto dovesse rivelarsi inutile, si prepari, per tutelare a se stessa, anche ad azioni più drastiche.

Roberto Cafiso, "Droga e", *Grazia*

Reply to Text 22.4

Forse un po' di autonomia, un po' di mistero. Questa mania delle donne di oggi di dirsi e di darsi fino in fondo non fa bene all'amore. Forse il suo compagno non ha voglia di imbarcarsi in una vera storia, forse non si fida della propria capacità di trattenere una donna. Gli dia tempo, ma soprattutto cerchi di tenere le sue aspettative sentimentali allo stesso livello delle possibilità pratiche ed emotive di lui. È l'unica garanzia per non soffrire troppo. Non conosco ricette magiche per riuscirci, se non quella di distrarsi molto con le amiche, il lavoro, gli interessi.

Miriam Mafai, "Le donne parlano", *Grazia*

5 Conditional sentences I

1 passo (passerò); 2 vengo (verrò); 3 mangiamo; 4 porterò; 5 scriverò; 6 starà; 7 andrò; 8 richiamerò; 9 restituirò; 10 mi sentirò

6 Conditional sentences II

1. potremmo; 2 ospiteremmo; 3 metterei; 4 verrei; 5 sarebbe (sarebbe stata); 6 abiterei (avrei abitato); 7 pagheremmo; 8 avresti trovato; 9 smetterei; 10 dovrei

7 *La fine del mondo*

- Niccolò Ammaniti dice che affronterebbe gli ultimi giorni in perfetta solitudine. Svaligerebbe tutti I bar di Roma alla ricerca del tramezzino perfetto. E dopo, si suiciderebbe.

- Max Cavallari, comico dice che prenderebbe per mano Alice, la sua bambina di sei anni e salirebbe sul primo razzo diretto su un altro pianeta. Starebbe fino all'ultimo minuto a inventarsi battute a raccontare ai sopravvissuti.

- Marina Massironi, attrice comica dice che si attacherebbe al telefono per avvertire gli amici. Poi manderebbe all'aria tutti i doveri e si applicherebbe al massimo ai piaceri. Mangerebbe e berrebbe tutto quello che le piace. E poi si lascerebbe andare sulla sua poltrona preferita ad aspettare che passi.
- Alberto Veronesi, direttore dell'orchestra Cantelli dice che perderebbe la testa, darebbe sfogo ai suoi istinti, spenderebbe tutti i soldi, farebbe follie, si drogherebbe persino! Poi si aggrapperebbe alla musica: metterebbe insieme duemila musicisti per un concerto con dieci orchestre unite. E dirigerebbe due brani: il Requiem di Brahms e il Don Juan di Strauss. E sull'eco dell'ultima nota, abbraccerebbe sua moglie e i suoi cari.

9 Several years later

- Niccolò Ammaniti ha detto che avrebbe affrontato gli ultimi giorni in perfetta solitudine. Avrebbe svaligiato tutti i bar di Roma alla ricerca del tramezzino perfetto. E dopo, si sarebbe suicidato.

- Max Cavallari, comico ha detto che avrebbe preso per mano Alice, la sua bambina di sei anni e sarebbe salito sul primo razzo diretto su un altro pianeta. Sarebbe stato fino all'ultimo minuto a inventarsi battute a raccontare ai sopravvissuti.

- Marina Massironi, attrice comica ha detto che si sarebbe attaccata al telefono per avvertire gli amici. Poi avrebbe mandato all'aria tutti i doveri e si sarebbe applicata al massimo ai piaceri. Avrebbe mangiato e bevuto tutto quello che le piaceva. E poi si sarebbe lasciata andare sulla sua poltrona preferita ad aspettare che passi.

- Alberto Veronesi, direttore dell'orchestra Cantelli ha detto che avrebbe perso la testa, avrebbe dato sfogo ai suoi istinti, avrebbe speso tutti i soldi, avrebbe fatto follie, si sarebbe persino drogato! Poi si sarebbe aggrappato alla musica: avrebbe messo insieme duemila musicisti per un concerto con dieci orchestre unite. E avrebbe diretto due brani: il Requiem di Brahms e il Don Juan di Strauss. E sull'eco dell'ultima nota, avrebbe abbracciato sua moglie e i suoi cari.

VOCABULARY

a — at, in
a volte — sometimes
abbandonare — to abandon
abbassare — to decrease, to lower
abbastanza — enough, quite
abbonamento (m.) — subscription, season ticket
abbraccio (m.) — hug
abbronzarsi — to get brown
abbuffarsi — to stuff oneself with
abitante (m./f.) — inhabitant;
    abitare — to live
abito (m.) — dress;
    abiti (m.pl.) — clothes
abituarsi — to get used to
accadere — to happen
accanto a — next
accendere, acceso — to switch on
accessori (m.pl.) — accessories
accettare — to accept
accogliere — to welcome
accoltellare — to knife
accompagnare — to accompany
accontentare — to keep happy
accorgersi — to realise
accumulare — to accumulate, collect
accusare — to accuse
acqua (f.) — water
acquistare — to purchase, buy;
    acquisto (m.) — purchase
adatto — suitable
addormentarsi — to fall asleep
adesso — now
adottare — to adopt
aeroporto (m.) — airport
affamato — hungry
affascinante — fascinating
affermare — to state, affirm
affetto (m.) — affection;
    affettuoso — affectionate
affidabile — reliable
affittare — to rent
affollato — crowded
affrontare — to face
agenda (f.) — diary
agente (m.) — agent;
    agenzia di viaggi (f.) — travel agency
agevolazioni (f.pl.) — special arrangements, e.g. easy payments
aggiornamento (m.) — updating

aiutare — to help;
    aiuto (m.) — help
albergo (m.) — hotel
albero (m.) — tree
alcuni/e — some
alimentari — foodstuffs
allegro — cheerful
allievo (m.) — pupil
alloggio (m.) — accommodation
allontanarsi — to abandon, go away from
allora — then, therefore
almeno — at least
alternativa (f.) — alternative
altezza (f.) — height
alto — tall
altrimenti — otherwise
altro/a — other
l'altro ieri — day before yesterday
altrove — elsewhere
alzare — to raise;
    alzarsi — to get up
amare — to love
ambiente (m.) — environment
amico/a (m./f.) — friend;
    amicizia (f.) — friendship
ammalarsi — to get sick
amore (m.) — love
analfabeta — illiterate
analisi (f.) — analysis
anche — also, too;
    anche se — even though
anch'io — me too
ancora — still/yet
andare — to go;
    andare d'accordo — to be in agreement, agree
andata (f.) — one way
anno (m.) — year
annoiarsi — to get bored
annunciare — to announce
ansioso — anxious
anticipare — to anticipate
anticipo, in — early
antico — old, ancient
antifumo — anti-smoking
antipasto (m.) — antipasto, hors d'oouvre
antipatico — unpleasant
anzi — indeed
anziano — old
aperto — open;
    aperto (all') — in the open air

apparire	to appear	autunno (m.)	autumn
appartamento (m.)	flat	avanti	forward
appartenere	to belong to	avanzamento (m.)	advance
appena	just, as soon as	avere	to have
appoggio (m.)	support	avere . . . anni	to be . . . years old
apprendere	to learn	avere bisogno di	to need
apprezzare	to appreciate	avere caldo	to be hot
appuntamento (m.)	appointment	avere fame	to be hungry
appunti (m.pl.)	notes	avere freddo	to be cold
appunto	just, indeed, precisely	avere fretta	to be in a hurry
aprire	to open	avere paura	to be scared
argomento (m.)	subject	avere ragione	to be right
armadio (m.)	wardrobe	avere sonno	to be sleepy
arrabbiarsi	to get angry;	avere torto	to be wrong
arrabbiato	angry	avere voglia di	to feel like
arresto (m.)	halt, stop	avvenimento (m.)	event
arrivare	to arrive;	avventura (f.)	adventure
arrivo (m.)	arrival	avvertire	to warn
articolo (m.)	article	avvicinarsi	to draw near
artista (m./f.)	artist	avvocato (m.)	lawyer
ascensore (m.)	lift	azienda (f.)	company;
asciugare	to dry;	aziendina (f.)	little company,
asciutto	dry		business
ascoltare	to listen to	azionista (m.)	shareholder
aspettare	to wait	azzannare	to gobble, wolf down
assaggiare	to taste		
assegno (m.)	cheque	bacio (m.)	kiss
assistente (m./f.)	assistant	bagagli (m.pl.)	luggage
assolutamente	absolutely	bagnato	wet
assumere	to hire	ballare	to dance;
assurdo	absurd	ballo (m.)	dance
attacco (m.)	attack	bambino/a (m./f.)	boy/girl
attendere	to wait	banca (f.)	bank
attentamente	carefully;	bancone (m.)	counter
attento	careful;	bar (m.)	café, bar;
attenzione (f.)	attention	barista (m.)	barman
attesa (f.)	wait	basso	low
attirare	to attract	bastare	to be enough
attivarsi	to make an effort	bello	beautiful
attività (f.)	activity;	bene	well
attivo	active	bere	to drink
atto (m.)	act	bevanda (f.)	drink
attore/attrice (m./f.)	actor/actress	bianco	white
attraente	attractive	bibita (f.)	drink (cold)
attraversare	to cross;	biblioteca (f.)	library
attraverso	across, through	bicchiere (m.)	glass
attuale	present, current	biglietteria (f.)	ticket office
aumentare	to increase;	biglietto (m.)	ticket
aumento (m.)	increase	binario (m.)	platform
auto – see automobile		biondo	blonde
autobus (m.)	bus;	birra (f.)	beer
in autobus	by bus	bisogna	it is necessary;
automobile (f.)	car	bisogno, aver	to need
autonomia (f.)	autonomy,	bloccare	to block, stand in
	independence		way of

bocca (f.)	mouth	cassa (f.)	till, cash desk
bollente	boiling	castano	chestnut brown
bolletta (f.)	bill	categoria (f.)	category
borsa (f.)	bag;	catena (f.)	chain;
borsetta (f.)	handbag	catena di montaggio	assembly/conveyor belt
bottiglia (f.)	bottle		
brano (m.)	passage, extract	cattivo	bad
bruno	dark, brown-haired	causa (f.)	cause;
brutto	ugly	causare	to cause
bucare	to make a hole in	cavallo (m.)	horse
buio (m.)	dark	celebre	famous
buono	good	celibe	bachelor, single man
bussare	to knock	cellulare (m.)	mobile phone
		cena (f.)	dinner
cadavere (m.)	corpse	cenare	to have dinner
cadere	to fall	cento	hundred
caffè (m.)	coffee	centro (m.)	centre
calcio (m.)	football	cercare	to look for
caldo	hot	cerimonia (f.)	ceremony
calmo	calm	certamente	certainly
calura (f.)	heat	che	what; that; who
calzatura (f.)	footwear	chi?	who?
calzini (m.pl.)	socks	chiacchiera (f.)	chat,
cambiamento (m.)	change;	chiacchierare	to chat
cambiare	to change	chiamare	to call;
cameriere/a (m./f.)	waiter/waitress	chiamarsi	to be called;
camerino (m.)	changing room	chiamata (f.)	call
camicia (f.)	shirt	chiaramente	clearly;
camminare	to walk	chiaro	clear
campagna (f.)	countryside	chiave (f.)	key
campeggio (m.)	camp site	chiedere	to ask for
campo da tennis (m.)	tennis court	chiesa (f.)	church
cane (m.)	dog	chilo (m.)	kilo
cantare	to sing	chissà	who knows
capace	able to	chiudere, chiuso	to close
capelli (m.pl.)	hair	ci	there
capire	to understand	ciao	hello; bye (informal)
capitale (f.)	capital city	ciascuno	each
capitare	to happen	cibo (m.)	food
capo (m.)	item, head	cifra (f.)	figure
Capodanno (m.)	New Year	cinema (m.)	cinema
cappello (m.)	hat	cinghiale (m.)	wild boar
cappotto (m.)	coat	circolo (m.)	circle
cappuccino (m.)	cappuccino	città (f.)	city
carino	pretty	cittadino (m.)	citizen
carnagione (f.)	complexion	civile	civil
carne (f.)	meat	clandestino	clandestine
caro	dear, expensive	classe (f.)	class
carriera (f.)	career	clima (m.)	climate
carta di credito (f.)	credit card	coda (f.)	queue; tail
cartolina (f.)	postcard	cogliere	to grasp (e.g. the opportunity)
cartone animato (m.)	cartoon		
casa (f.)	house	cognato/a (m./f.)	brother/sister-in-law
casalinga (f.)	housewife	cognome (m.)	surname
caseggiato (m.)	block of houses	coincidenza (f.)	connection

colazione (f.)	breakfast
collega (m./f.)	colleague
collegamento (m.)	connection
collezionare	to collect;
collezione (f.)	collection
collina (f.)	hill
colloquio di lavoro (m.)	job interview
colore (m.)	colour
colpire	to strike, hit, affect
coltello (m.)	knife
come	like, as;
come?	how?
cominciare	to begin
commercio (m.)	trade
commesso/a (m./f.)	sales assistant
comodo	comfortable
compagnia (f.)	company;
compagno (m.)	companion;
compagno di camera (m.)	room mate
compilare	to fill in
compito (m.)	task, assignment;
compiti (m.pl.)	homework
compleanno (m.)	birthday
complesso (m.)	complex;
Nel complesso	overall
completamente	completely
comportarsi	to behave
comprare	to buy
comprensivo	understanding
comune	common
comune (m.)	district
comunicare	communicate
con	with
concentrarsi	to concentrate, focus on
concerto (m.)	concert
concreto	concrete
coniugato	married
conoscere	to know
consegna (f.)	delivery;
consegnare	to deliver
conseguenza (f.)	consequence
conseguire	to obtain, achieve
considerare	to consider
consigliare	to advise;
consiglio (m.)	advice
contante (m.)	cash
contare	to count
contattare	to contact
contento	happy
contenuto	content
continente (m.)	continent,
	mainland of Italy
conto (m.)	bill
contraddizione (f.)	contradiction
contrario	contrary, opposite

contratto (m.)	contract
contro	against
controllare	to check;
controllo (m.)	check-up
conveniente	cheap
conversazione (f.)	conversation
convincere	to persuade
convivente	co-habiting
coppa (f.)	type of ham,
	cured meat
cornetto (m.)	croissant
correggere	to correct
correre	to run
corriera (f.)	coach
corso (m.)	course
cortese	courteous
cortile (m.)	yard
corto	short
cosa (f.)	thing;
cosa?	what?
così	so
costare	to cost;
costoso	expensive
costringere	to force, oblige;
costretto	forced
costruire	to build
costume (m.)	custom, habit
cotone (m.)	cotton
cotto	cooked
credere	to believe
crescere	to grow
crisi (f.)	crisis
cucchiaio (m.)	spoon;
cucchiaino (m.)	teaspoon
cucina (f.)	kitchen;
cucinare	to cook
cugino/a (m./f.)	cousin
cumulo (m.)	heap
cuoco/a (m./f.)	cook
curva (f.)	bend
d'accordo	OK
da	from; by
dappertutto	everywhere
dare	to give
data (f.)	date
dato (m.)	fact, figure
datore di lavoro (m.)	employer
davanti	in front of
davvero	really
decidere	to decide
decisione (f.)	decision
denaro (m.)	money
descrizione (f.)	description
desiderare	to wish, to want

destra (f.)	right;	dormire	to sleep
a destra	on the right	dottore/dottoressa (m./f.)	doctor, graduate
di	of; about; from	dove	where
di solito	usually	dovere	must, have to
dialetto (m.)	dialect	dritto	straight ahead
dietro	behind	dubbio (m.)	doubt
difficile	difficult	dunque	therefore, well, then
diffusione (f.)	spread;	durare	to last
a grande diffusione	mass market	duro	hard
diffuso	widespread		
dimagrire	to get thin	e	and
dimenticare	to forget	ebreo, ebraico	Jewish
diminuire	to decrease;	eccessivo	excessive
diminuzione (f.)	decrease	eccezionale	exceptional
dimostrare	to demonstrate,	ecco	there is
	show	ecografia (f.)	scan
dinamico (agg.)	dynamic	economico	economical, cheap
dipendente (m.)	an employee	edicola (f.)	news stand, kiosk
dire	to say; to tell	edificio (m.)	building
direttore (m.), direttrice (f.)	manager, manageress	educativo	educational
diritto (m.)	right; (adverb) straight	effettuare	to carry out
	ahead	efficiente	effective, efficient
disciplina (f.)	discipline	egoista	selfish
disco (m.)	record	emigrato (m.)	an emigrant
discussione (f.)	discussion	emorragia (f.)	haemorrhage
disinvolto	carefree, casual,	emotivo	emotional, moving
	informal, laid back	entrare	to enter
disoccupato	unemployed;	epoca (f.)	epoch, period
disoccupato (m.)	an unemployed	equitazione (f.)	horse riding
	person	esagerato	exaggerated, over the
dispiacere	to be sorry, to mind;		top
dispiaciuto	sorry	esame (m.)	examination
disponibile	available	esempio	example
distribuire	to distribute	esercitare	to exercise, practise
disturbare	to disturb, bother		(profession)
ditta (f.)	company, firm	esprimere	to express
divenire	to become	essere	to be
diventare	to become	estate (f.)	summer
diverso	different	estero (m.)	all'estero abroad
divertente	amusing, entertaining;	estivo	summer, summery
divertire	to amuse,	estroverso	extrovert
divertirsi	to enjoy oneself	età	age
divorziare	to get divorced	eventuale	eventual, possible
dolce	sweet;	evitare	to avoid
dolce (m.)	a sweet	extracomunitario (m.)	non-EU
domanda (f.)	question;		
domandare	to ask	fa	ago
domani	tomorrow	fabbrica (f.)	factory
domenica (f.)	Sunday	faccia (f.)	face
domicilio (m.)	home, residence;	facile	easy;
a domicilio	home (e.g. delivery),	facilmente	easily
	to the house	falso	false
donna (f.)	woman	fame (f.)	hunger
dopo	after, later	famiglia (f.)	family
dopodomani	the day after tomorrow	famoso	famous

fare	to do, to make	fretta (f.)	hurry
fare colazione	to have breakfast	frigorifero (m.)	fridge
fare (farsi) il bagno	to have a bath	frutta (f.)	fruit
fare (farsi) la doccia	to have a shower	frutti di mare (m.pl.)	shellfish
farmacista (m./f.)	pharmacist	fumare	to smoke
farsi di	to drug oneself with (colloq.)	fuori	outside
fatica (f.)	tiredness, effort;	gatto (m.)	cat
faticoso	tiring	gelato (m.)	ice cream
favore (m.)	favour	generi (m.pl.)	goods;
felice	happy	generi alimentari	foodstuffs
femminile	feminine	genero (m.)	son-in-law
fenomeno (m.)	phenomenon	generoso	generous
ferie (f.pl.)	holidays	genitore (m.)	parent
fermarsi	to stop;	gente (f.)	people
fermata (f.)	stop	gentile	kind
festa (f.)	party;	gestione (f.)	management;
festeggiare	to celebrate	gestione familiare (f.)	family management
fidanzarsi	to get engaged	gettare	to throw
fidanzato/a (m./f.)	fiancé(e), boyfriend/ girlfriend	ghiacciato	icy cold
		ghiaccio (m.)	ice
figlio/a (m./f.)	son/daughter	già	already
figura, fare (bella, brutta)	to have a (good, bad)	giacca (f.)	jacket
figura	appearance	giallo	yellow
fila (f.)	queue	giardino (m.)	garden
film (m.)	film	giocare	to play
finalmente	finally	gioia (f.)	joy
fine (f.)	end;	giornale (m.)	newspaper
fine anno	end of year (New Year);	giornata (f.)	whole day
		giorno (m.)	day
fine settimana (m.)	week end	giovane	young
finestra (f.)	window	gioventù (f.)	youth
finire	to finish	girare	to turn
fino a	until, as far as	gita (f.)	trip
firmare	to sign;	giusto	right, correct
firmato	with a designer label	godere	to enjoy
		gonna (f.)	skirt
fissare	to fix, establish, arrange	governo (m.)	government
folla (f.)	crowd	gradevole	pleasant, enjoyable
fonte (f.)	spring, source	grande	big
forchetta (f.)	fork	grasso	fat
formaggio (m.)	cheese	grato	grateful
forno (m.)	oven	gratuito	free
forse	perhaps	gravidanza (f.)	pregnancy
forte	strong	grazie	thanks
fortuna (f.)	fortune, luck	grigio	grey
forza (f.)	force;	guadagnare	to earn
per forza	of necessity	guardare	to look at
fra	between, among	guida (f.)	guide, guidebook
francobollo (m.)	stamp	guidare	to drive
freddo	cold		
fresco	cool, fresh, chilled; (of cheese) fresh (e.g. ricotta, mozzarella)	idea (f.)	idea
		ieri	yesterday
		immagine (f.)	image;
		immaginare	to imagine

immediatamente	immediately	invece	instead
immigrato	immigrant;	inverno (m.)	winter
immigrazione (f.)	immigration	inviare	to send
imparare	to learn	invitare	invite;
impegnativo	demanding;	invito (m.)	invitation
impegno (m.)	committment	iscriversi (a)	to enrol (for)
impianto (m.)	stereo, stereo	istinto (m.)	instinct
	system	istruzione (f.)	education, instruction
impiegato (m.)	employee;		
impiego (m.)	job, occupation	là	there
importare	to matter	laggiù	down there
imprenditore (m.)	businessman,	lago (m.)	lake
	entrepreneur	lana (f.)	wool
impresa (f.)	company, business	largo	wide, big
	activity	lasciare	to leave
improvvisamente	suddenly;	lato (m.)	side, aspect
improvviso	sudden	latte (m.)	milk
in	in	lavare	to wash;
in fondo a	at the back of	lavarsi	to wash oneself
inaccettabile	unacceptable	lavatrice (f.)	washing machine
inchiesta (f.)	survey	lavorare	to work;
incidente (m.)	accident	lavorativo	working (e.g. day);
incinta	pregnant	lavoro (m.)	work
incontrare	to meet;	legale	legal, connected with
incontrarsi	to meet one another;		law
incontro (m.)	meeting	legato	linked
indagine (f.)	enquiry,	legge (f.)	law
	investigation	leggere	to read
indirizzo (m.)	address	leggero	light
indispensabile	indispensable	lento	slow
indossare	to wear	lettera (f.)	letter
industria (f.)	industry	letto (m.)	bed
infermiere/a (m./f.)	nurse	lezione (f.)	lesson
informare	to inform	lì	there
ingegnere (m.)	engineer	libro (m.)	book
ingrassare	to get fat	liceo (m.)	grammar school,
iniziativa (f.)	initiative		high school
inizio (m.)	beginning	linea (f.)	line
innamorarsi	to fall in love;	linea occupata (f.)	busy (engaged) line
innamorato	in love	lingua (f.)	language
inoltre	besides	linguaggio (m.)	
inquinamento (m.)	pollution	lino (m.)	linen
insegnante (m./f.)	teacher;	liscio	smooth;
insegnare	to teach		(of mineral water)
insieme	together		still
insolito	unusual	liste (f.pl.) di	employment lists
insospettire	to make	collocamento	
	suspicious	litigare	to argue
intelligente	intelligent	livello (m.)	level
interno	interior,	locale (m.)	room, venue,
all'interno	inside		nightspot
intervistare	to interview	loquace	talkative
introverso	introvert	luce (f.)	light
inutile	useless	lunghezza (f.)	length
invecchiare	to grow old	lungo	long

ma	but	molti/e	many;
macchina (f.)	car;	molto	very
in macchina	by car	momento (m.)	minute, moment
macelleria (f.)	butcher	mondo (m.)	world
madre (f.)	mother	moneta (f.)	coin;
maggioranza (f.)	majority	monete antiche (f.pl.)	old coins
maglia (f.)	jumper	monotono	monotonous
magro	thin	montagna (f.)	mountain
mai	never	morire	to die
maiale (m.)	pork	motivare	to motivate
malattia (f.)	illness	motorino (m.)	moped
male	bad	multa (f.)	fine
mamma (f.)	mum	multietnico	multi-ethnic
mancare	to be lacking	muro (m.)	wall
mancia (f.)	tip	museo (m.)	museum
mandare	to send	musica (f.)	music
mangiare	to eat		
mano (f.)	hand	nascere	to be born
mappa (f.)	map	nascondere, nascosto	to hide
marca (f.)	brand name	naso (m.)	nose
mare (m.)	sea	ne	of it, of them
marito (m.)	husband	negozio (m.)	shop
marrone	brown	neonato (m.)	new-born baby
maschile	masculine	nero	black
mattina (f.)	morning	nervoso	nervous
medio	average	nessuno	nobody
meglio	better	nevicare	to snow
meno	less	niente	nothing
meno male	just as well	nipote (m./f.)	nephew/niece;
mensa (f.)	canteen		grandchild
mensile	monthly	nipotino (m.)	little grandchild
mentre	while	no	no
mese (m.)	month	noioso	boring
messaggio (m.)	message	noleggiare	to hire
mestiere (m.)	profession	nome (m.)	name, noun
meta (f.)	goal, objective	nonno/a (m./f.)	grandfather/
mettere	to put		grandmother
mezzanotte (f.)	midnight	nonostante	despite
mezzi (m.pl.)	means;	notizia (f.)	news
con propri mezzi	with our own means	notte (f.)	night
	(e.g. boats)	numero (m.)	number
mezzo	half	nuora (f)	daughter-in-law
mezzogiorno (m.)	midday	nuotare	to swim;
migliaia (f.pl.)	thousands	nuoto (m.)	swimming
migliorare	to improve;	nuovo	new
migliore	better		
milione	one million	o	or
mille	one thousand	obbligatorio	obligatory,
misurare	to measure, to		compulsory
	try on	occasione (f.)	occasion, bargain
mobile (m.)	piece of furniture	occhiali (m.pl.)	glasses
moda (f.)	fashion	occhio (m.)	eye
modello (m.)	model, style	occorrere	to need
modulo (m.)	form	occuparsi	to deal with;
moglie	wife	occupato	busy

occupazione (f.)	occupation, employment
odiare	to hate
offerta (f.)	offer, supply;
offrire	to offer
oggi	today
ogni	every;
ognuno	each one
ombrello (m.)	umbrella
ombrellone (m.)	beach umbrella
ondulato	wavy
operaio (m.)	workman
opposto	opposing
ora (f.)	hour; (adverb) now
orario (m.)	schedule, timetable;
in orario	on time
ordinare	to order
orecchio (m.)	ear
organizzare	to organise
ormai	by now
orologio (m.)	watch, clock
ospitare	to put up guests;
ospite (m./f.)	guest
ostello (m.)	hostel
ottenere	to obtain
ottimo	excellent
padre (m.)	father
paese (m.)	country, small town
pagare	to pay
paio (m.)	pair
palla (f.)	ball
pane (m.)	bread
panificio	baker's
panino (m.)	bread roll
panni (m.pl.)	cloths, clothing
pantaloni (m.pl.)	trousers
papà (m.)	dad
parcheggio (m.)	parking;
parcheggiare	to park
parente (m.)	relative
parlare	to speak
parola (f.)	word
partecipare	to take part in
partenza (f.)	departure;
partire	to leave
partita (f.)	match, e.g. football
parto (m.)	birth;
partorire	to give birth
passaggio (m.)	passage;
di passaggio	passing by
passante (m.)	passer-by
passare	to pass by (somewhere), spend (time), to put someone through

passatempo (m.)	pastime
passeggiare	to go for a stroll
passo (m.)	a step;
a due passi	nearby
pasta, pastina (f.)	cake
pasticceria (f.)	patisserie
pasto (m.)	meal
pattinare	to skate
paura (f.)	fear
pausa (f.)	pause, interval
peggio	worse;
peggiore	worse
pelle (f.)	skin, leather
pendolare (m.)	commuter
penna (f.)	pen
pensiero (m.)	thought
pensione (f.)	small hotel;
mezza pensione	half board;
pensione completa	full board
per	for
percentuale (f.)	percentage
perché	why; because
perciò	therefore
perdere, perso	to lose, to miss
pericoloso	dangerous
periferia (f.)	outskirts
permesso (m.) di soggiorno	residence permit
permettersi	to allow
però	but, however
persino	even
perso – see perdere	
personale (m.)	personnel, staff; (adj.) personal
pesante	heavy;
pesare	to weigh
pescare	to fish;
pesce (m.)	fish;
pescheria (f.)	fish shop;
pescivendolo (m.)	fishmonger
peso (m.)	weight
pettinarsi	to comb one's hair
piacere	to like
piangere	to cry
piano	slowly
piano (m.)	floor, storey;
primo piano (al)	on the first floor;
pianterreno (m.)	ground floor
piantina (f.)	map
piatto (m.)	plate, dish;
primo piatto (m.)	first course, e.g. soup, pasta;
secondo piatto (m.)	main course
piccolo	small

piede (m.)	foot;	provare	to try, to try on
a piedi	on foot;	pubblicitario	advertising, promotional
piedi (in)	standing	pugnalare	to stab;
pieno	full	pugnalata (f.)	dagger blow
pigro	lazy	pulito	clean;
piovere	to rain	pulizia (f.)	cleaning
piscina (f.)	swimming pool	purtroppo	unfortunately
piuttosto	rather		
po' (un)	little	qua	here
poi	then	qualche	some;
politiche (f.pl.)	policies, strategies	qualche volta	sometimes;
	(of marketing)	qualcosa	something
pomeriggio (m.)	afternoon	quale/i?	which?
porta (f.)	door	quando	when
portare	to bring	quanto	how much
posto (m.)	place;	quasi	almost
al primo posto	in first place	quello	that
potere	can, to be able to	questo	this
povero	poor	qui	here
pranzare	to have lunch;	quindi	therefore
pranzo (m.)	lunch	quotidiano	(adj.) daily; (noun)
precedente	preceding, previous		newspaper
preferire	to prefer;		
preferito	favourite	rabbia (f.)	anger
prendere	to take, to have (coffee	raccogliere	to collect, to gather;
	etc.)	raccolta (f.)	collection
prenotare	to book, reserve	raccontare	to tell
preoccupante	worrying;	radersi	to shave
preoccuparsi di	to worry	radio (f.)	radio
presentare	to introduce	ragazzo/a (m./f.)	boy/girl; boyfriend/
presenza (f.)	presence		girlfriend
prestare	to lend	raggiungere	to reach
prestazioni (f.pl.) sociali	social benefits	ragionare	to reason;
presto	early	ragione (f.)	reason
prevalentemente	predominantly	ragioniere/a (m./f.)	accountant
prezzo (m.)	price	rapido	quick
prima	before, earlier, first	rapporto (m.)	relationship
primavera (f.)	spring	raptus (m.)	ecstasy, passion
primo piatto (m.)	first course	raramente	rarely
principale	principal, main	realizzare	to make, manufacture
processo (m.)	process, trial	recarsi	to go
prodotto (m.)	product	recentemente	recently
professione (f.)	profession	regalare	to give as a gift;
programma (m.)	programme	regalo (m.)	gift
pronto	hello (on the phone);	regola (f.)	rule
	ready	relazione (f.)	relationship, relation
proporre	to propose	responsabile	responsible
proprietà (f.)	property	restare	to remain
casa di proprietà	one's own house	restituire	to give back
proprio	one's own; (adv.)	riccio	curly
	really	ricco	rich
prosciutto (m.)	ham;	ricerca (f.)	research
prosciutto di Parma	Parma ham	richiamare	to ring back
prossimo	next	richiesto	in demand
prova (f.)	trial, test	ricordare	to remember

ricostruire	to reconstruct	scherzare	to joke;
ridere	to laugh	scherzo (m.)	joke
riempire	to fill	sciacquarsi	to rinse (one's hands)
riga (f.)	line	sciare	to ski
riguardo, al	about	sciarpa (f.)	scarf
rilassarsi	to relax	sciopero (m.)	strike
rimanere	to stay;	scomodo	uncomfortable
rimanere in linea	to hold (on the phone);	scomparire	to disappear
		sconto (m.)	discount
rimanere in attesa	to hold the line	scontrino (m.)	receipt
riparato	hidden away	scoprire	to discover
riposarsi	to rest;	scorso	last
riposo (m.)	rest	scrivere	to write
ripresa (f.)	recovery, upturn	scuola (f.)	school
rischio (m.)	risk	scuro	dark
rispondere	to answer;	scusare	to excuse
risposta (f.)	answer	se	if
ristorante (m.)	restaurant	secolo (m.)	century
ritardo (m.)	delay;	sede (f.)	headquarters, seat of
in ritardo	late	sedersi	to sit down
ritenere	to maintain, assert	sedia (f.)	chair
ritirare	to collect	segretaria (f.)	secretary
rito (m.)	rite, ritual	segreteria (f.)	secretary's office;
ritorno (m.)	return	segreteria telefonica (f.)	answer machine
riunione (f.)	meeting	seguente	following;
riuscire	to manage, to succeed	seguire	to follow
rivista (f.)	magazine	semaforo (m.)	traffic light(s)
rivolgersi	to use, apply to, turn to	sembrare	to seem
		semplice	simple
		sempre	always
rompere	to break	sentimento (m.)	feeling
rotto	broken	sentire	to hear;
rumore (m.)	noise;	sentirsi	to feel
rumoroso	noisy	senza	without
		sera (f.)	evening;
		serata (f.)	whole evening
salame (m.)	salame;	serio	serious, reliable
salamino (m.)	salame sold whole	servire	to be useful for
salato	salty, savoury	servizio (m.)	service
saldamente	firmly	seta (f.)	silk
saldi (m.pl.)	sales	sete (f.)	thirst
salire	to get on, to go up	settimana (f.)	week
salumeria (f.)	delicatessen	settore (m.)	sector
salutare	to greet	sfilata di moda (f.)	fashion show
sapere	to know	sgradevole	unpleasant
sbadato	careless	siccome	since
sbaglio (m.)	mistake	sicurezza (f.)	safety
sbrigare	to deal with	sicuro	safe
scala (f.)	ladder;	sigaro (m.)	cigar
scale (f.pl.)	flight of steps	simpatico	nice
scappare	to run off, to escape	sindaco (m.)	mayor
scarpa (f.)	shoe	sinistra (f.)	left; (adj.) left-wing, left
scegliere	to choose;		
scelta (f.)	choice		
scendere	to go down	smettere (di)	to stop, to quit
scheda telefonica (f.)	telephone card	soggiorno (m.)	living room; stay

sogno (m.)	dream	studiare	to study
soldi (m.pl.)	money	su	on
sole (m.)	sun	subito	at once
solito	usual;	succedere	to happen
di solito	usually	succo (m.) d'arancia	orange juice
solo	only	suocero/a (m./f.)	father-in-law/mother-in-law
sondaggio (m.)	survey, opinion poll		
sonno (m.)	sleep	suonare	to ring (phone); to play (an instrument)
sopra	sotto		
sorella (f.)	sister	superare	to overcome, overtake
sotto	under	superiore	greater than
specchio (m.)	mirror	supplemento (m.)	supplement
spedire	to send	svantaggio (m.)	disadvantage
spegnere	to switch off	sveglia (f.)	alarm clock
spendere	to spend;	svegliarsi	to wake up
spento	switched off	svendita (f.)	sale;
sperare	to hope	svendite (f.pl.)	sales;
spesa (f.)	shopping	in svendita	on sale
spesso	often	sviluppo (m.)	development
spettacolo (m.)	show	svolgersi	to be carried out, take place
spiacente	sorry		
spiaggia (f.)	beach		
spiritoso	witty	tabaccheria (f.)	tobacconist's shop
sporco	dirt	taciturno	taciturn, quiet
sportivo	casual	taglia (f.)	size;
sposarsi	to get married;	tagliare	to cut
sposato	married	tailleur (m.)	suit
spot (m.)	advert	tanto	so much
spuntino (m.)	snack	tardi	late
squillare	to ring	tariffa (f.)	fare
stabilirsi	to settle	tavola (f.)	table
stagionato	aged (e.g. parmigiano, pecorino)	tavolino (m.)	small table (e.g. in bar)
stagione (f.)	season	tavolo (m.)	table (less common)
stamattina	this morning	tè (m.)	tea
stampa (f.)	press, print	teatro (m.)	theatre;
stampante (f.)	printer	andare a teatro	to go to the theatre
stancante	tiring;	tedesco	German
stancarsi	to get tired	telecomando (m.)	remote controller
stanza (f.)	room	telefonare a	to telephone
stare	to be, to fit (clothes)	telefonino (m.)	mobile phone
stasera	tonight	telegiornale (m.)	TV news
statura (f.)	height	televisione (f.)	television
stazione (f.)	station	televisore (m.)	television, TV set
stesso	same	tempo (m.)	time; weather
stima (f.)	estimate	tempo parziale	part time
stipendio (m.)	salary	tempo pieno	full time
stivali (m.pl.)	boots	tenere	to keep
strada (f.)	road	tentare	to try
straniero	foreign	tesi (f.)	thesis, dissertation
stretto	tight	testa (f.)	head
strisce pedonali (f.pl.)	zebra crossing	a testa	each person
strumento (m.)	instrument	tifo, fare il	to support, be fan of
studente/studentessa (m./f.)	student	timido	shy
		tornare	to return

tovaglia (f.)	table cloth	venire	to come
tovagliolo (m.)	napkin	ventilatore (m.)	fan
tra	between, among	verdura (f.)	vegetables
tradurre	to translate	vero	true
traffico (m.)	traffic	verso	towards
trama (f.)	plot	vestirsi	to get dressed
tramezzino (m.)	sandwich	vestito (m.)	dress;
tranquillo	quiet	vestiti (m.pl.)	clothes
trascorrere	to spend, pass	vetrina (f.)	shop window
trasferirsi	to move	via (f.)	street
trasporto (m.)	transport	viaggiare	to travel
trattarsi di	to be about	viaggio (m.)	trip;
trattoria (f.)	small family-run restaurant	in viaggio	on the way, on the journey, travelling
treno (m.)	train;		
in treno	by train	viale (m.)	avenue
triste	sad	vicino	near
troppo	too much	vicolo (m.)	alley
trovare	to find	videoregistratore (m.)	video recorder
tutto	all, everything	vigile (m.)	traffic warden
		vincere	to win
uccidere	to kill	vino (m.)	wine;
ufficio (m.)	office	vino della casa (m.)	house wine
ulteriore	further	viola	purple
uomo (m.)	man;	visitare	to visit
uomini (m.pl.)	men	vita (f.)	life; waist
usare	to use	vivace	vivacious, lively
uscire	to go out	vivere	to live
utile	useful	voce (f.)	voice
uva (f.)	grapes	volare	to fly
		volentieri	willingly
vacanza (f.)	holiday;	volerci	to take (e.g. time)
vacanze (f.pl.)	holidays	volere	to want
valigia (f.)	suitcase	volo (m.)	flight
valore (m.)	value	volta (f.)	time
vantaggio (m.)	advantage	vuoto	empty
vecchio	old		
vedere	to see	zaino (m.)	backpack, rucksack
veloce	fast	zero (m.)	zero
vendere	to sell;	zio/a (m./f.)	uncle/aunt
venditore (m.)	seller	zucchero (m.)	sugar

INDEX